ספר

עֵץ זַזיים

לרבינו

זַזיים ויטַאל ז"ל

שֶׁקִיבֵּל מֵמרן הָאר"י זלה"ה

שַׁעַר דרושֵׁי הַנְּקוּדות

שַׁעַר זז' פַּרק ג'

דל"ו ע"ד – דל"זז ע"א

תש"ף

SimchatChaim.com

בהוצאת

שִׂמזַת זַזיים

בס"ד

<u>הקדמה</u>

ירפא **ה**מאציל **ו**יושיע **ה**בורא את כל חולי בני ישראל, וישלח להם רפואה שלימה, רפואת הנפש ורפואת הגוף, בכל אבריהם ובכל גידיהם לעבודתו יתברך.

בי"ב במנחם אב תשס"ה, הובהלתי לבית החולים, הרופאים לא נתנו לי סיכוי לחיות יותר מכמה שעות בגלל מספר תסבוכות. עם כל זאת בזכות התפילות של בני ישראל הקדושים, ברחמיו הרבים, ריחם עלי הקדוש ברוך הוא, ונשארתי בחיים.

עם כל זאת, הובחנה אצלי מחלה קשה בכליות, ונאמר לי שהאצטרך למכונת דיאליזה. בשבילי זה היה שוק!!! אף פעם לא הייתי אצל רופא, או בבית חולים. כך בעל כרחי התחברתי למכונת דיאליזה, ומכונה זאת היתה[1] קשורה בי ככלב במשך שמונים חודשים בדיוק, כמניין **יסוד**, במשך 10-12 שעות ביום.

בשבת פרשת **ויחי יעקב** י"ב טבת תשע"ב, בזכות בני ישראל, שכולם אהובים כולם ברורים כולם גיבורים כולם קדושים... וכולם פותחים את פיהם באהבה שלוש פעמים ביום, ואומרים - **ברוך אתה... רופא חולי עמו ישראל**, וכללותם כל האברכים, תלמידי הישיבות, רבנים וחכמים, חסידים, מקובלים עם תינוקות של בית רבן, זקנים עם נערים, בחורים וגם בתולות, בארץ הקודש ובעולם. ומצד שני בנות ישראל היקרות מפז, שהתפללו וקבלו עליהם כל מיני קבלות, מהפרשת חלה עד צניעות וכיסוי הראש, עם הרבנים, המנהלים, המורים, המורות **והתלמידות של בית יעקב דטורונטו** שכל יום התפללו, וכללו בתפילתם שבקעה את כל הרקיעים אותי, ונושעתי אני הקטן. הושתלה בי כליה. והתנתקתי ממכונת הדיאליזה.

אמר המלך דוד - לולי[2] תורתך שעשעי אז אבדתי בעניי. מה שנתן לי חיות הוא התורה הקדושה, בשעות הרבות שהייתי מחובר למכונת הדיאליזה (כ12 שעות ביום), ערכתי סדרתי וכתבתי במחשב את הקונטרסים שלמדתי במשך שנים. וקונטרסים אלו הפכו לחיבור, ואחרי התלבטויות ובקשות מבני גילי, החלטתי בעזרתו יתברך להדפיס קונטרסים אלו.

ידוע הוא כי כל דברי האר"י זלל"ה ותלמידו נאמן ביתו, רבינו חיים ויטאל הם סתומים וחתומים באלפי שרשראות ומנעולים, והרב ז"ל גָלָה טפח וכיסה אלפים אמה, וכלל דבריהם הוא משלים, עם כל זאת העוסק במשל פועל בעלמות העליונים בנמשל. לכן צריך זהירות גדולה לא להגשים את המשלים, בסוד המבואר בספר הזוהר הקדוש - **ועלייהו אתמר** ועליהם נאמר - **ארור האיש אשר יעשה פסל ומסכה וגומר, ושם בסתר, מאי בסתר** מהו בסתר - **בסתרו דעלמא** בסתר העולם. **ובגין דא אמר קודשא בריך הוא לא תעשון אתי** ומפני זה אמר הקדוש ברוך הוא לא תעשון אתי **אלה"י כסף ואלה"י זהב, והכי אוקמוה חבריא לא תעשון אתי כדמות שמשי שמשמשין אותי** וכך העמידוהו החברים לא תעשון אתי כדמות שמשי שמשמשים אותי **במרום, לצייריא בסתר דילי שום ציור או דמיון** לצייר בסתר שלי שום ציור או דמיון, **דכל מאן דצייר לעיל לקודשא בריך הוא** שכל מי שמצייר למעלה לקדוש ברוך הוא, **בסתר (דאיהי שכינתיה, כלילא מעשר ספיראן** שהיא שכינתו, כלולה מעשר ספירות**), שום ציור, וצלם, ודמות, כגוונא דמצייירין בשמשין דיליה** שמצייירים בשמשים שלו, **נשמתיה אתלבשא בההוא צלמא** נשמתו מתלבשת באותו צלם....

<hr style="width:40%">

[1]

גמרא סוטה ד"ג ע"ב - גמרא סוטה ד"ג ע"ב – רבי אלעזר אומר, **קשורה בו ככלב**, שנאמר - ולא שמע אליה לשכב אצלה להיות. עמה לשכב אצלה בעולם הזה. להיות עמה לעולם הבא.

[2]

תהלים קי"ט צ"ב

וכן הוא בסוף ענף ד' דשער ד' בספר עץ חיים שער ההקדמות, וז"ל הטהור - ואמנם דבר גלוי הוא כי אין למעלה גוף ולא כח גוף חלילה. וכל הדמיונות והציורים אלו לא מפני שהם כך חס ושלום. אמנם **לשכך את האוזן** לכשיוכל האדם להבין הדברים העליונים, הרוחניים, בלתי נתפסים, ונרשמים בשכל האנושי. לכן ניתן רשות לדבר לדבר בבחינת ציורים ודמיונים, כאשר הוא פשוט בכל ספרי הזוהר. וגם בפסוקי התורה עצמה כולם כאחד עונים ואומרים בדבר הזה, כמו שאמר הכתוב עיני הוי"ה המה משוטטים בכל הארץ. עיני הוי"ה אל צדיקים. וישמע הוי"ה. וירח הוי"ה. וידבר הוי"ה. וכאלה רבות. וגדולה מכולם מה שאמר הכתוב - ויברא אלהי"ם את האדם בצלמו בצלם אלהי"ם ברא אותו זכר ונקבה וגו'. **ואם התורה עצמה דברה כך** גם אנחנו נוכל לדבר כלשון הזה, עם היות שפשוטו הוא למעלה אלא אורות דקים בתכלית הרוחניות, בלתי נתפשים שם כלל, וכמו שאמר הכתוב - כי לא ראיתם כל תמונה, וכאלה רבות. ואמנם יש עוד דרך אחרת כדי להמשיך ולצייר בה הדברים העליונים, והם בחינת כתיבת צורת אותיות, כי כל אות ואות מורה על אור פרטי עליון, וגם תמונת זו דבר פשוט הוא כי אין למעלה לא אות ולא נקודה, **וגם זה דרך משל וציור לשכך את האוזן** כנזכר.....

ולכן כל המבואר כאן בחיבור זה הוא כדי **לשכך את האוזן**. והתרשימים שבסוף החיבור הם כדי **לשבר את העין**, לכן אין שום ביאור והסבר שלם, ואין שום תרשים שלם בתכלית השלמות.

ידוע כי[3] דברי תורה עניים במקומן ועשירים במקום אחר, **ועל אחת כמה וכמה** בדברי הרב ז"ל, שכל סוגיה חסרה[4] במקומה, וחלקיה מפוזרים במקומות אחרים. **זאת ועוד** הרב ז"ל מערבב בדרוש אחד כמה וכמה סוגיות, כאשר בפשטות דבריו נראה שכל הדרוש הוא דרוש אחד, ולא מחולק לסוגיות שונות, ושמועות שונות. **ביאור** דברי הרב ז"ל כאן הם **בעומק, והוא בעצם ליקוט** עד איפה שידי הקצרה הגיעה, מכל חלקי ספר עץ חיים, ושמונה השערים המצוינים לרב ז"ל, מבוא שערים ושאר ספרי הרב ז"ל, והוא גם על פי הקדמת רחובות הנהר למרן הרש"ש, דרושים פנימיות וחיצוניות, דרוש הדעת, סוגיות ערכין, סוגיות דכללות והתכללות, פרטות וכללות, וסוגיות עובי ואורך, ועל פי ביאור גדולי רבותינו חכמי המקובלים לדורותם זלה"ה זי"ע.

ידוע כי[5] אין בר בלי תבן, כך אין ספר בלי טעויות, ועוד יודע אני כי ועני אני, **ואין[6] עני אלא בדעה**. לכן מבקש אני בכל לשון של בקשה אם יש לכל אחד שאלות, הערות, הארות, תיקונים, נא לשלוח ל - <u>book@simchatchaim.com</u> והשתדל לענות, ולתקן את הצריך תיקון.

בברכה והצלחה בלימוד התורה הקדושה
ובעיקר בפנימיות התורה, תורת האר"י הח"י.
ורפואה שלימה לכל חולי ישראל.

אח"י

גמרא ירושלמי, ראש השנה פ"ג הלכה ה' די"ז ע"א – דברי תורה עניים במקומן, ועשירים במקום אחר.
[4]

תורת חכם דע"ב ע"ב – חסר לשון הוא, כמו שיראה המעיין.
[5]

גמרא ברכות נ"ה א' - מה לתבן את הבר נאם ה', וכי מה ענין בר ותבן אצל חלום, אלא אמר ר' יוחנן משום ר' שמעון בן יוחאי ,כשם שאי אפשר לבר בלא תבן, כך אי אפשר לחלום בלא דברים בטלים.
[6]

גמרא נדרים מ"א ע"א – אין עני אלא בדעה .

ב"ה

הקדמה קצרה לחיוב לימוד תורת הקבלה

ישמחו **ה**שמים **ו**תגל **ה**ארץ ירעם הים ומלאו. שזכינו בדור שלנו שפנימיות התורה, שהיא היא תורת הקבלה, מתפשטת לכל, וכל מקום בעולם היום לומדים בתורת החַ"ן. הדור שלנו יש הרבה התעוררות ללמוד סתרי התורה הקדושה, הנקראת חכמת הקבלה. בירושלים של המאה ה18 בישיבת **בית אל** היו בקושי מנין של מקובלים, והיום תורת הקבלה מופצת בכל מקום בארץ ובעולם. לעניות דעתי אחת הסיבות העיקריות לשינוי זה הוא רצונם של בני התורה, החוזרים בתשובה ועמך לדעת את סוד החיים, למה ברא הקדוש ברוך הוא את העולם, ואת טעמי המצות, ר"ל אי אפשר היום בדור שלנו, להסביר על פי הפשט את הסיבה מדוע אסור לאכול בשר וחלב, מדוע צריך להניח תפילין, למה לשמור דווקא שבת ולא יום שלישי, אי אפשר להגיד כל הזמן **זאת גזרת הכתוב, כך רוצה הקדוש ברוך הוא**, האנשים מחפשים הסברים למצות, לסיפורי התנַ"ך, לגלגולי נשמות, ועוד. ורק על ידי עסק בפנימיות התורה, אדם מסיג את ההסברים לקושיות שיש לו. **זאת ועוד** חיים בדור של חומריות, והאנשים מחפשים את רוחניות שבחיים, אז מה עושים, נוסעים למזרח, להודו, סין, תאילנד למצוא רוחניות, ולא יודעים **ששורש כל הרוחניות בעולם נמצאת בתורה הקדושה**, עם כל זאת כאשר הלומד את פשט התורה, **הוא לא מכיר** את הקדוש ברוך הוא, והוא בלי יראת שמים ושמחה אמתית. כותב הרב המקובל האלוה"י רבינו יהודה פתייה בפרושו הנפלא על עץ חיים - כי לימוד עץ חיים הוא עמוק מאד מאד, כי הוא **מים שאין להם סוף**, והוא קשה מאד גם לחכמים ההוגים בו תמיד, וכל שכן למתחילים. כי הוא חזק מצור, וקשה מברזל, שאי אפשר לחצוב ממנו מאומה, אם לא על ידי כלי מחצב חזקים כציפורן שמיר. וכל המתחיל בלימוד עץ חיים, אם לא יהיה לו רב, או לפחות איזה המפרש לו כוונת הפרק ההוא לפי פשטו, נבול יבול, ואינו יכול לעמוד על הפרק כי אם לאחר יגיעה רבה, ושקידה עצומה, וכולי האי ואולי. כי הרבה פעמים יסבור המעיין שהבין העניין ההוא כראוי, ואחר שילמוד עוד איזה פרקים אחרים, ירגיש כעצמו שלא הבין את פרקים הקודמים, והניסיון יעיד על זה, עד כאן דברי קודשו. עם כל זאת חייב כל אדם לעסוק בתורת החיים.

צדיק אתה הוי"ה וישר משפטיך. כתב הרב רבינו חיים ויטאל ז"ל בהקדמה לשער ההקדמות - והנה מה שכתב בתחילת דבריו, ואפילו כל אינון דמשתדלי באורייתא כל חסד דעבדי לגרמייהו וכו', עם היות שפשטו מבואר ובפרט בזמנינו זה, בעוונותינו היום אשר התורה נעשית קרדום לחתוך בה אצל קצת בעלי תורה, אשר עסקם בתורה על מנת לקבל פרס, והספקות יתירות, וגם להיותם מכלל ראשי ישיבות, ודיני סנהדראות, להיות שמם וריחם נודף בכל הארץ, **ודומים במעשיהם לאנשי דור הפלגה הבונים מגדל וראשו בשמים**, ועיקר סיבת מעשיהם היא מה שאמר אחר כך הכתוב - **ונעשה לנו שם**... והנה על הכת הזאת אמרו בגמרא כל העוסק בתורה שלא לשמה, נוח לו שנהפכה שליתו על פניו, ולא יצא לאויר העולם. ואמנם האנשים האלה מראים תמימה ועניה באמרם כי כל עסקם בתורה הוא לשמה. והנה החכם הגדול התנא רבי מאיר ע"ה העיד עליהם שלא כך הוא, באומרו לשון כללות - כל העוסק בתורה לשמה זוכה לדברים הרבה וכו', **ומגלים לו רזי תורה, ונעשה כנהר שאינו פוסק**, והולך

וכמעיין המתגבר מאליו, בלתי הצטרכו לטרוח ולעיין בה, ולהוציא טיפין טיפין של מימי התורה מן הסלע, הנה זה יורה שאינו עוסק בתורה לשמה כהלכתה, ומי זה האיש אשר לא יזלו עיניו דמעות בראותו המשנה הזאת, **ורואה חסרונו ופחיתותו**, עד כאן לשונו. לכן כל אחד צריך לטעום מעץ החיים.

חצות לילה אקום להודות לך על משפטי צדקך. כתב רבינו אליהו מני זצ"ל רבו של הרי"ח הטוב, בספרו הקדוש כסא אליהו שער ד' וז"ל - ואם זיכך הוי"ה ללמוד בחכמת האמת, הנה עצה היעוצה היא שכל סדר הלימוד בנגלה תתנהג בו ביום דווקא. **אבל בלילה תלמוד בחכמת האמת, והעיקר הלימוד אחר חצות**, כי זה הלימוד צריך ישוב דעת הרבה, וכשיקוץ האדם אז דעתו מיושבת עליו יותר. גם גה הלימוד צריך הסתר והצנע, **וכל דבר שיהיה בלילה ובפרט אחר חצות יהיה נסתר יותר מן היום**. ותעשה ועד עם החברים בבית המדרש אם הוא צנוע, **או בביתך ותלמדו בכל לילה**, עד כאן לשונו. וישב האדם ללמוד בלילה תחת עץ החיים.

קראתי בכל לב עני הוי"ה חקיך אצרה[7]. בהקדמה לשער ההקדמות מבאר הרב ז"ל - ואמנם אל יאמר אדם אלכה לי ואעסוק בחכמת הקבלה, מקודם שיעסוק בתורה במשנה ובתלמוד, כי כבר אמרו רבינו ז"ל - אל יכנס אדם לפרדס **אלא אם כן מלא כריסו בבשר ויין**, והרי זה דומה לנשמה בלתי גוף, שאין לה שכר ומעשה וחשבון, עד היותה מתקשרת בתוך הגוף, בהיותו שלם מתוקן במצוות התורה בתרי"ג מצות. **וכן בהפך** בהיותו עוסק בחכמת המשנה והתלמוד בבלי, ולא ייתן חלק גם אל סודות התורה וסתריה, כי **הרי זה דומה לגוף היושב בחושך**, בלתי נשמת אדם נר הוי"ה המאירה בתוכה, **באופן שהגוף יבש בלתי שואף ממקור חיים**, אשר זהו ענין אומרו במקום אחר ההוא הנזכר לעיל וז"ל - דאילין אינון דעבדי לאורייתא יבשה, ולא בעאן לאשתדלא בחכמת הקבלה וכו'. באופן כי התלמידי חכמים העוסקים בתורה לשמה, ולא לשמו, לעשות לו שם. צריך שיעסוק בתחילה בחכמת המקרא, המשנה, והתלמוד, כפי מה שיוכל שכלו לסבול. ואחר כך יעסוק לדעת את קונו בחכמת האמת, וכמו שציוה דוד המלך ע"ה את שלמה בנו - דע את אלה"י אביך ועבדהו. ואם האיש הזה יהיה כבד וקשה בענין העיון בתלמוד, מוטב לו שיניח את ידו ממנו, אחר שבחן מזלו בחכמה זאת, ויעסוק בחכמת האמת. וזה שמבואר כל תלמיד חכם שאינו רואה סימן יפה בתלמוד בחמשה שנים, שוב אינו רואה, עד כאן דברי קודשו. ומזה כל אחד ואחד חייב להדבק במקור החיים.

חסדך הוי"ה מלאה הארץ חקיך למדני. בשער הגלגולים, בקדמה ט"ז כתב הרב ז"ל - עוד צריך שתדע, כי האדם צריך לקיים כל התרי"ג מצות, במעשה, ובדבור, ובמחשבה. וכמו שאמרו ז"ל על פסוק - זאת התורה לעולה ולמנחה וכו', כל העוסק בפרשת עולה, כאלו הקריב עולה וכו'. וכוונו בזה שהאדם מחוייב לקיים כל התרי"ג מצות בדבור, וכן על דרך זה במחשבה. ואם לא קיים כל התרי"ג בשלשה בחינות הנזכרות, מחוייב להתגלגל עד שישלים אותם. **עוד דע**, כי האדם מחויב לעסוק בתורה בארבעה מדרגות, **שסימנם פרד"ס**, והם, פשט, רמז, דרוש, סוד וצריך שיתגלגל עד שישלים אותם. ובהקדמה י"ז כותב הרב ז"ל, וז"ל - שהאדם **מחוייב לעסוק בתורה בארבעה מדרגות שבה**, והיא זאת, דע, כי כללות כל הנשמות

ע"ח ד"א ע"ד.

הם שׁשׁים רבוא ולא יותר. והנה התורה היא שרש נשמות ישראל, כי ממנה חוצבו, ובה נשרשו. ולכן יש בתורה ששים רבוא פירושים, וכלם כפי הפשט. וששים רבוא ברמז. וששים רבוא בדרש. **וששים רבוא בסוד**. ונמצא, כי מכל פירוש מן הששים רבוא פרושים, ממנו נתהווה נשמה אחת של ישראל, ולעתיד לבא כל אחד ואחד מישראל, ישיג לדעת כל התורה כפי אותו הפירוש המכוון עם שרש נשמתו, אשר על ידי הפרוש ההוא נברא ונתהווה כנזכר. וכן בגן עדן אחר פטירת האדם, ישיג כל זה. וכן בכל לילה כאשר האדם ישן, ומפקיד נשמתו ויוצאה ועולה למעלה, הנה מי שזוכה לעלות למעלה, מלמדים לו שם אותו הפירוש, שבו תלוי שרש נשמתו. ואמנם הכל כפי מעשיו ביום ההוא, כך באותה הלילה ילמדוהו, פסוק אחד, או פרשה פלונית, כי אז מאיר בו יותר פסוק ההוא משאר הימים. ובלילה האחרת יאיר בנשמתו פסוק אחר, כפי מעשיו של אותו היום, וכולם על דרך הפירוש ההוא אשר תלויה בו שרש נשמתו כנזכר, עד כאן דברי קודשו. ור"ל שכל יהודי ויהודי חייב להשיג את שורש נשמתו, וללמוד את סוד ה**חיים**.

יבאוני רחמיך ואחיה כי תורתך שעשעי. מבואר במדרש משלי - אמר רבי ישמעאל, בוא וראה כמה קשה יום הדין שעתיד הקדוש ברוך הוא לדון את כל העולם כולו בעמק יהושפט. בזמן שתלמידי חכמים באים לפניו, אומר לכל אחד מהם - כלום עסקת בתורה, אמר לו הן, אומר לו הקדוש ברוך הוא הואיל והודית, אמור לפני מה שקרית, ומה ששנית בישיבה, ומה ששמעת בישיבה. מכאן אמרו - כל מה שקרא אדם יהא תפוש בידו, ומה ששנה כמו כן, שלא תשיגהו בושה ליום הדין. מכאן היה רבי ישמעאל אומר - אוי הלה לאותה בושה, אוי לה לאותה כלימה, ועל זה ביקש דוד מלך ישראל בתפילה ובתחנונים לפני המקום ואמר - הוי"ה בוקר תשמע קולי בוקר אערך לך ואצפה. בא לפניו מי שיש בידו מקרא ואין בידו משנה, הקדוש ברוך הוא הופך את פניו ממנו, ושרי גיהנם מתגברים בו כזאבי ערב, ונוטלין אותו ומשליכין אותו לתוכה. בא לפניו מי שיש בידו שני סדרים או שלושה, אז הקדוש ברוך הוא אומר לו - בני, כל ההלכות למה לא שנית אותם, ואם אומר הקדוש ברוך הוא הניחוהו, מוטב, ואם לאו עושין לו כמידת הראשון. בא לפניו מי שיש בידו הלכות, הקדוש ברוך הוא אומר לו - בני, תורת כהנים למה לא שנית, שיש בה טומאה וטהרה, וטומאת שרצים וטהרת שרצים, טומאת נגעים וטהרת נגעים, טומאת נתקים ובתים וטהרת נתקים ובתים, טומאת זבים ולידה וטהרת זבים ולידה, טומאת מצורע וטהרתו, סדר ווידוי יום הכיפורים, וגזירות שוות, ודיני ערכים, וכל דין שדנו ישראל לא דנו אלא מתוכו. בא לפניו מי שיש בידו תורת כהנים, אומר לו הקדוש ברוך הוא - בני, חמישה חומשי תורה למה לא שנית, שיש בהם קריאת שמע, ותפילין, ומזוזה. בא לפניו מי שיש בידו חמישה חומשי תורה, אומר לו - בני, למה לא למדת הגדה, ולא שנית, שבשעה שחכם יושב ודורש, אני מוחל ומכפר עוונותיהם של ישראל, ולא עוד אלא בשעה שעונין אמן יהא שמיה רבה מברך, אפילו נחתם גזר דינם אני מוחל ומכפר להם עוונותיהם. בא לפניו מי שיש בידו הגדה, אומר לו הקדוש ברוך הוא - בני, תלמוד למה לא שנית, שנאמר - כל הנחלים הולכים אל הים והים איננו מלא, זה התלמוד, שיש בו חכמות הרבה. בא מי שיש בידו תלמוד, הקדוש ברוך הוא אומר לו - בני, הואיל ונתעסקת בתלמוד, **צפית במרכבה, צפית בגאוה**, שאין הניה בעולמי, אלא בשעה שתלמידי חכמים יושבים ועוסקים בתורה, מציצין ומביטין ורואין והוגין המון התלמוד הזה - **כסא כבודי היאך הוא עומד. רגל הראשונה במה היא משמשת, שנייה במה היא משמשת, שלישית במה היא משמשת, רביעית במה היא משמשת, חשמל היאך הוא עומד, ובכמה פנים הוא מתהפך בשעה**

אַחַת, לְאֵי זֶה רוּחַ הוּא מְשַׁמֵּשׁ, הַבָּרָק הֵיאַךְ הוּא עוֹמֵד, כַּמָּה פָּנִים שֶׁל זֹהַר נִרְאִין בֵּין כְּתֵפָיו, לְאֵיזֶה רוּחַ מְשַׁמֵּשׁ, כָּרוּב הֵיאַךְ הוּא עוֹמֵד, לְאֵי זֶה רוּחַ הוּא מְשַׁמֵּשׁ. גְּדוֹלָה מִכּוּלָם עֵיוּן כִּסֵּא הַכָּבוֹד, הֵיאַךְ הוּא עוֹמֵד, עָגוֹל הוּא כְּמִין מַלְבֵּן, וּמְתוּקָן הוּא, כַּמָּה גְשָׁרִים יֵשׁ בּוֹ, כַּמָּה הֶפְסֵק בֵּין גֶּשֶׁר לְגֶשֶׁר, וּכְשֶׁאֲנִי עוֹבֵר בְּאֵיזֶה גֶּשֶׁר אֲנִי עוֹבֵר, וּבְאֵי זֶה גֶּשֶׁר הָאוֹפַנִּים עוֹבְרִים, וּבְאֵיזֶה גֶּשֶׁר הַגַּלְגַּלִּים עוֹבְרִים. גְּדוֹלָה מִכּוּלָם מִצְּפּוֹרְנִי וְעַד קָדְקוֹדִי, הֵיאַךְ אֲנִי עוֹמֵד, כַּמָּה שִׁעוּר בְּפִיסַּת יָדִי, וְכַמָּה שִׁעוּר אֶצְבָּעוֹת רַגְלִי. גְּדוֹלָה מִכּוּלָם כִּסֵּא כְּבוֹדִי, הֵיאַךְ הוּא עוֹמֵד, לְאֵיזֶה רוּחַ הוּא מְשַׁמֵּשׁ, בְּאֶחָד בְּשַׁבָּת לְאֵיזֶה רוּחַ הוּא מְשַׁמֵּשׁ, בְּשֵׁנִי בְּשַׁבָּת לְאֵיזֶה רוּחַ הוּא מְשַׁמֵּשׁ, בִּשְׁלִישִׁי בְּשַׁבָּת לְאֵיזֶה רוּחַ הוּא מְשַׁמֵּשׁ, בִּרְבִיעִי בְּשַׁבָּת, בַּחֲמִישִׁי בְּשַׁבָּת, בַּשִּׁשִּׁי בְּשַׁבָּת לְאֵיזֶה רוּחַ מְשַׁמְּשִׁין, וְכִי לֹא זֶהוּ הַדָּרִי, זֶהוּ גְּדוּלָתִי, זֶהוּ הֲדַר יוֹפִי, שֶׁבָּנַי מַכִּירִין אֶת כְּבוֹדִי בְּמִדָּה הַזֹּאת. וְעָלָיו אָמַר דָּוִד - מָה רַבּוּ מַעֲשֶׂיךָ הוי"ה, כּוּלָּם בְּחָכְמָה עָשִׂיתָ, מָלְאָה הָאָרֶץ קִנְיָנֶיךָ. עַד כָּאן לְשׁוֹן הַמִּדְרָשׁ. מִמִּדְרָשׁ זֶה לוֹמְדִים עַל חוֹבַת כָּל אֶחָד וְאֶחָד מִיִּשְׂרָאֵל אֶת לִימּוּד כָּל חֶלְקֵי הַפַּרְד"ס, וּבְעִיקָּר אֶת בְּחִינַת הַסּוֹד שֶׁבַּתּוֹרָה, הַנִּקְרָא[8] מַעֲשֵׂה מֶרְכָּבָה, וּבְמַעֲשֵׂה בְּרֵאשִׁית. וּמְבָאֵר הָרַב בֵּית לֶחֶם יְהוּדָה עַל הַשִּׁינּוּי שֶׁיֵּשׁ בִּפְסוּקִים בְּמַעֲמַד הַר סִינַי, בְּפָסוּק אֶחָד כָּתוּב - וַיִּחַן שָׁם יִשְׂרָאֵל תַּחַת הָהָר. וּמִסְּפַר פְּסוּקִים יוֹתֵר מְאוּחָר כָּתוּב וַיַּרְא הָעָם וַיָּנוּעוּ מֵרָחֹק. וְיָדוּעַ כִּי כַּאֲשֶׁר כָּתוּב בַּתּוֹרָה יִשְׂרָאֵל, מְדוּבָּר בִּבְנֵי יִשְׂרָאֵל, וְכַאֲשֶׁר כָּתוּב הָעָם, מְדוּבָּר עַל הָעֵרֶב רַב. וְז"ל הָרַב בֵּית לֶחֶם יְהוּדָה - וּבַזֹּהַר בְּהַעֲלוֹתְךָ דַּף קנ"ב ע"א קָרֵי לְהָעוֹסְקִים בְּחָכְמַת הָאֱמֶת, אִינּוּן דַּהֲווּ קַיְימֵי בְּטוּרָא דְּסִינַי. וְז"ל - חַכִּימִין עַבְדֵי דְּמַלְכָּא עִלָּאָה אִינּוּן דְּקַיְימוּ בְּטוּרָא דְּסִינַי, לָא מִסְתַּכְלֵי אֶלָּא בְּנִשְׁמָתָא, דְּאִיהִי עִיקָּרָא דְּכֹלָּא אוֹרַיְיתָא מַמָּשׁ וְכוּ'. וְנִרְאֶה בְּעֵינַי אִם מוּתָּר, מַשְׁמַע אוֹתָם שֶׁאֵינָן יוֹדְעִים סוֹדוֹת הַתּוֹרָה לֹא עָמְדוּ עַל הַר סִינַי, עַד כָּאן לְשׁוֹנוֹ. וְנִרְאֶה לִי בְּבֵיאוּר כַּוָּנָתוֹ כִּי בַּתְּחִלָּה כְּשֶׁיָּצְאוּ יִשְׂרָאֵל לִקְרַאת הָאֱלֹהִ"ם, הָיוּ מִתְיַיצְּבִים בְּתַחְתִּית הָהָר, וְאַחַר כָּךְ נֶאֱמַר וַיַּרְא הָעָם וַיָּנוּעוּ וַיַּעַמְדוּ מֵרָחֹק, כִּי הָיוּ יְרֵאִים פֶּן תֹּאכְלֵם הָאֵשׁ הַגְּדוֹלָה הַזֹּאת וְיָמִיתוּ. וְהָיָה מִקְצָת מֵהָעָם שֶׁהָיוּ שָׂשִׂים וּשְׂמֵחִים לִקְרַאת הַשְּׁכִינָה, וְלֹא רָצוּ לָזוּז מִמְּקוֹמָם הָרִאשׁוֹן, וְלַעֲמוֹד מֵרָחֹק, אֲפִילוּ אִם יְמִיתוּ מַמָּשׁ. וַעֲלֵיהֶם הוּא מַה שֶּׁכָּתַב בַּזֹּהַר הַנִּזְכָּר - אִינּוּן דְּקַיְימוּ בְּטוּרָא דְּסִינַי, כְּלוֹמַר וְלֹא נָעוּ וְעָמְדוּ מֵרָחֹק, אֶלָּא עָמְדוּ בְּטוּרָא דְּסִינַי מִתְּחִלָּה וְעַד סוֹף, וְלָכֵן הֵם זוֹכִים לְחָכְמַת הָאֱמֶת. וְאוֹתָם הַנְּשָׁמוֹת אֲשֶׁר נָעוּ עִם הָעָם וְעָמְדוּ מֵרָחֹק, כֵּן הֵם עוֹשִׂים גַּם עַתָּה, שֶׁנָּסִים וְעוֹמְדִים מֵרָחוֹק לְחָכְמַת הָאֱמֶת מִירְאָתָם, פֶּן תֹּאכְלֵם הָאֵשׁ הַגְּדוֹלָה הַזֹּאת. וְלָכֵן עַל כָּל אֶחָד וְאֶחָד מִבְּנֵי יִשְׂרָאֵל הַקְּדוֹשִׁים מְחוּיָּב לַעֲמוֹד תַּחַת עֵץ הַחַיִּים.

יִרְאֶיךָ יִרְאוּנִי וְיִשְׂמָחוּ כִּי לִדְבָרְךָ יִחַלְתִּי. בְּסֵפֶר הַזֹּהַר הַקָּדוֹשׁ מְבוֹאָר מַדּוּעַ הַתְּפִילּוֹת שֶׁל בְּנֵי יִשְׂרָאֵל לֹא נַעֲנוֹת, וְז"ל תִּיקּוּנֵי הַזֹּהַר תִּיקּוּן מ"ג - בְּרֵאשִׁית תַּמָּן אֶת"ר יָב"שׁ בְּמִלַּת בְּרֵאשִׁית יֵשׁ אוֹתִיּוֹת אֶת"ר יָב"שׁ, וְדָא אִיהוּ וְנָהָר יֶחֱרָב וְיָבֵשׁ הַיְסוֹד הַנִּקְרָא נָהָר יֶחֱרַב וְיָבֵשׁ מִמֵּי הַשֶּׁפַע, וְאֵין לוֹ מַה לְהַשְׁפִּיעַ לְמַלְכוּת, בְּהַהוּא זִמְנָא דְּאִיהוּ יָבֵשׁ בְּאוֹתוֹ הַזְּמַן שֶׁהַיְסוֹד הוּא יָבֵשׁ, וְאִיהִי יַבֶּשֶׁת הַמַּלְכוּת הַנִּקְרָאת יַבֶּשֶׁת, הִיא יַבֶּשֶׁת כִּי לֹא מְקַבֶּלֶת שֶׁפַע מֵהַיְסוֹד, אָז כַּאֲשֶׁר צַוְוחִין בְּנִין לְתַתָּא מִתְפַּלְּלִים וְצוֹעֲקִים בְּנֵי יִשְׂרָאֵל, בְּיִחוּדָא וְאַמְרִין וּבְיִחוּד שֶׁאוֹמְרִים בְּנֵי יִשְׂרָאֵל שְׁמַע יִשְׂרָאֵל שִׁיבָא ז"א הַנִּקְרָא יִשְׂרָאֵל לְהִתְיַחֵד עִם נוּקְבָא בִּשְׁעַת הַתְּפִילָּה דַּעֲמִידָה, עִם כָּל זֹאת וְאֵין קוֹל שֶׁל הַתְּפִילָּה אוֹ הַקְּרִיאַת שְׁמַע שֶׁעוֹזְרִים לְזִיווּג דְּזוֹ"ן וְאֵין עוֹנֶה וְאֵין מִי

<hr>

גְּמָרָא חֲגִיגָה די"א ע"ב

שיענה וימלא את הבקשות בתפילתם. **הדא הוא דכתיב** וזהו שכתוב - **אז בני ישראל יקראונני** בני ישראל בעת צרתם בקריאת שמע ובתפילה, **ולא אענה** ואני לא אענה אותם בתפלתם, מפני שלא לומדים ומתעסקים בפנימיות התורה. **והכי מאן דגרים דאסתלק** וכל מי שגורם הסלקות פנימיות תורת הקבלה **וחכמתא מאורייתא דבעל פה ומאורייתא דבכתב** מהתורה שבעל פה והתורה שבכתב, **וגרים דלא ישתדלון בהון** וגורמים גם לאחרים שלא יתעסקו וילמדו את חכמת הקבלה, **ואמרין דלא אית אלא פשט באורייתא ובתלמודא** ואומרים שאין בתורה ובתלמוד אלא פשט התורה, בלי פנימיות הסוד, **בודאי כאלו הוא יסלק נביעו מההוא נהר** בודאי נחשב לו כאילו הוא מסתלק את נביעת שפע החכמה והבינה מן היסוד, **ומההוא גן** ומן הנוקבא הנקראת גן, **ווי ליה** לאותו יהודי **טב ליה דלא אתברי בעלמא** טוב לו שלא היה נברא, **ולא יוליף ההיא אורייתא דבכתב ואורייתא דבעל פה** ולא היה לומד תורה שבכתב ותורה שבעל פה, כי דינו כעם הארץ שלא למד כלל, ועוד **דאתחשב ליה כאלו אחזר עלמא לתהו ובהו** שנחשב לו כאילו החזיר את העולם לתהו ובהו, ר"ל לסוד שבירת הכלים לפי שמגביר הקליפות כאשר הנהר והגן יבשים, **וגרים עניותא בעלמא ואורך גלותא** וגורם עניות בעולם ומאריך את הגלות השכינה וביאת המשיח. עד כאן דברי הזוהר הקדוש. וכותב רב חיים ויטאל זלה"ה בהקדמה וז"ל - אמנם שעשועות של הקדוש ברוך הוא בתורה, והיותו בורא בה את העולמו, היתה בהיותו עוסק בתורה בבחינת הנשמה הפנימית שבה, הנקרא - רזי תורה, הנקרא מעשה מרכבה, **היא חכמת הקבלה** כנודע אל היודעים, וטעם הדבר הוא להיותו עולם האצילות העליון מאד, טוב ולא רע, דלא יכיל להתערבא עמיה קליפה, ועליה אתמר - וכבודי לאחר לא אתן, כנזכר בספר התיקונין דף ס"ו תיקון י"ח, וכן בספר הזוהר בפרשת בראשית דף כ"ח ע"א עיין שם. ולכן גם התורה אשר שם [**אח"י** - בעולם האצילות] איננה רק מופשטת מכל לבושי הגופנים, מה שאין כן למטה בעולם היצירה, עולם דמטטרו"ן, הנקרא עבד טוב, והוא הנקרא עץ הדעת טוב מסטרא, ומסטרא דסמא"ל שהוא קליפין דיליה, **נקרא עבד רע**, כי התורה אשר שם, הם שית סדרי משנה **הנקראים שפחה** כנזכר לעיל, וכנזכר בפרשת בראשית שם דף כ"ז ע"א. ולכן נקראת משנה, לפי ששם יש שינויים הפוכים **טוב מסטרא דעבד טוב**, היתר, כשר, טהור. **רע מסטרא דעבד רע**, איסור, טמא, פסול. גם הוא מלשון כי מרדכי היהודי משנה למלך, שהיה שפחה הנקרא עבד מלך, מלך גם נקרא מלשון שינה, כנזכר בפרשת פינחס דף רמ"ד ע"ב - קם זמנא תנינא ואמר, מארי מתניתין בשמתין ורוחין ונפשין דילכון אתערו כען ואעברו שינתא מניכון דאיהו, ודאי משנה אורח פשט, דהאי עלמא ואנא לא אתערנא בכו, אלא ברזין עילאין דעלמא דאתי דאתון בהון, לא ינום ולא יישן. וזה יובן במה שמבואר יותר למעלה שם - **ורבנן דמתניתין ואמוראי, כל תלמודא דלהון על רזין דאורייתא סדרו ליה**. ונמצא כי המשנה והש"ס הם הנקרא גופי תורה. והנה דבריהם כחלום בלי פתרון, **ורזיה וסתריה הפנימים הנקרא בנשמת התורה, הם הם פתרון החלום הנפתר בהקיץ**, בסוד - אני ישנה ולבי ער, וכמו[9] שאמרו חכמים ז"ל - **במחשכים הושיבני כמתי עולם, זה תלמוד בבלי**, אשר איננו מאיר אלא על ידי ספר הזוהר, **הם הם רזי תורה וסתריה** אשר עליהם נאמר - ותורה אור. ואין ספק כי כמו שהיוצר נקראת עבד ושפחה בערך האצילות, ונקרא קליפין ולבושין דחול, כנזכר בהקדמת ספר התיקונין ד"ג ע"ב וז"ל - וביומי דחול לביש עשר כתות דמלאכיא דמשמשי לעשר ספירות דבריאה. ואם כן אין לתמוה כי התורה אשר שם

סנהדרין דכ"ד ע"א.

שהיא המשנה, תהיה נקרא שפחה וקליפין דתורה דאצילות, וזה סוד כל הבשר חציר הנזכר
לעיל במאמר הראשון, כי כמו שהחטה שהיא בגימטריא כמנין כ"ב אותיות התורה, הגנוזה תוך
כמה קליפין ולבושין שהם הסובין והמורסן והתבן והקש והעשב, הנקרא חציר, כן המשנה אצל
סודות התורה נקרא חציר, וזה נרמז בספר הזוהר פרשת כי תצא ברעיא מהמנא דף רע"ה ע"ב
- **אצל רבנן ווי לאינון דאכלין תבן דאורייתא, ולא ידעי בסתרי אורייתא, אלא קלין**
וחמורין דאורייתא, קלין אינון תבן דאורייתא, וחמורין אינון חטה דאורייתא, ח"ט ה'
אלנא דטוב ורע וכו'. ואלו באתי להרחיב דרוש זה לא יספיקו מאה קונטרסין בלי ספק בלי
שום גוזמא, האמנם החכם עיניו בראשו כי דברי אמת אני אומר, ואל יתמה האדם בראותו ספר
הזוהר איך קורא אל המשנה שפחה וקליפין, כי עסק המשנה כפי פשטיה, **אין ספק שהם**
לבושין וקליפין חיצונים בתכלית אצל סודות התורה הנגנזים, ונרמזים בפנימיותה כי כל
פשטיה הם בעלם הזה בדברים חומרים תחתונים..... על כן על כל בני ישראל לאכול מעץ
החיים.

מֶה אהבתי תורתך כל היום היא שיחתי. ומבאר הרב ז"ל בהקדמה לשער המצות, כי עסק
לימוד פנימיות התורה הוא חלק בלתי נפרד מתלמוד תורה, וז"ל - גם בענין עסק התורה שהיא
אחת מרמ"ח מצות עשה, אם לא השלים אותה, **שהוא ענין עסקו בפרד"ס התורה**, שהוא
ראשי תיבות **פשט רמז דרש סוד**, בכל בחינה מהם כפי אשר יוכל להסיג, **עד מקום שידו**
מגעת, לטרוח ולעשות לו רב שילמדנו. ואם לא עשה כן, הרי חסר מצוה אחת של תלמוד
תורה, שהיא גדולה ושקולה ככל המצות, וצריך **להתגלגל** עד שיטרח הארבעה בחינות של
פרד"ס כנזכר. וכן מבאר הרב בית לחם יהודה בהקדמתו הקדושה, וז"ל - ומה מאד נמלצו
[**אֵח"י** - מלשון מליצה] בזה דברי הנביא ירמיה (סימן כ"ב) באומרו - אל תבכו למת וכו'.
שהוא מדבר עם הציבור המתקבצים להספיד על איזה צדיק הנפטר רח"ל, על שנחסר צדיק
אחד מהדור שהיה מנין בזכותו עליהם. וקאמר להו הנביא אל תבכו וכו', **לפי שרובם של**
צדיקים אינם זוכים לעסוק בכל ארבעה חלקי הפרד"ס, ואם כן מוכרחים הם לחזור ולבוא
בגלגול כדי להשלים לימודם בארבעה חלקים, כי אפילו הוא עסק בשלוש חלקי הפרד"ס, לא
יצא ידי חובתו, ועליו נאמר הן כל אלה יפעל א"ל פעמים שלש עם גבר, להחזירו בגלגול. ואם
כן הוי פסידא דהדרא. ואפשר שבו ביום שנפטר הוא חוזר ומתגלגל, כנזכר בזוהר ריש פרשת
אמור, יעו"ש. ואם כן אין לכם פסידא כל כך. אמנם בכו בכו להלך, לאותו צדיק שכבר עסק
בארבעה חלקי הפרד"ס. כי תיבת להלך היא חסר ו', ואם תחשוב תיבת להלך ארבעה פעמים
עם ארבעה הכוללים, שהם כנגד ארבעה חלקי הפרד"ס, הם בגימטריא פרד"ס. **שזה הצדיק**
לא ישוב עוד וראה את ארץ מולדתו, כי על ארבעה לא אשיבנו. שזהו פסידא דלא הדרא
באמת, ונחסר לגמרי מן העולם הזה, עד כאן לשונו. ולכן חובה על כל אדם לעסוק בכל חלקי
הפרד"ס, ובפרט בחלק הסוד, הנקרא פנימיות התורה, כמבואר בזוהר הקדוש כמובא בזוהר
הקדוש פרשת נשא דף קכ"ד - **בהאי חבורא דילך דאיהו ספר הזוהר יפקון ביה מן גלותא**
ברחמי, בזכות הלימוד בספר הזוהר הקדוש, יצאו בני ישראל מהגלות **ברחמים**. ועוד כל מי
שחשקה נפשו ללמוד, אסור למנוע זאת ממנו, בסוד הפסוק[10] - אל תמנע טוב מבעליו, ועל כל
אדם להיכנס לפרד"ס החיים.

משלי ג' כ"ז — אל תמנע טוב מבעליו בהיות לאל ידך לעשות.

אשרי האיש אשר לא הלך בעצת רשעים ובדרך חטאים לא עמד ובמושב לצים לא ישב. דע כי יהיו הרבה אנשים רשעים, שינסו למנוע מבני ישראל הקדושים ללמוד תורה, ובפרט את תורת הקבלה, מכל מיני סיבות ומניעות, והשטן מדבר מגרונם של אלו הרשעים. ואלו דברי קודשו של בעל שבט מוסר רבינו אליהו הכהן האתמרי זצלה"ה - ובהביטך בן אדם מה שעבר על אחרים למה תרדוף אתה אחר כל אלה הדברים הזרים, להשביע נפש מרורים ולמוסרה ביד צרים המה המקטרגים הצוררים, ולמה לא תחמול על נפשך ועל נועם תבנית צלם גופך למוסרו בידן ולהשליכו בתוך גחלי רתמים בטיט היון של גיהנם, להשחירו ולהתיכו כאשר ניתך הזפת בפני האש, אשר על כן תן עצה אתה, בנפשך **לברור בדרך החיים בעסק התורה והמצות**, וגם להצטער עצמך זמן קצוב הם חיי עולם הזה, כדי שתתענג זמן רב בלתי סוף ותכלית, ואל יעלה על דעתך כאשר עלה בדעת הרבה שנאבדו בידם באומרם כיון שמכיר אני בעצמי שאין בדעתי להבין ולהשכיל, איני עוסק בתורה, טועה הוא בדבר, שהרי הוא מחוייב לעשות מה שנצטוה לעשות, ואם יבין יבין, **שהרי והגית בו יומם ולילה כתיב** ולא כתיב ותבין בו, וכן תמצא בדברי התנא אם למדת תורה הרבה נותנין לך שכר הרבה, ואינו אומר אם הבנת הרבה, אלא למדת אמרו, ותשתדל להבין ואם תבין תבין, ואם לא שכר לימודך בידך, וכמאמר התנא לפום צערא אגרא, ומה גם שאמרו האדם איני לומד מפני שאיני מבין, **הוא פיתוי היצר**, יתמיד בלימודו וסוף הבינה לבא, שבראות קדוש ברוך הוא **חשקו בתורתו ודבקותו בה, פותח לו מעייני החכמה**, דכתיב - כי הוי"ה יתן חכמה מפיו דעת ותבונה. והנני מוסר לך דבר אשר תרדוף אחריה, ויהיה חיים לנפשך וענקים לגרגרותיך, **לעולם יהיה עיקר לימודך בדבר של תורה שליבך חפץ יותר**, אם בגמרא גמרא, ואם בדרוש דרוש, ואם ברמז רמז, **ואם בקבלה קבלה**, ורמז לדבר כי אם בתורת הוי"ה חפצו, כלומר תורת הוי"ה תלויה בדבר שלבו חפץ לעסוק, וכמו שמבאר האר"י זלה"ה בספר דרושי הנשמות והגלגולים פרק שלישי, וז"ל - יש בני אדם שכל חפצם ועסקם בפשטי התורה, ויש שעסקם בדרוש, ויש ברמז, ויש גם כן בגימטריות, **ויש בדרך האמת**, הכל כפי מה שעליו נתגלגל בפעם ההוא, כיון שהשלים פעם אחרת בשאר העניינים, אין צורך לו שבכל גלגול יעסוק בכולם, עד כאן לשונו. **ואל תביט ותשגיח לדברי המתנגדים על מה שחשקת לעסוק בתורה** בגמרא או בפשט או בדרוש וכו', באומרם לך למה אתה מוציא כל ימיך בפרט זה של תורה ולא בפרט זה, משום שעל מה שחשקת ללמוד, על דבר זה באת לעולם, ואם תשים דעתך לדבריהם, יכריחוך להתגלגל בזה העולם פעם אחרת ולעבור נפשך בחרב חדה של מלאך המות ולטעום טעם מיתה, ולכן לא תשמע לדברי המשחית נפשך, **כי דע שהשטן מתלבש באלו האנשים לדאוג ולהצטער ולהכאיב נפש הלומד ועוסק בתורה**, בחלק שֶׁאָנְתָה נפשו לעסוק, כדי להבדילו משם שלא ישלים נפשו, על מה שבא להשלימה, ולהכריחו גלגולים אחרים, וכשם שבדבר שחושק יותר האדם ללמוד, משם יבין שעל דבר זה נתגלגל להשלים, כך צריך האדם שידע שורש נשמתו ומהיכן נמשך ועל מה בא לתקן ולהשלים, כמו שאמר בזוהר שיר השירים על הגידה לי את שאהבה נפשי וכו'. **וכדי שיבין יראה באיזה מצוה תקיף יצרו יותר לבטלה יתחזק בה לקיימה, כי בוודאי על מצוה זו נתגלגל**, וכדי שלא ישלים חוקו מנגדו יצרו לבטלה להוציאו מן העולם בידיים ריקניות... ולכן לא תשמע לדברי רשעים אלו, אלא תשמע לדברי חיים.

חבר אני לכל אשר יראוך ולשמרי פקודיך. בסוף[11] עץ חיים מובא מספר כללים למהרח"ו, וז"ל - להאר"י זלה"ה. הרמב"ן וחבריו ודברי ראשונים כמו רבי נחוניא בן הקנה לא הזכירו רק עשר ספירות, ולא גילו ענייני פרצוף כלל. **ודע שהרמב"ן והראשונים היו יודעים בפרצוף**, אלא שדברו בהעלם גדול, לרוב הגלות שלא ניתן רשות לגלות, ולהתפשט האורות הגדולים, מאחר שגברו הקליפות, וכל זר לא יאכל קדש. **אמנם בעקבות משיחא כמו בדורינו זה התחילו האורות להתפשט להיות כבראשונה**, כמו שהיה בזמן העולם מתוקן ולהתתקן מעט. ומתחלה היו האורות סתומים, היה העולם מקולקל, וכל מה שנתקלקל נסתם בגלות, ולא היו משיגין אלא עשר ספירות בסתום, בסוד הנקודות, כל אחד כלול מעשר, ובענין הפרצופים לא נתגלה להם כלל, לפי שמצאו בדברי הראשונים סתומים, ולא ידעו עומק הדברים, וחשבו שכך הוא ודברו בעשר ספירות כל אחד כלול מעשר ובחינות הרבה, ולפי שראיתי מי שחולק על דברים אלו לאמור שלא מצינו אלא עשר ספירות, ומהיכן יש לשלוט כח לאמור כמה פרצופים שנמצא יותר מעשר ספירות, ומספר רב והלא הראשונים כתבו בספר יצירה - עשר ולא תשע, עשר ולא י"א, לזה באתי לפתוח לך כחודא דמחטא, אולי תזכה להבין מקצת, וכולו לא תשורנו עין, וזהו. ובהקדמתו[12] הקדושה כותב הרב ז"ל - והנה אין בכל דור ודור שלא נמצאו בו אנשים יחידי סגולה ששרתה עליהם רוח הקודש, והיה אליהו הנביא ז"ל נגלה עליהם, **ומלמד אותם סתרי החכמה הזאת**, וכמו שנמצא כתוב בספרי המקובלים, גם בעל ספר הרקנטי כתב בפרשת נשא בפרשת ברכת כהנים..... ואנשי לבב שמעו לי, אל יהרסו אל הוי"ה, **לראות בספרי האחרונים הבנויים על פי השכל האנושי**, ושומע לי ישכון בטח ושאנן מפחד רעה. ולכן אני הכותב הצעיר חיים וויטאל, רציתי לזכות את הרבים **בהעלם נמרץ והמשכילים יבינו**, וקראתי שם החבור הזה על שמי **ספר עץ חיים**, וגם על שם החכמה הזאת העצומה, חכמת הזוהר, הנקרא עץ חיים, ולא עץ הדעת כנזכר לעיל, בעבור כי בחכמה הזאת טועמיה חיים זכו, ויזכו לארצות החיים הנצחיים, **ומעץ החיים הזה ממנו תאכל, ואכל וחי לעולם**. ואשכילך ואורך דרך זו תלך דע מן היום אשר מורי זלה"ה החל לגלות זאת החכמה, **לא זזה ידי מתוך ידו אפילו רגע אחד**, וכל אשר תמצא כתוב באיזה קונטריסים על שמו ז"ל, ויהיה מנגד מה שכתבתי בספר הזה, **טעות גמור הוא, כי לא הבינו דבריו, ואם יש בהם איזה תוספות שאינו חולק עם ספרינו זה, אל תשית לבך בקבע אליו, כי שום אחד מהשומעים את דברי קדשו, לא ירדו לעומק דבריו וכוונתו, ולא הבינום**, בלי שום ספק. ואם יעלה בדעתך לחשוב שתוכל לברור הטוב ולהניח הרע, אל בינתך אל תשען, כי אין הדברים האלו מסורים אל לב האדם כפי שכל אנושי, והסברא בהם סכנה עצומה, ויחשב בכלל קוצץ בנטיעות חס ושלום, לכן הזהרתיך ואל תסתכל בשום קונטרסים הנכתבים בשם מורי זלה"ה, זולתי במה שכתבנו לך בספר הזה, **ודי לך בהתראה זאת**, אלו הם דברי קודשו. ועלינו ללמוד אך ורק בתורת מורינו חיים.

---

[11] ע"ח ח"ב דקי"ט ע"א.

[12] ע"ח ד"ד ע"ב.

אני קראתיך כי תעננו אל הט אזנך לי שמע אמרתי. עוד כתב הרב ז"ל בהקדמתו תנאים כדי לזכות לחכמה הקדושה הזאת, וז"ל - אני הכותב משביע בשמו הגדול יתברך, לכל מי שיפלו הקונרטסים אלו לידו, שיקרא הקדמה זאת, ואם אותה נפשו לבוא בחדרת החכמה זאת, יקבל עליו לגמור ולקיים כל מה שאכתוב ויעיד עליו יוצר בראשית, שלא יבוא אליו היזק בגופו ונפשו, ובכל אשר לו, ולא לאחרים. תחת רודפו טוב והבא לטהר ולקרב. **ראשית הכל יראת הוי"ה, להשיג יראת העונש, כי יראת הרוממות, שהוא יראה הפנימית, לא ישיגוהו רק מתוך גדלות החכמה**, ועיקר מגמתו בידיעה הזה יהיה לבער קוצים מן הכרם, כי לכן נקראים העוסקים בחכמה הזאת מחצדי חקלא. **ובודאי שיתעוררו הקליפות נגדו לפתותו ולהחטיאו, לכן יזהר שלא לבוא לידי חטא אפילו שוגג**, שלא יהיה להם שיכות בו, לכן צריך ליזהר מהקלות, כי הקדוש ברוך הוא   מדרדק עם הצדיקים כחוט השערה, לכן צריך לפרוש עצמו מבשר ויין כל ימות השבוע, **וצריך הזהרת סור מרע ועשה טוב**, ובקש שלום. בקש שלום צריך להיות רודף שלום, ולא להקפיד בביתו על דבר קטן וגדול, וכל שכן שלא יכעוס ח"ו.

<u>וצריך להתרחק בתכלית הריחוק סור מרע.</u>

א. ליזהר בכל דקדוקי מצות, ואפילו בדברי חכמים, שהם בכלל לא תסור.

ב. לתקן המעוות קודם שיבא לעולם הבא.

ג. יזהר מהכעס, אפילו בשעה שמוכיח את בניו, לא יכעוס כלל ועיקר.

ד. גם צריך ליזהר מהגאוה, ובפרט בענין הלכה, כי גדול כחה והגאוה, בזה עון פלילי.

ה. בכל צער שיבא לו, יפשפש במעשיו וישוב אל הוי"ה.

ו. גם יטבול בעת הצורך לו.

ז. גם יקדש את עצמו בתשמיש המטה שלא יהנה.

ח. שלא יעבור כל לילה ויחשוב בכל לילה מה שעשה ביום, ויתודה.

ט. גם ימעט בעסקיו ואם אין לו פרנסה כי אם על ידי משא ומתן, יכין יום שלישי ויום רביעי, מחצי היום ואילך, ובכוונה שהוא לעבודת קונו.

י. כל דבור שאינו של מצוה והכרחי, יהיה זהיר ממנו, ואפילו דבר מצוה ימנע בשעת התפלה.

<u>ועשה טוב</u>

א. לקום בחצי הלילה, ולעשות הסדר בשק ואפר ובכי גדול, ובכוונה כל אשר יוציא בשפתיו. ואחר כך יעסוק בתורה כל זמן שיוכל להיות בלי שינה, ובלבד שחצי שעה קודם עלות השחר יתעורר לעסוק בתורה.

ב. ילך לבית הכנסת קודם עלות השחר, קודם חיוב טלית ותפילין, להיזהר שיהיה מעשרה ראשונים.

ג. קודם שיכנס, ישים אל לבו מצות עשה ואהבת לרעך כמוך, ואחר כך יכנס.

ד. להשלים רמז צדיק בכל יום. שהוא צ' אמנים, ד' קדושות, י' קדישים, ק' ברכות.

ה. שלא להסיח דעתו מהתפילין בעת התפילה, זולת בעת העמידה ועסק התורה.

ו. צריך שיהיה עוסק בתורה, מעוטף בטלית ותפילין.

ז. לכוין בתפלה הכוונות, כמו שנבאר בע"ה.

ח. שישים תמיד נגד עיניו שם בן ארבעה אותיות הוי"ה, ויזדעזע ממנו, כמו שכתוב - שויתי הוי"ה לנגדי תמיד.

ט. שיכוין בכל הברכות, בפרט בברכת הנהנין.

י. צריך שיהיה עמל בתורה פרד"ס, שנאמר או יחזיק במעוזי, ואל יחשוב שיגלו לו רזי התורה בהיותו ריק, כדכתיב - יהב חכמתא לחכימין, וצריך ליזהר שלא יוציא בשפתיו בחכמה זו, מה שלא שמע מאדם שראוי לסמוך עליו, וכאזהרת רשב"י וחבריו. השגת החכמה תנאי הראשון, צריך למעט דבורו, ולשתוק, כל מה שיוכל כדי שלא להוציא שיחה בטילה, כמאמר רז"ל - סייג לחכמה שתיקה. גם תנאי אחר, על כל דבר תורה שלא תבינהו, תבכה עליו כל מה שתוכל. גם עלית הנשמה בלילה לעולם העליון, שלא תשוט בהבלי העולם, תלוי שתתיש בבכיה. ומרת עצבות מגונה עד מאוד, ובפרט להשיג חכמה, והשגה אין לך דבר מונע השגה יותר מזה. גם בענין השגת האדם, אין לך דבר שמועיל כמו הטהרה והטבילה, שיהיה האדם טהור, בכל עת ומורי זלה"ה עם היות שהיה לו חולי השבר שהקור מזיק לו, עם כל זה לא היה מונע מלטבול בכל עת, עד כאן דברי קודשו. ועלינו לקיים את בקשת הרב ז"ל את הבחינות של[13] סור מרע ועשה טוב, כדי לטפס בעץ החיים.

מרן הרש"ש[14] מעיד על עצמו, וז"ל - וראיתי מה שכתבו מעלת כבוד תורתם, על ענין עבודת הוי"ה שקצרתי במקום שהיה ראוי להרחיב מעט הדיבור, אמת הוא כי לכתחילה קצרתי בו, **יען ראיתי כמה מהנזק יצא ממה שכתבו בזה המקובלים שקדמו, כי רבים חללים הפילו, וחלול כבוד הוי"ה, וכבוד התורה. הוי"ה יכפר בעדם,** כי כל דבריהם לא על פי התורה הם, ואינם מיוסדים על האמת, ומהם יצאו אבות, ומאבות תולדות הריסת יסודי התורה ח"ו, הוי"ה יכפר. **וכל זה לא שלמדתי בדבריהם ח"ו,** אלא שפעם אחת הוכרחתי בעל כרחי לעיין בדף אחד שכתוב בו קצור מה שכתבו בענין זה, **וכמעט שקרעתי בגדי לראות דברים אשר לא כן על הוי"ה.** הוי"ה יכפר, וכבר מילתי אמורה להם, **כי עידי בשמים כי כל עסקי ולמודי, אינו רק בדברי האר"י זלה"ה, ותלמידו מהרח"ו ז"ל לבדם, ובלעדם אין לי עסק בשום ספר מספרי המקובלים ראשונים ואחרונים, ואפילו בדברי שאר תלמידי האר"י ז"ל לא למדתי, וכשיזדמן לפני דבר מדבריהם, אני מדלגו.** כי על כן איני כמזהיר, אלא כמזכיר, למען הוי"ה אל יהי לכם מגע יד בדבריהם, ובפרט בענין זה, השמרו לכם פן יפתה לכם בלבבכם, **אלא כל לימודם לא יהיה אלא בעץ חיים ובספר מבוא שערים ובשמונה שערים המפורסמים,** שכולם דברי אלהי"ם חיים. ואני קצרתי בענין זה כל מה שאפשר, כי יראתי פן יפלו דפים אלו ביד מי שעדיין לא למד דברי האר"י ז"ל כראוי, **ויחשידני שלמדתי בספרים אחרים, ולא כן הוא כאמור,** ולכן קצרתי בו, ופיזרתי בהקדמה, עד כאן דברי קודשו של מרן הרש"ש. ואנחנו תפילה שיתגלה משיח צדיקנו במהרה בימינו, ומלאה[15] הארץ דעה את הוי"ה כמים לים מכסים, דעת תורת החיים.

13

תהלים ל"ד ט"ו – סור מרע ועשה טוב בקש שלום ורדפהו.

14

נהר שלום דף ל"ד ע"א.

15

כתב רבינו גאון הקבלה רבי אליהו מני, רבו של הרי"ח הטוב, רבי יוסף חיים בעל הספר "בן איש חי", בספרו הקדוש **כסא אליהו** כי על הלומד ללמוד כל מאמר ומאמר ארבעה חמישה פעמים בלי המפרשים, וינסה להבין את המאמר בעצמו. ואחר כך ילך לראות אם כיוון לדעת המפרשים.

וכן אני הקטן מבקש בכל לשון של בקשה, ללמוד את הדרוש כמו שהוא מובא בספר עץ חיים, ארבעה חמישה פעמים, כדי לנסות להבין את הדרוש. וכל דרוש מובא בתחילת הספר במלואו.

אחר כך יכנס ללמוד את הדרוש עם ביאור הדברים, עוד ארבעה חמישה פעמים, ואחר כך יראה את המקורות להגהות, ודברי רבותינו הקדושים, עם התרשימים וטבלאות.

ואז יעלה ויצליח בלימוד תורת האר"י החי"י.

כתב רבינו **השד"ה** רבי שאול דוויק הכהן, בהקדמת ספרו איפה שלימה, על אוצרות חיים וז"ל - וכדי שיוכל לעלות לימודו למעלה, ריח ניחוח לה'. קודם כל לימוד ימסור עצמו על קדושת ה', כי זה מועיל מאוד, כמו שכתוב בשער הכוונות דף כ"ד ע"ב, כי עתה בזמנינו בעונותינו הרבים אין יכולת לעשות זווג כתיקונו למעלה, ולסיבה זו הקץ מתארך וכו'. אמנם עם כל זה יש קצת תיקון במה שנמסור נפשינו על קידוש ה' בכל הלב, כי על ידי כן אפילו אין בנו שום מעשים טובים, והרשענו עד להפליא. הנה על ידי מסירת נפשינו להריגה, מתכפרים עונותינו כולם, ויש בנו יכולת לעלות עד אימא עילאה, כמו שאמרו חז"ל - גדולה תשובה שמגעת עד כסא הכבוד, שנאמר - שובה ישראל עד ה' וכו', עד כאן דבריו.

וזה הסדר

יקבל עליו ארבע מיתות בית דין, מארבעה אותיות הוי"ה וארבעה אותיות אדנ"י, וליחדם על ידי ארבעה אותיות אהי"ה ועל ידי עסמ"ב

סקילה י **א**   וליחדם על ידי **א** | יוד ה'י ויו ה'י

שרפה ה **ד'**   וליחדם על ידי **ה** | יוד ה'י ואו ה'י

הרג ו **נ'**   וליחדם על ידי י | יוד ה'א ואו ה'א

וחנק ה י   וליחדם על ידי **ה** | יוד ה'ה וו ה'ה

ישעיהו י"א ט' – לא ירעו ולא ישחיתו בכל הר קדשי כי מלאה הארץ דעה את הוי"ה כמים לים מכסים.

לְשֵׁם יִזזּוּד
קֻדְשָׁא בְּרִיךְ הוּא וּשְׁכִינְתֵּהּ

יאהדונהי

בִּדְזזיכלוּ וּרְזזימוּ   וּרְזזימוּ וּדְזזיכלוּ

יאההויהה   איההויהה

לְיַזזֲדָא אוֹתִיּוֹת י"ה בּו"ה, בְּיִזזּוּדָא שְׁלִים

יהו"ה

בְּשֵׁם כָּל יִשְׂרָאֵל, לְאָקְמָא שְׁכִינְתָּא מֵעַפְרָא, הֲרֵינִי לוֹמֵד בְּסֵפֶר קַבָּלָה פְּלוֹנִי שֶׁהוּא כְּנֶגֶד תִּפְאֶרֶת דז"א בְּעוֹלָם הָאֲצִילוּת שֶׁבּוֹ שֵׁם מ"ה כָּזֶה יוֹ"ד הֵ"א וָא"ו הֵ"א לַעֲשׂוֹת מֶרְכָּבָה. וִיהִי רָצוֹן מִלְפָנֶיךָ ה' אֱלֹהֵינוּ וֵאלֹהֵי אֲבוֹתֵינוּ שֶׁתּוֹכַךְ רוּזזֵנוּ וּנְפַשֵׁינוּ שֶׁיִּהִי רְאוּיִם לְעוֹרֵר מַיִן תַּתָּאִין עַל יְדֵי קְרִיאַת סֵפֶר הַקַּבָּלָה הַזֹּאת. וִיהִי נֹעַם יְהֹוָה אֱלֹהֵינוּ עָלֵינוּ וּמַעֲשֵׂה יָדֵינוּ כּוֹנְנָה עָלֵינוּ וּמַעֲשֵׂה יָדֵינוּ כּוֹנְנֵהוּ.

בָּרוּךְ ה' לְעוֹלָם אָמֵן וְאָמֵן, נֶצַח, סֶלָה, וָעֶד.

הקדמה כללית וחשובה להיכל הנקודים

צריך לדעת כי היכל הנקודים, שהוא כולל את שער הנקודות, שער השבירה, שער התיקון, ושער המלכים. עוסק בסוגיות שלפני התיקון, ר"ל[16] לפני שמידת הרחמים התפשטה בעולמות, והתמזגה עם מידת הדין, ונתקן העולם. לכן שער זה מבאר את בחינת הדינים, ובכל מקום שיש דין מתעוררים החיצונים. לכן רבותינו המקובלים ייחסו בכובד ראש לסוגיות בהיכל זה יותר משאר הדרושים בספרי הרב ז"ל, עד כדי כך שהרי"ח הטוב כותב[17] שצריך ללמוד היכל זה **בשתיקה ובהרהור הלב**, עד כדי כך חשש הרי"ח הטו"ב מתגברות הדינים. וכן[18] הוא בשער הכוונות בענין פטירת

16

ע"ח ש"ט פ"ו מ"ב דמ"ה ע"ג – ואז נברא העולם במידת הדין, ויצאה בת מתחלה, שהיא **שם ב"ן** בפנים דא"ק. ואחר כך יצאו ענפיו לחוץ, **דרך העין** מטבורו דא"ק ולמטה, ולא נתקיימו הענפים שבחוץ. עד שחזרו להזדווג והולידו בן, שהוא **שם מ"ה** בפנים ובחוץ, והוא מידת הרחמים, ונתקיים העולם, כמו שאמרו רז"ל על הפסוק - ביום עשׂות הוי"ה אלהי"ם ארץ ושמים, **והבן אמרם העולם**, כי מציאת העולם הם השבעה תחתונות לבד, שהם זו"ן, אלא בראשונה היו זו"ן נקבות, מצד דין, שהוא שם ב"ן. ואחר כך היו זו"ן זכרים, משם מ"ה. **כי כל מ"ה וב"ן נקרא בשם עולם.**

17

רב פעלים חלק ב', סוד ישרים סימן ה' דר"ב ע"ב – וגדולה מזו תדע כי אפילו רבינו מהרח"ו ז"ל שהיה לו נשמה גדולה מאד, וסמך רבינו האר"י ז"ל שתי ידיו עליו, ואמר לו שהוא בא לעולם הזה בעבורו לתקנו וללמדו, עם כל זאת הוא היה אומר על דרושים שגילה לו רבינו האר"י ז"ל, שלא השיג אותם אפילו ערך טיפה מן הים, כי כן כתב בספר הכוונות בדרוש ספירת העומר, דרוש י"ב דף פ"ו ע"ג על סוד אחד בענין הקטנות שגילה אותו לרבינו האר"י ז"ל, ונענש בעבור זה, וכתב מהרח"ו וז"ל - ולכן הסוד הזה צריך להעלימו אם מפאת עצמו, ואם מפני שאין אנחנו יודעים אמיתתו אפילו טיפת גרגיר של החרדל מן הדרוש ההוא, עד כאן לשונו. ראה דברים אלו שכתב צדיק וישר ונאמן שאמר אין אנחנו יודעים אמיתתו אפילו טיפת גרגיר של חרדל, המה יורדים בחדרי בטן של אדם שיש לו מוח בקדקודו ותופס ספרי קבלה בידו, המדברים בענין קטנות ופגם, ובענין שבירה ומגע הקליפות וכיוצא, שצריך להחליט בדעתו על ענינים אלו, שהם אינם כפשוטן, והם סתומין וחתומים באלף עזקין, ויאחזנו פחד ורעדה בקריאתו בסודות התורה בכתבי רבינו האר"י ז"ל האמתיים, ויזהר שלא להוסיף או לגרוע בהם שום דבר מהשערה השכל, ולא יעשה בהם חילוקים והמצאות שכליות כדרך שעושין בחכמת הפשט, ובכלל יזהר שלא יתמיד ללמוד בסוד השבירה והקטנות ובשערי הקליפות, **ואם יבא לפניו איזה ענין מאלה באמצע, לא יוציא הדברים מפיו, אלא ילמדם בהבטת העין בלבד**, כי שמעתי שנזהרין בכך כמה חסידים מקובלים.

18

שער הכוונות, ענין ספירת העומר דרוש י"ב דפ"ו ע"ב – האמנם כיון שלא נתקנו כל המוחין לכן אינו זווג גמור מעולה, **אמנם נקרא זווג דקטנות**, כיון שעדיין לא נגדל ז"א. ובזה יתבאר לך מאמר אחד מספר הזוהר בפרשת בשלח בדף נ"ב ע"ב בענין קריעת ים סוף, בפסוק מה תצעק אלי, ואמר שם רשב"י ע"ה - בהאי מלה לא תשאל ולא תנסה את הוי"ה. ובודאי שביאור המאמר הזה עמוק מאד, כיון שמצינו לרשב"י ע"ה שהפליג בהסתרת סודו, ואמר בהאי מלה לא תשאל. וביום שמורי ז"ל ביאר לנו המאמר הזה היינו יושבים בשדה תחת האילנות, ועבר עליו עורב אחד צועק וקורא כדרכו, ומורי ז"ל ענה ואמר אחריו ברוך דיין האמת, שאלתי את פיו ואמר לי כי אמר לו העורב ההוא כי לפי שגילה הסוד הזה לכל בני האדם בפרהסיא, **לכן נענש בעת ההיא בבית דין של מעלה**, וגזרו עליו שימות בנו הקטן, ותיכף הלך לביתו ובנו היה מטייל בחצר, ובאותה הלילה חלה את חליו, ומת אחר שלשה ימים רחמנא ליצלן. **ולכן ראוי לכל בעל נפש הרואה הדברים האלו להסתירם בתכלית ההסתר**, זולת הכלל הנודע בכל החכמה הזו כי כבוד אלהי"ם הסתר דבר, ואין מקום להאריך בזה, כי הדברים נודעים, וכל מה שיסתיר האדם הסודות מלגלותם למי שאינו ראוי הוא משובח

הבן של רבינו האר"י, וכן[19] בפרי עץ חיים. ומביא[20] זאת הבית לחם יהודה בריש פרק א' דשער מוחין דקטנות. ולכן צריך ללמוד בשערים אלו בכובד ראש, ובזמנים הידועים כמו שבת, יום טוב, ואחרי חצות הלילה.

דע כי בכל מקום שהרב ז"ל מבאר כי המלכים דמיתו ירדו לעולם הבריאה, הכוונה[21] היא לכל עולמות בי"ע, כאשר הכלי הפנימי ירד לעולם הבריאה, הכלי האמצעי לעולם היצירה, והכלי החיצון לעולם העשיה.

ומכובד בפמליא של מעלה. **והעושה היפך מזה מכבים עצמו בסכנה עצומה** בעולם הזה במיתת עצמו בהכרת ח"ו, ובמיתת בניו הקטנים, נוסף על עונש נשמתו בגהינם שאין קץ לעונשו, וכמו שהזכיר רשב"י ע"ה בסוף אדרא זוטא ועיין שם. והטעם שנענש מורי ז"ל בביאור מאמר זה, וכמו שהזכיר רשב"י ע"ה עצמו שאמר בהאי מלה לא תשאל, הענין הוא כי הנה נודע שאין החיצונים נאחזין אלא במוחין של קטנות, כי הם דינין תקיפין, ובהיותו האדם מתעסק בסודות התורה אם יהיה בענין זמן הגדלות העליון, או בשאר דרוש חכמת האמת שהם ענינים למעלה, אין לאדם כל כך סכנה, **כמו בזמן שעוסק בסודות זמן הקטנות, כי בהתעסקו בהם הנה החיצונים מתעוררים בהם, ומתאחזין שם, ומזכירים עונותיו של האדם המתעסק בהם.**
19

פרי עץ חיים, שער חג המצות, פרק ח' – הוא סוד הנזכר בזוהר פרשת בשלח דף נ"ב עד סוף קריעת ים סוף, ואמר שם רבי שמעון בר יוחאי, בההוא מלה לא תשאל ולא תנסה וכו'. וענין הדבר הזה, הוא סוד עמוק מאוד, והטעם הוא דע, **בכל מקום שהקטנות עליון מתעורר, הם דינין תקיפין**, אם האדם או היותר עליון שבעולם, בכל מקום שעוסק בשער האצילות לעילא ולעילא, אין לו כל כך סכנה, **כמו מי שעוסק בקטנות, כי שם נאחזים החיצונים**, ולכן בעת שהאדם עוסק בהם, **אז החיצונים מתעוררים, ומזכירין עונותיו של אדם,** ולכן בכל פעם שמורי ז"ל **היה עוסק בשום דרוש מן הקטנות, היה נענש** ואין צריך להאריך על זה. ואפילו משה רבינו, רבן של כל הנביאים, **כי פגע בסוד קטנות, שהוא סוד המטה הנהפך לנחש**, מה כתיב ביה - וינס משה מפניו, כמו שנבאר בע"ה, **כי סוד קטנות נקרא נחש**, ולכן הסוד הזה ראוי להעלימה, אף על פי שאין יודעין בו, כי אם חלק אחד מרבי רבבות שיש בו.
20

בית לחם יהודה שכ"ב, שער מוחין דקטנות פ"א דק"ז ע"ב – בע"ח כתב יד כתוב כשגילה הרב פרק זה מת בנו משה, עד כאן לשונו. ור"ל וכל אדם צריך להזהר שלא יאריך בו, וטוב שילמוד אותו **בשבת, וביום טוב, ובראש חודש, ובלילה אחר חצות.**
21

ע"ח ש"ט פ"ז מ"ז דמ"ו ע"ב – והנה כאשר יצאו כל האצילות מבחינת ב"ן לבד, והיה כולל עתיק, וא"א, ואו"א, וזו"ן. ואז יצאו תחלה כל הכלים שלהם זה תחת זה עד סיום עולם האצילות, ואחר כך יצאו אורות דב"ן כל פרטי אצילות, ויצא תחלה כתר דעתיק דאצילות, שבו נכללין כל האורות, ונתקים, ואחר כך יצאה חכמה דעתיק בכלי שלו, ובו היו כלולים כל שאר האורות ונתקיים, ואחר כך יצאה בינה דעתיק, ובו כלולין כל האורות ונתקיים, ואחר כך יצאו שבעה תחתונות דעתיק, (נ"א דדעת) הדעת למטה כל אחד כלול בכלי שלו, ובו כלולים כל שאר האורות, והיה נשבר, **וירד פנימיות הכלי לבריאה, וחיצוניות הכלי ירד ביצירה, וחיצוניות של חיצוניות בעשייה**, ואחר כך האור ההוא נשאר בלי כלי, ושאר האורות ירדו בכלי השני של השבעה תחתונות, וגם הוא נשבר על דרך הנזכר לעיל, (נ"א נשאר ע"ד הנ"ל) והאור שלו נשאר בלי לבוש, ושאר האורות ירדו לכלי שלמטה ממנו, וכן על דרך זה עד שנגמרו שבעה תחתונות שלו, ואחר כך נכנס הכתר דאריך אנפין בכלי שלו..............

נהר שלום דכ"ד ע"ד – והנה ידוע כי מיתת המלכים היתה בזו"ן דפרטות, ר"ל בזו"ן דעתיק, ובזו"ן דא"א, ובזו"ן דאבא, ובזו"ן דאימא, ובזו"ן דז"א, ובזו"ן דנוקבא, וכל פרצוף מאלו הפרצופים כלול מכל הפרצופים הנזכרים. וזה היה בפרט האחרון דפרטי פרטות, וכמבואר לעיל בהקדמה, וזה היה בפנימיות וחיצוניות דפנימיות, ובחיצוניות ופנימיות דחיצוניות, פנים ודאחור. **והכלים עם הרפ"ח ניצוצות דמלכים דעתיק נפלו לעתיק דבי"ע, ודא"א לא"א דבי"ע, ודאו"א לאו"א דבי"ע, ודזו"ן לזו"ן דבי"ע. באופן זה כי הכלים הפנימיים דמלכים הנזכרים נפלו לפרצופי הבריאה. והכלים האמצעים נפלו ליצירה. וכלים החיצוניים שלהם לעשיה.** ונתבאר בשער השמות ובכמה מקומות, כי כדי לברור הכלים ושארית הרפ"ח דכל פרט, יורדים כל הפרצופים העליונים דאצילות בימי החול בסוד גלות השכינה, ומתלבשים בפרצופים שכנגדם למטה בבי"ע.

ידוע כי ג"ר נקראים פנים בערך ו"ק, והוא כי כל[22] פרצוף נחלק לג' חלקים חב"ד חג"ת נה"י, כאשר חב"ד נקראים כלים פנימיים, חג"ת כלים אמצעיים, ונה"י נקראים כלים חיצוניים. גם הם נקראים[23] נר"ן, כאשר נה"י הוא בכללות נקרא נפש, חג"ת רוח, וחב"ד נשמה. הרב ז"ל מבאר[24] בכל המקומות על שבירה, מיתה, וירידת **פנים ואחור** דשבעה התחתונות דנקודות, לפי פשט הדברים נראה שחב"ד חג"ת ונה"י דמלכים נשברו ומתו וירדו לעולמות בי"ע. עם[25] כל

עתיק דאצילות בעתיק דבי"ע, וא"א בא"א, ואו"א באו"א, וזו"ן בזו"ן. כלים פנימים שלהם בבריאה, ואמצעים ביצירה, וחיצונים בעשיה. ובי"ע הנזכר מתלבשים בבי"ע דחול, וזה לצורך שארית בירורי כלים ואורות דמלכים דזו"ן דעתיק, וא"א, ואו"א, וזו"ן דאצילות שנפלו לבי"ע על סדר הנזכר. **כי הכלים הפנימים של מלכי עתיק, וא"א, ואו"א, וזו"ן דאצילות נפלו לבריאה. וכלים האמצעיים של המלכים הנזכרים ליצירה. וכלים החיצוניים שלהם לעשיה**, כנודע. ועל כן בימי החול יורדים הכלים דפרצופים העליונים דאצילות על דרך הנז"ל, לברר בחינותיהם שנשארו בבי"ע.

רחובות הנהר ד"ב ע"ב – ובהגיע האור לגבול האצילות, אירע בהם ענין ביטול המלכים, ונפלו הכלים פנימי אמצעי וחיצון עם אורות דרפ"ח, **לבי"ע התחתונים** דאותה הספירה.

22

ע"ח ח"ב ש"ל דרוש א' מ"ב דכ"ו ע"א – דע כי ז"א יש לו שלוש פרצופים, וכל אחד כלול מעשרה ספירות, והם זה תוך עשרה, תוך עשרה, ועשרה אחרים בפנימיות כולם. ואלו השלושה פרצופים הם כולם בחינת כלים, והם שלושים כלים, וכולם הם ביחד גוף אחד, וכלי אחד, ובתוכו יש האורות, שהם נר' וכו', ובהיות שלשתן יחד תוך זה הם עשרה בקומתן, אבל לפעמים אין לז"א רק פרצוף החיצון מהם בלבד, ולפעמים שניהן, ולפעמים שלשתן. ובתחילה מתחיל הז"א להיות בו **פרצוף החיצון**, ואז הוא שיעור קומתו הוא שליש גדלותו לבד והוא **כשיעור קומת נה"י** אחר הגדלות האחרון. ואחר כך נכנס בו **פרצוף אמצעי**, ומתלבש בתוך החיצון, ואז נגדל ז"א ב' שלישי קומתו, **שהם נה"י וחג"ת**, בין בחינת פרצוף החיצון ובין פרצוף האמצעי, כי אמצעי גורם אל החיצון שיגדל כמוהו. ואחר כך נכנס בו **הפרצוף הפנימי**, ומתלבש בתוך האמצעי, ואז גם ב' הפרצופים החיצון ואמצעי נגדלים כאורך הפרצוף הפנימי, ואז נשלם ז"א כשיעור קומתו לג' הפרצופים. והוא כאלו נמשיל משל, **כי החיצון שיעור קומתו כשיעור נה"י דז"א בגדלות, והאמצעי כשיעור נה"י וחג"ת דגדלות, והפנימי כשיעור נה"י חג"ת חב"ד בגדלותו**. ולכן בבא האמצעי מגדיל את החיצון כמוהו, ובבא הפנימי מגדיל שניהן כמוהו.

ע"ח שי"ט פ"י מ"ב דצ"ה ע"ג – והנה הכלים הם שלושה, בחינת **חיצון ואמצע ופנימי**.

ע"ח ח"ב ש"ל דרוש ב' מ"ב דכ"ז ע"א – באופן כי יש לכל פרצוף עשר ספירות, הנקרא כלים, ונחלקים לשלוש חלקים, והם עשר כלים חיצוניות, והם מדור אל הנפש. עשר כלים אמצעים מלובשים תוך חיצוניות, והם מדור אל הרוח. ועשר כלים פנימים מלובשים תוך הכלים אמצעים, והוא מדור אל הנשמה. והם הם שלושים כלים, אבל גובה קומתן אינם אלא עשרה, לפי שהם עשר תוך עשר, ועשר תוך עשר.

23

נהר שלום, דרוש הדעת דמ"א ע"ג – ונבאר עתה כל זה בפרטות פרצוף אחד שהוא זעיר, וממנו תקיש בכללות כל הפרצופין יחד, דע כי ז"א הוא פרצוף אחד כולל עצמות וכלים, **והכלים שבו הם נכללים בשלושה**, כי הכבד למטה, וכולל עשר מדות שהם כל האיברים, ומתלבש על ידי הורידין שבו, בכל הגוף. והלב גבוה ממנו, וכולל עשר מדות, ומתלבש תוך בחינת הכבד, על ידי הדפקים שבו, ומתפשט בכל הגוף. והמוח גבוה מכולם, וכולל עשר מדות, מתלבשים תוך בחינת הלב, על ידי הגידים, המתפשטים ממנו, ומתפשט בכל הגוף, ועל דרך זה ממש נחלק העצמות בשלושה, נשמה ורוח ונפש, מתלבשים זה בתוך זה, ומתפשטים בכל הגוף, לכן הכבד משכן הנפש, והלב משכן הרוח, והמוח משכן הנשמה.

24

ע"ח ש"ח פ"ב מ"ת ל"ו ע"ג – אמנם השבעה מלכים תתאין מתו, לפי שכליהם נעשו מהסתכלות עין בחוטם פה לבד, והיה חסר מהם אור האזן העליונה. והנה גם בג"ר עצמם יש בהם חילוק בין זו לזו, והוא (נ"א והנה) כי מן הכתר לא ירד ממנו אפילו האחוריים, אלא האחוריים של נה"י בלבד. אבל באו"א של הנקודים ירדו האחוריים שלהם לבד, ונשארו הפנים במקומה. וטעם הדבר הוא כי אלו האורות שנמשכים עד שבולת הזקן נחלקו לשלושה, כי הכתר לקח מבחינת האזן עצמה ממה שהראייה שואבת בהסתכלות באור האזן, ומכל שכן שנכללים בו שני אורות אחרים, ומזה נעשה כלי לכתר נקודות. ואבא לקח ממה שהראייה שואבת מאורות

זאת רק חג"ת נהי"מ דמלכים נשברו ומתו, שהם הבחינה החיצונה והאמצעית, הנקראת[26] גם החיצונה והתיכונה, והסיבה[27] שהרב ז"ל קורא לחג"ת נה"י פנים ואחור היא שמדובר בערכין, **כי חג"ת נקראים אחור בערך חב"ד,**

החוטם, וגם אור הפה נכלל בו. והנה הכתר שלקח מן האזן הארתו גדולה מאד לא נשבר כלי שלו, אבל או"א שאין לוקחין רק מן החוטם ופה נשברו האחוריים של כליהם. והנה או"א אם היו מקבלים אור של חוטם ופה של א"ק, בהיותו למעלה קרוב אל מקום נקבי האזן, אף על פי שלא היו מקבלין מאורות האזן עצמה, רק קצת הארה היו מתקיימין האחוריים של כליהם, אבל כיון שאין מקבלין רק מסיום האזן שהוא מקום שבולת הזקן, לכן אף על פי שלוקחין קצת הארה אינו מועיל להם, ולכן נשברו האחוריים של כליהם. אבל הכתר כיון שלוקחה אור האזן ממש אף על פי שלקחו סיומו כיון שהוא לוקח עצמותו, די בזה ולא נשבר אפילו האחוריים של כלי דידיה. מה שאין כן באו"א שאינם לוקחין רק הארה בעלמא, וגם שהוא ברחוק מקום. והרי נתבאר שלושה בחינות אלו, והם כי הכתר נתקיים כולו. ואו"א נשברו ונפלו האחוריים שלהם. **וזו"ן נפלו פנים והאחוריים שלהם,** והנה זהו הטעם שנרמז בפסוק והארץ היתה תהו ובהו, אשר הוא מדבר בענין מיתת המלכים של הנקודים כנזכר לעיל.

ע"ח ש"ח פ"ו מ"ת דט"ל ע"ג – וכבר נתבאר לעיל כי אלו שבעת מלכים לקחו אורם מגוף א"ק שתחת שבולת הזקן, ולא מלעלה. נמצא שהם חסרים בחינת שלושה אורות עליונים שהם אח"פ, **כי לכן נשברו הפנים והאחוריים שלהם,** ואלו הם בחינת ג' תגין שיש למעלה על כל אות מאלו השבעה הנזכר לעיל. כי הם מורים על הסתלקות האורות והחיות מן הכלים, שהם אותיות, ונשאר האור למעלה מהם ולא בתוכם, כדרך צורת התגין על האותיות. אבל האותיות בד' חי"ה הם אחוריים דאו"א שירדו.

ע"ח ש"ט פ"ג מ"ת דמ"ב ע"ד – ונבאר עתה איך בעת מיתת המלכים אלו ירדו הכלים שלהם לעולם הבריאה כנזכר לעיל, משאין כן בארבעה אחוריים דאו"א. כי הנה נתבאר שהיה החילוק בין או"א לשבעה המלכים, שהם זו"ן, ואמרנו כי השבעה מלכים שהם זו"ן מתו ממש, וירדו אל עולם הבריאה, הכלים שלהם ואחוריים של או"א נתבטלו ולא מתו, אלא שירדו למטה בעולם אצילות עצמו, ושם ביארנו טעם לזה, ואמרנו שהיה לסיבה שהשבעה מלכים לא קבלו אורות אח"פ דא"ק, רק מגופא דיליה ואילך. והנה לטעם זה עצמו היה גם כן שינוי אחר בין ג"ר שהם כח"ב, אל השבעה מלכים התחתונים, כי הג"ר יצאו בקצת תיקון בראשונה, והוא כי כאשר יצאו בראשונה נתפשטו כסדר ג' קוין, מה שאין כן שבעה תחתונות שיצאו זו למטה זו, וזה שכתוב באדרא רבא - עד אימת ניתב בקיימא דחד סמכא, ר"ל נתקן התיקון שהוא דרך קוין, אבל קודם שהיו זה על גבי זה, הוי קיומא דחד סמכא. וכבר ביארנו כי התיקון האצילות הוא בהיות ששה קצות עשוי בבחינת ג' קוים קשורים זה בזה, בסוד השלישי המכריע ביניהן, ואז נקרא רשות היחיד. אבל בהיותן זה על גבי זה והם נפרדין אחת מחברתה, אז נקרא רשות הרבים. ולכן הג"ר נתבטלו אחוריהם ולא מתו, **ושבעה מלכים מתו פנים ואחור,** כי יצאו בלי תיקון כלל.

ע"ח ש"ט פ"ז מ"ב דמ"ו ע"ד – ויצאו שבעה תחתונות מדעת ולמטה בלבד, וכולם יצאו מן בינה דז"א הכלולה תוך אימא עילאה כנזכר לעיל, שלא יצאה, **ואז כל השבעה מתו פנים ואחור,** וירדו בבי"ע.
25

ע"ח ח"ב ש"ל דרוש א' מ"ב דכ"ו ע"ד – גם תבין כי פרצוף האמצעי אף כי נקרא אחור בערך השלישי הפנימי מכולם, **אמנם לפעמים נקרא פנימי בערך החיצון שבכולם.** ובזה תבין מה שנתבאר אצלינו כי בעת מיתת המלכים של ז"א היה בו אחור ופנים, והוא לסבת היות בו תמיד נה"י חג"ת, ו"ק, שהם פרצוף החיצון ואמצעי כנזכר לעיל, **ואז החיצון נקרא אחור, ואמצעי פנימי בערך החיצון,** והבן זה.
26

ע"ח ש"ט פ"ח מ"ב דמ"ז ע"א – ודע כי באצילות המלכים לא יצאו בזו"ן רק השבעה מלכיות, שבשתי בחינות, **החיצונה והתיכונה,** והם **המלכות דנה"י חג"ת,** ולכן נקרא המלכים נקודות, כי נקודה היא מלכות כנזכר לקמן.
27

נהר שלום די"ב ע"ד – והענין בקיצור נמרץ, ידוע כי כל העולמות מראש א"ק עד סוף העשיה, כלולים מחיצוניות ופנימיות, וכל אחד משניהם נחלק לחיצוניות ופנימיות, **ואין לך שום בריה שאינה כלולה מחיצוניות ופנימיות,** אמנם החיצוניות דכללות כל העולמות הם העיגולים דכל העולמות, והפנימיות הוא היושר דכל העולמות, וכל אחד נחלק לחיצוניות ופנימיות, שהם הכלים והאורות, גוף ונשמה, כי הכלים שהם

ונקראים פנים בערך הנה"י. לכן צריך **לזכור ולדעת** כי בכל מקום שנזכר פנים ואחור דז"א דמקרה המלכים, מדובר אך ורק בו"ק דז"א.

זאת ועוד כאשר מבואר כי המלכים הם בחינת ב"ן דעסמ"ב דב"ן, שהוא בחינת המלכויות דעסמ"ב דב"ן, הכוונה היא שהב"ן הזה כולל את מ"ה וב"ן דב"ן, כי[28] אין לך ניצוץ שנברא, שאינו כלול מזכר ונקבה. ולכן[29] בחינת המלכים דמיתו הם מ"ה וב"ן דב"ן דעסמ"ב דב"ן, רק שאנחנו מזכירים רק את בחינת הב"ן בלי המ"ה. ובתיקון יצא מ"ה החדש, הכולל מ"ה וב"ן דמ"ה, וכן בשם מ"ה החדש אנחנו מזכירים רק את שם מ"ה בלי הב"ן, ופשוט הוא.

גם צריך לדעת כי שמבואר לפי פשט דברי הרב ז"ל, שנשברו ומתו הכלים דמלכים, מובן כי לכל הבחינת הפנים ואחור שהם חג"ת נה"י דשבעה המלכים, קרה מקרה המלכים, אבל[30] **בעומק דברי** הרב ז"ל מדובר רק בפרצוף האחור, והוא פרצוף הנה"י. ר"ל המלכים שנשברו ומתו הם חג"ת נה"י דנקודים.

ועוד דבר חשוב גם[31] בחינת עולמות אבי"ע יצאו בנקודים, שהם **בעומק הדברים** אבי"ע דעובי, כמו שיתבאר לקמן.

העשר ספירות דכל פרצוף, נקרא חיצוניות בערך הפנימיות, שהם האורות והנרנח"י, המלובשים בהם. וכן בפרטות העשר ספירות הנחלקים לשלשה פרצופים, נה"י חג"ת וחב"ד, מתלבשים זה בתוך זה. **כי פרצוף דנה"י המלביש לפרצוף חג"ת נקרא חיצוניות בערך פרצוף החג"ת המתלבש בתוכו, ופרצוף החג"ת נקרא פנימיות אליו**. ופרצוף החג"ת נקרא חיצוניות בערך פרצוף החב"ד המתלבש בו, והחב"ד הוא פנימיות אליו. וכל זה הפרצוף הכלול מחב"ד וחג"ת ונה"י נקרא חיצוניות בערך הפרצוף העליון המתלבש בו, וכן על דרך זה מפרצוף לפרצוף, עד א"ס.
28

ע"ח ש"ט פ"ז דמ"ו ע"ב – דע כי אין לך ספירה וספירה, אפילו בעשר ספירות הפרטיות שבכל פרצוף ופרצוף, שאין בו **בחינת זכר ונקבה, והם ב"ן** דנקודות ומ"ה **החדש**, ואמנם אין ענין ב"ה הזה והנקבה זו בחינת מלכות העשירית שיש בכל ספירה וספירה, שהיא בחינה עשירית שבכל ספירה וספירה, אלא שיש בכל ספירה עשר בחינות, וכולם דמ"ה, ועשר בחינות וכולם דב"ן, והתשע ראשונות דמ"ה וב"ן הם נקרא ט' בחינות הראשונות של ספירה ההוא, והבחינה עשירית שהוא מלכות שבאותו ספירה עצמה, היא כלולה ממ"ה וב"ן. **כלל הדברים בקיצור נמרץ כי אין לך שום ניצוץ קטן בכל האצילות, שאין בו מ"ה וב"ן**. **גמרא בבא בתרא דע"ד ע"ב** – אמר רב יהודה, אמר רב, כל מה שברא הקדוש ברוך הוא בעולמו, **זכר ונקבה בראם.**
29

רחובות הנהר ד"ג ע"ב – ובתחילה יצא שם ב"ן, שהוא שבעה קצוות זו"ן, שהם **מ"ה וב"ן דב"ן** דא"ק, והם הם השבעה מלכים דב"ן דמיתו, ואינם רק שבעה מלכים, אלא נפרטו לעשר ספירות, שהם עסמ"ב, עתיק, וא"א, ואו"א, וזו"ן דב"ן דאצילות. ואחר כך בתיקון יצא שם מ"ה החדש, שהוא שבעה קצוות זו"ן, שהם **מ"ה וב"ן דמ"ה** דא"ק, ונפרטו גם הם לעסמ"ב על דרך הנזכר לעיל.
30

ע"ח ח"ב ש"ל דרוש ה' מ"ב דכ"ח ע"ב – ונבאר עתה מה שהיה בעת מיתת המלכים, קודם העיבור, כי היה אז ז"א מבחינת ו"ק לבד, של זה הפרצוף הראשון, שכל עצמו אינו רק נה"י לבד. **ונמצא שהוא חג"ת נה"י של פרצוף דאחור.** ונמצא שהם ו"ק, אבל אינם רק נה"י לבד, ובזה לא יחלקו הדרושים הכתובים אצלינו.
31

ע"ח שי"ט פ"ה מ"ב דצ"ב ע"ב – והנה המלכים שמלכו בארץ אדום הם עשר ספירות דב"ן הכולל הנזכר לעיל. ונקודה ראשונה היא כתר דב"ן. והיא נוקבא דעתיק ודא"א, ונקודה שניה הוא אבא, צד ב"ן שבו. ונקודה שלישית אימא צד ב"ן שבה. וכל אחד משלוש נקודות אלו, היו כלולים מעשרה נקודות שלימות. אך אחר כך יצאה נקודה הרביעית, ולא יצאה כלולה מעשרה נקודות, רק בשלשה נקודות התחתונות שבה לבד, ולכן נקרא בשם ו' נקודות, ועם ג"ר הרי תשעה נקודות. אחר כך יצאה נקודה חמישית, ולא יצאה כלולה מעשרה נקודות

בזמן התיקון יצא מהמצח דא"ק המלך השמיני, והוא **הדר ואשתו מהיטבאל**, הנקרא מ"ה החדש, כדי לתקן את המלכים דמיתו. לפי פשט דברי הרב ז"ל יצא רק היסוד דא"ק, **בעומק** דברי הרב ז"ל שם מ"ה החדש יצא בשיעור קומה שלם, של עסמ"ב, והשבעה[32] תחתונות דשם מ"ה החדש תקנו את המלכים שנשברו ומתו. ופשוט[33] הוא שלכל נקודה בעובי יש את שם מ"ה הפרטי דאותה נקודה.

עוד צריך לדעת כי עד פרק ו' דשער השבירה, הרב ז"ל מבאר את מקרה המלכים בכללות בנקודה אחת, עם כל זאת צריך[34] לדעת כי מהעין דא"ק יצאו חמשה[35] נקודות דכללות העומדות בעובי, שהם א"א או"א וזו"ן, ועמדו מהטבור דא"ק ולמטה, ובכל אחד ואחד מנקודות אלו היה מקרה המלכים בפרטות[36], כאשר הג"ר נשארו באצילות דאותה נקודה דכללות, ובשבעה תחתונות נשברו ומתו, וירדו לבי"ע דאותה נקודה.

שלה, רק נקודה אחת לבד, חלק עשירית שבנקודה ההיא. הרי נמצא ששרשם אינם רק חמשה נקודות, ונקרא עשרה נקודות דב"ן, ואלו יצאו ראשונה ונשברו ומתו. **ודע כי לא די אלו שיצאו בבחינת האצילות, שהם הפנים דב"ן, אלא גם אחוריהם שהם בי"ע יצאו עמהם.** ודע, כי גם באצילות יש פנים ואחור, **אך כולם נקראו פנימים בערך בי"ע שהם חיצוניות.** והענין כי בבריאה היה חיצוניות הפנים דב"ן, ויצירה חיצונית דאחוריים דב"ן, ועשייה חיצונית יותר חיצון דאחוריים דב"ן. וכאשר נשברו, לא נתקנו כל מה שנשברו, רק מעט, ולא יושלמו להתברר עד ביאת המשיח במהרה בימינו אמן.

32

ע"ח ש"ט פ"ח מ"ב דמ"ז ע"ב – ואחר כך יצאו בחינת חג"ת נה"י שבז"א, נקרא הדר, ויצאו בחינת חג"ת דנה"י דנוקבא, ונקרא מהיטבאל אשתו, ואלו יצאו בתיקון אדם, כנזכר באדרא דף קל"ה ע"ב, והבן זה מאוד.

33

כרם שלמה ש"ט פ"ז אות ד' – ומה שכתב ואחר כך יצא שם מ"ה, ונתחבר עם ב"ן בכל ספירה וספירה כנזכר לעיל, בכל הפרטים. ר"ל כשיצא שם **מ"ה** יצא כנגד **כל הפרטים** דכל האצילות, דהיינו מראש עתיק עד סוף מלכות דאצילות. אבל לא יצא כנגד השבעה תחתונות לבד דכל פרצוף שנשברו, אלא יצא כנגד כל העשר ספירות **דעתיק**, ונתחבר עם עשר ספירות דב"ן דעתיק. וכן כנגד כל העשר ספירות דא"א, ונתחבר כנגד כל העשר ספירות דא"א. וכן העשר ספירות דאו"א וזו"ן. ואז נעשו העשר ספירות דעתיק וא"א מכתר שלהם, עד המלכות שבהם, כולם כלולים **ממ"ה ומב"ן**, אף על פי שבהג"ר שלהם לא היה בהם ירידה ומיתה ח"ו, על כל פנים כשיצא שם **מ"ה** יצא בשלמות. וכן או"א וישסו"ת וזו"ן, כולם כלולים משם **מ"ה וב"ן**, מכתר שלהם עד מלכות שבהם.

34

ע"ח ש"ט פ"ו מ"ב דמ"ה ע"ג – אמנם כפי האמת הם חמשה בחינות, כי הכתר למעלה מהארבעה, הוא ועמו הם חמשה פרצופים, הכוללים עשר ספירות כנודע, **והנה בכל אחד מאלו החמשה פרצופים יש בו עשר ספירות גמורות.**

35

רחובות הנהר ד"ב ע"ב – ידוע כי חמשה נקודות יצאו מעינים דא"ק מבחינת ב"ן, וכולן יצאו שלימות, כל אחת שלימה בכל חלקי הנקודה ההיא. באופן שכל אחת ואחת כוללת חמשה פרצופים, עתיק וא"א ואו"א וזו"ן. **וסדר שבירת הכלים היה בכל נקודה ונקודה מהם, דכל אחד ואחד מהם הג"ר עתיק וא"א ואו"א שבו נתקיימו, ושבעה תחתונות זו"ן שבו נשברו**, כמבואר כל זה באורך בעץ חיים שער ט' פרק ו' ופרק ז', ופרק ג' משער י"ז, ובכמה מקומות משער הלקוטים, ומשער מאמרי הרשב"י ע"ה, וכן במבוא שערים ש"ב ח"ג פ"ו, יעו"ש.

36

נהר שלום דכ"ד ע"ד – והנה ידוע כי מיתת המלכים היתה בזו"ן דפרטות, ר"ל בזו"ן דעתיק, ובזו"ן דא"א, ובזו"ן דאבא, ובזו"ן דאימא, ובזו"ן דז"א, ובזו"ן דנוקבא. וכל פרצוף מאלו הפרצופים כלול מכל הפרצופים הנזכרים. וזה היה בפרט האחרון דפרטי פרטות, וכמבואר לעיל בהקדמה, וזה היה בפנימיות וחיצוניות דפנימיות, ובחיצוניות ופנימיות דחיצוניות, דפנים ודאחור. **והכלים עם הרפ"ח ניצוצות דמלכים דעתיק נפלו לעתיק דבי"ע, ודא"א לא"א דבי"ע, ודאו"א לאו"א דבי"ע, ודזו"ן דבי"ע. באופן זה כי הכלים הפנימיים דמלכים הנזכרים נפלו לפרצופי הבריאה. והכלים האמצעיים ליצירה. וכלים החיצוניים שלהם**

היו מספר[37] סיבות למקרה המלכים דמיתו, והם מפוזרים לאורך ורוחב ספרי הרב ז"ל.

לעשיה. ונתבאר בשער השמות ובכמה מקומות, כי כדי לברור הכלים ושארית הרפ"ח דכל פרט, יורדים כל הפרצופים העליונים דאצילות בימי החול בסוד גלות השכינה, ומתלבשים בפרצופים שכנגדם למטה בבי"ע. עתיק דאצילות בעתיק דבי"ע, וא"א בא"א, ואו"א באו"א, וזו"ן בזו"ן. כלים פנימיים שלהם בבריאה, ואמצעיים ביצירה, וחיצוניים בעשיה. ובי"ע הנזכר מתלבשים בבי"ע דחול, וזה לצורך שארית בירורי כלים ואורות דמלכים דזו"ן דעתיק, וא"א, ואו"א, וזו"ן דאצילות שנפלו לבי"ע על סדר הנזכר. **כי הכלים הפנימים של מלכי עתיק, וא"א, ואו"א, וזו"ן דאצילות נפלו לבריאה. וכלים האמצעיים של המלכים הנזכרים ליצירה. וכלים החיצוניים שלהם לעשיה.** כנודע. ועל כן בימי החול יורדים הכלים דפרצופים העליונים דאצילות על דרך הנז"ל, לברר בחינותיהם שנשארו בבי"ע.

רחובות הנהר ד"ב ע"ב – ובהגיע האור לגבול האצילות, אירע בהם ענין ביטול המלכים, ונפלו הכלים פנימי אמצעי וחיצון עם אורות דרפ"ח, **לבי"ע התחתונים** דאותה הספירה.

37

<u>ט"ז סיבות למקרה המלכים</u>

א. השבע מלכים יצאו מבחינת מלכויות, נפש, עגולים. ע"ח ש"ח פ"א, ע"ח ש"ט פ"ח, מבוא שערים ש"ב ח"א פ"ג.

ב. הג"ר יצאו בצורת סגולתא, וכל אחת כלולה מעשר, ומתפשטים בסוד קוין שכולם קשורים זה בזה, והז"ת יצאו בבחינת חד סמכא, ונפרדים זה מזה בסוד רשות הרבים, ולא בסוד מיתקלא. ע"ח ש"ט פ"ג, ע"ח ש"ט פ"ה, ע"ח שי"א פ"ה.

ג. כלי הו"ק לא יכלו לסבול יותר אורות מחלקם, והם קיבלו כל אחד חלקו וחלק חברו התחתון ממנו, ולא כן כשהיו בג"ר היו מתבטלים בערכם. ע"ח ש"ח פ"ה, מבוא שערים ש"ב ח"א פ"ו.

ד. האור של העשר ספירות פרצוף שלם, והכלים קטנים, נפרדים, וחסרים. ע"ח ש"ט פ"ה, ע"ח שי' פ"ה, מבוא שערים ש"ב ח"ב פ"ב.

ה. הג"ר יצאו בגוף אחד, והיה בהם כח לקבל האור, השבע תחתונים יצאו נפרדות וחסרות, ולא יכלו לקבל האור שלהם. מבוא שערים ש"ב ח"ב פ"ג.

ו. הג"ר אין הדין ניכר בהם, והם רחמים, השבע תחתונים דינים נתגלו בהם, ולא יכלו לסבול אור הרחמים. מבוא שערים ש"ב ח"ב פ"ג.

ז. הנקודים יצאו מבחינת חיצוניות סמ"ב דס"ג וחיצוניות עסמ"ב דב"ן, שהם הענפים, והשורשים נשארו בפנימיות א"ק, ולא היה בכח הענפים לקבל את האור. ע"ח ש"ה פ"א, מבוא שערים ש"ב ח"ב פ"ג.

ח. הג"ר קבלו במקום שבולת הזקן אור האוזן, וגם אורות חוטם פה, והז"ת קבלו אורות החוטם פה משבולת הזקן ועד מקום הטבור. ע"ח ש"ח פ"ב, ע"ח שי"א פ"ה, מבוא שערים ש"ב ח"ב פ"ג.

ט. מלכי הנה"י דינין תקיפין, רצו להתגבר על מלכי החג"ת שהם רחמים. שער ההקדמות הקדמה אחת בטרם שנאצל עולם האצילות דל"ג ע"ג. ע"ח ש"ט פ"ה דמ"ה ע"א.

י. הג"ר דו"ק נשארו בפנימיות המאציל. מבוא שערים ש"ב ח"א פ"ה.

י"א. הג"ר לא נתקנו כפרצוף, לכן האור שיצא מהם לז"ת לא יכלו לקבלו. ע"ח שמ"ז פ"ה, שער ההקדמות דרושי אבי"ע דרוש ג' דע"ג ע"ג.

י"ב. לא היתה אהבה בין ספירה לספירה, וכל ספירה היתה יראה מהספירה שמעליה ומהספירה שמתחתיה. ע"ח שי"א פ"ה, שער ההקדמות הקדמה אחת בטרם שנאצל עולם האצילות דל"ב ע"ג.

י"ג. הסיגים מעורבים בכלים, והם גורמים פירוד. מבוא שערים ש"ב ח"ב פ"ג.

י"ד. לא נכנס האור על ידי התלבשותו בנה"י דישסו"ת בסוד כ"ל צמ"א, אלא באופן ישיר, ורק בתיקון התלבשו האורות בנה"י דישסו"ת. שער ההקדמות דרוש ה' בזמן העיבור השני דמוחין דל"ח ע"ב.

ט"ו. לא נתכללו אחד עם השני, וכל אחד מהמלכים היה בחינה בפני עצמה. ע"ח ש"ט פ"ג, מבוא שערים ש"ב ח"ב פ"ג.

ט"ז. תכלית כוונת המאציל היתה להוציא ולעשות בחינת קליפות לצורך הנבראים, כדי לתת שכר לצדיקים, ועונש לרשעים. ע"ח שי"א פ"ה.

שער ח' פרק ג'

והנה כאשר נתפשטו אלו הנקודים מבחוץ מכנגד הטבור של א"ק עד סיום רגליו כנ"ל היה בוקע אותו האור החדש שבא מחדש בפנימית דרך הפרסא כנ"ל וייוצא לחוץ ומאיר אל הנקודים ונמצא כי אור החדש הזה עובר תחלה ויורד דרך הפרסא למטה בחצי התחתון למטה מטיבור ואח"כ חוזר ובוקע דופנות הגוף ויצא לחוץ ומאיר בניקודים וז"ש בתיקונים דשוי חד פרסא בין כתר לעלת העלות כי כל בחי' המאציל לזולתו נקרא עלת העלות וכתר זה הוא כתר דנקודים כנ"ל. והנה אלו הנקודים נתפשטו מטבורא דא"ק עד סיום רגליו כסדר זו"ן המלביש לא"א אלא ששם מלביש זו"ן לא"א מכל צדדיו וסביבותיו אבל בכאן עיקר הארתן אינו אלא דרך פנים דא"ק אלא שמתפשט קצת הארה מאלו הנקודים בין מבחי' אורותיהן בין מבחי' כליהן ומלבישין זה הא"ק מכל צדדיו ע"ד שביארנו למעלה באח"פ אבל עיקר הארתן דרך פנים והנה הכתר מן הנקודות מקומו הוא מן הטבור דא"ק עד סיום הגוף וחב"ד הם בג"פ קדמאין דנה"י דא"י והחג"ת בג"פ אמצעין ונה"י בג"פ תתאין ע"ד הנ"ל בזו"ן המלביש לא"א כנזכר במקומו. והנה ב' מיני אורות יוצאין מתוך הגוף דא"ק והם א' מן הטבור והב' מפי היסוד ויוצאין דרך שם ב' הבלים. וכפי הראוי היה שיהיה ג' כנגד ג' ראשונות שקבל מאח"פ כנ"ל אבל לפי שחסר אור מן אזן וא או"א כנ"ל לכן ג"כ חסר בחי' ההבל מה שכנגד האזן ולא יצאו רק ב' הבלים שהם נגד חוטם ופה לבד אשר מהן קבלו או"א למעלה וגם כאן למטה מקבלין מהן אבל אור הז"ת שלא לקחו רק מן הגוף ולמטה שהוא מסיום שבולת זקן ולמטה כנ"ל לכן ג"כ לא יש להם הבלים להאיר להם אבל נרמזו בסוד ויפוזו זרועי ידיו שהוא סוד י' טפין דאזדריקו מבין הצפרנים כנזכר בתיקון ס"ט כנודע כי הם עצמם בחי' המלכים כי הנה ביטול המלכים היה לפי שלא נתקן עדיין כחדא אדם דכר ונוקבא. וזהו עצמו סוד טיפי הזרע של יוסף שיצאו בלתי נקבה אלא מזכר לחוד והם הם י' הרוגי מלוכה והבן מלת מלוכה כי הם ממש אלו הז' מלכים שנשברו כליהם וגופם. והסיבה היה ג"כ לפי שהיו בלתי תיקון דו"נ עד שבא הדר מלך ח' ואז נתקנו. וזהו ג"כ סוד מ"ש במסכת שבועות בפ"ג מי שאמרה לו אשתו בשעת תשמיש נטמאתי ינעוץ צפורניו בקרקע והזרע יוצא דרך צפורני רגלים ויפרוש באבר מת. והנה הבלים הראוין למלכים אלו ז' יצאו דרך צפורני רגלים ואע"פ שהצפורני' הם י' והנקודות שנשברו אינן אלא ז"ת לבד כנ"ל. העניין הוא כי גם יש ב' מיני אחוריים דאו"א שנשברו הרי הם ט' בחי' והעשירית הוא כי גם מן הכתר היה בו קצת פגם כמ"ש לקמן בע"ה והוא בחי' נה"י שלו שנכנסו והיו בסוד מוחין לאו"א וגם הם נשברו הרי הם י' בחי' כנגד י' הבלים שיצאו מצפורני רגליו וכל בחי' יציאת אלו הי' הבלים דרך צפורניו היו כולם לסיבת חסרון קבלתן מאור האזן העליונה כנ"ל ולכן סבה זו גרמה לכל זה ולביטול המלכים.

ונחזור לעיל כי הנה בארנו שהנקודות נחלקים לשלשה חלקים. העליונים על האותיות כמו החולם ובאמצע כמו השורק ותחתונים כמו הנקודות והנה נקודת החולם הוא ההבל היוצא מן הטבור אשר שם עומד הכתר כנ"ל לפי שהכתר איהו חולם על הת"ת כנודע כי עיקר חולם בת"ת דא"ק. אמנם נעשה כתר לנקודות וז"ש בתיקון ה' כי חולם כתר באתוון כנודע וניקוד שורק בוא"ו שנקרא מלאפום שהוא באמצע הוא ההבל היוצא מן היסוד לאו"א ונחלק לב' כי הנה נקודת השורק הוא ו' י' באמצע והנה י' של שורק הוא לאבא הנקרא י' ראשונה של השם

והוא"ו של שורק הוא אל אמא להוציא ולהוליד הו"ק דז"א וזהו בחי' הוא"ו זו שלוקחת אמא. וגם ט"א כי הנקו' שהיא כעין יו"ד שבשורק היא יותר עליונה וממנו יונק אבא דנקודים והוא"ו של השורק שהוא אות ו' ממנה יונקת אמא דנקודים כנודע כי נקודות חכמה ואתוון בינה וז' נקודות תחתונות עם ג' בחי' שהם א' בחי' הכתר וב' אחוריים דאו"א הרי הם י' אלו שיצאו דרך צפורני הרגלים ואין כוונתינו לומר שאלו הם הנקודות עצמן רק שמכל אלו הבלים יצא אור אל י' נקודות שיצאו דרך העין כנ"ל וזכור זה. והנה יש בזה מקום שאלה והוא כי לעולם היסוד הוא בחי' הדעת כי הרי מצינו שהיסוד דאמא הוא דעת דז"א וכן יסוד של זה א"ק הוא דעת הנקודים וא"כ איך יונקים וא"א הבל היוצא מיסוד א"ק הנ"ל. והתשובה הוא כי בחי' היסוד לעולם הוא גבוה למעלה מב' פרקין עלאין דנ"ה כנראה ומבשרי אחזה אלוה וא"כ מוכרח הוא שהדעת יהיה גבוה למעלה מאבא ואמא וכן היה הענין כאן אבל שם בז"א אינו כן לפי שכשהבינה נכנסה בו לתת אליו מוחין היא משפלת עצמה ומרכנת עצמה בסוד האם רובצת על האפרוחים ואז מוכרח הוא שתגביה רישי ירכין לעילא ובחי' היסוד שלה נשפל למטה מהם ואז נמצא שהדעת למטה מחו"ב והבן זה אמנם זה א"ק הוא עומד ולא רובץ ואז פרקא קדמאה דיסוד הקבוע בתוך הת"ת הוא הגוף ודאי שהוא גבוה מנ"ה ונמצא כי בנקודים הדעת שלהם גבוהים למעלה מחו"ב נמצא כי מסיום היסוד דא"ק הנתון בדעת דנקודים משם מסופו יוצא הבל והארה לחו"ב דנקודה שהם תתאין מניה. וכבר ידעת כי נקודת שורק הוא ביסוד כנזכר בתיקונים תיקון ע' ולכן אמרנו כי נקודת שורק שהוא באמצע אותיות הוא בחי' היסוד שהוא באמצע הנ"ה והבל היוצא ממנו נקרא שורק והרי בארנו הויו"ת דנקודות

[דל"ו ע"ד 72]

פרק ג' מ"ת

דרוש זה מקורו מספר אוצרות חיים וצריך לכתוב מ"ת בראש הדרוש.

הרב ז"ל חוזר באופן כללי על פרק א' ופרק ב' דשער זה.

וְהִנֵּה כַּאֲשֶׁר עלה האור הראשון דתנה"י דא"ק למעלה מן הטבור, והשאיר[38] שם שורשו במקום החזה דא"ק, **נִתְפַּשְׁטוּ**[39] ויצאו **אֵלּוּ** אורות[40] של **הַנְּקוּדִים** דרך העינים דא"ק, שהם[41] חיצוניות סמ"ב דס"ג וחיצוניות

38

ע"ח ש"ח פ"ב מ"ת דל"ו ע"ב – אמנם האור הראשון שהיה בתחלה למטה, ועלה למעלה שוב לא ירד ונשאר שם מהטבור ולמעלה, **ושם הניח שורשו תמיד**, ומשם נתפשט ויצא דרך העינים, והם הנקודים, ונמשך ונתפשט בחוץ עד סיום רגליו דאדם קדמון כנ"ל.

39

כרם שלמה ש"ח פ"ג אות א' – מה שכתב נתפשטו אלו הנקודים מבחוץ מנגד הטיבור וכו'. פירוש, כי תחלת התפשטותם הוא מן העינים של א"ק עד סוף רגליו. והחלק שמן העינים ועד הטיבור הוא נבלע באורות אח"פ, ולכן אין עולים בשם, והחלק שמן הטיבור ועד סוף רגליו הוא מגולה. ויען כי אין שם אורות אח"פ עוד, כי עד הטיבור נסתימו, לכן מן הטיבור ולמטה, שהם אורות הנקודים לבדם, אז עולים בשם ונקרא, כי הנקודים הם מתפשטים מן הטיבור עד סוף רגליו.

40

ע"ח ש"ח פ"ב מ"ת דל"ו ע"ב – אמנם האור הראשון שהיה בתחלה למטה, ועלה למעלה, שוב לא ירד, ונשאר שם מהטבור ולמעלה, ושם הניח שורשו תמיד, **ומשם נתפשט ויצא דרך העינים**, והם הנקודים, ונמשך **ונתפשט בחוץ עד סיום רגליו דאדם** קדמון כנזכר לעיל, והנה כל האור הנמשך עד הטבור, אפילו שהוא מבחינת העינים, **הכל הוא נבלע ונכלל בעקודים ולכן איננו ניכר**, אבל האור הנמשך מתחת הטבור עד רגליו, **זהו לבדו נקרא בשם נקודות**, לפי שהוא עומד עתה לבדו.

41

נהר שלום די"ח ע"ב – כי כל העשר נקודות צריכים תיקון, כי כולם יצאו חסרים ובלתי מתוקנים, ואז עולים לעשר שרשים שלהם שבמלכות דעקודים, ומשם לנה"י דעקודים, ומשם לחג"ת, ומשם לחב"ד, ומשם לשרשי הנקודות שבפנימיות החזה דא"ק על גבי הפרסא. ואז מתעוררים חלקי תנת"א דמ"ה וב"ן דפנימיות דא"ק, ועולים עם חלקי נת"א דע"ב וס"ג דפנימיות דע"ב וס"ג דפנימיות, ואז מזדווגים ע"ב וס"ג, ומוצאים מהמצח חיצוניות תנת"א דמ"ה, **ומהעינים חוזרים לצאת חלקי חיצוניות תנת"א דב"ן עם תשלום חלקיו, וגם נקודות דס"ג**, ומתחברים אורות דמ"ה עם אורות דב"ן ונקודות דס"ג, ויורדים דרך אח"פ, ומתגלים מטיבור דא"ק ולמטה.

חסדי דוד דמ"ט ע"ב אות ט' – א"ק יש בו עסמ"ב, והם טנת"א, וכל אחד כלול מכולם, ע"ב ס"ג מ"ב דע"ב, הם מתפשטים מראשו ועד רגליו. דהיינו ע"ב דע"ב עד האזן, ס"ג דע"ב מהאזן עד הטיבור, ומ"ה וב"ן דע"ב מהטיבור עד רגליו. ועסמ"ב דס"ג מלבישים לסמ"ב דע"ב, דהיינו מהאזן ועד רגליו. ועסמ"ב דמ"ה וב"ן מלבישין לסמ"ב דס"ג, ולמ"ה וב"ן דע"ב, דהיינו מאזן דס"ג ומטיבור דע"ב, זהו פנימיות דא"ק. וכולם הוציאו אורם לחוץ להלבישו, כי מע"ב דע"ב המגולה יצאו שערות הראש, שבהם תלויים כמה וכמה מיני עולמות הקודמים אל אבי"ע, ואין רשות לדבר בהם אפילו בדרך משל, רק מהאזן ולמטה, וזה סוד לשכך את האזן, ואלו הלבישו מהקרקפתא עד האזנים דא"ק. ומע"ב דס"ג המגולה יצאו אורות אח"פ ושערות הזקן, והלבישו מהאזן עד הטיבור. וחיצוניות עסמ"ב דמ"ה וב"ן יצאו מהם נקודים וברודים דרך עינים ומצח דא"ק, והלבישו לא"ק מטיבור עד סוף רגליו, **ועם חיצוניות עסמ"ב דב"ן יצאו חיצוניות סמ"ב, שהם נקודין תגין אותיות**

עסמ"ב דב"ן, ועמדו **מבחוץ מכנגד הטבור של א"ק עד סיום רגליו כנזכר לעיל,** כאשר האור דנקודים המתפשט מן מקום העינים עד הטבור דא"ק נבלע באורות האח"פ, ולא עולה בשם, ורק ממקום הטבור ולמטה עומד אור הנקודים לבדו, וזהו האור העיקרי דנקודים◆ האור השני דנקודים הוא[42] האור החדש שיצא מזיווג דע"ב וס"ג דא"ק, וזיווג זה נגרם על ידי העלאת מ"ן של האורות שהיו מתחת לטבור למעלה, וממדרגה למדרגה עד ע"ב וס"ג דא"ק, ויצא אור חדש מזיווג זה שירד תחילה למקום החזה דא"ק שהוא מעל לפרסא, ואחר כך **היה בוקע אותו האור שבא מזוזדש** מזיווג ע"ב וס"ג דא"ק **בפנימית** א"ק וס"ג דא"ק **דרך הפרסא כנזכר לעיל,** ויורד האור החדש מתחת לטבור דא"ק, ומתלבש תוך הכלים דתנה"י דא"ק, ומשם[43] חוזר ובוקע דרך נקבוביות העור את הכלים דתנה"י דא"ק, **ויוצא** מהגוף דא"ק **לחוץ[44], ומאיר אל אורות[45] הנקודים** שיצאו דרך העינים דא"ק, שעומדים מהטבור דא"ק עד סוף רגליו◆ **ונמצא כי אור הזוזדש הזה** שנולד מזיווג ע"ב וס"ג דא"ק **עובר תזולה ויורד** למקום החזה דא"ק, ומשם בוקע **דרך הפרסא** הנמצאת בחצי[46] הגוף דא"ק, ויורד האור החדש **למטה בחזי התזותון** דגוף דא"ק,

---

דס"ג, ולכן נקרא נקודים, יען שורשו נקודות דס"ג, הנקרא נקודות דנקודות, **ולכן הנקודות נקרא פעמים ב"ן ופעמים ס"ג.** ועם חיצוניות עסמ"ב דמ"ה יצאו חיצוניות סמ"ב דע"ב. וטעם קריאת המ"ה ברודים יען ב"ן הכולל היא תולדות מלכות דא"ק וממנו הז"מ דמיתו ולכן שם ב"ן נקרא נקודות כי נקודות היא במל' ושם מ"ה הכולל הוא תולדות הז"א דא"ק שהשתלתו מהיסוד הנקרא הדר כי הוא סוד הדרת פנים זקן דהסריס אין לו זקן והוא מלך הדר המחייה את המלכים וזהו ברודים כמו הדר.
42

ע"ח ש"ח פ"ב מ"ת דל"ו ע"ב – הנה על ידי עליית האור הזה שבהחציו התחתון למעלה הטבור כנ"ל, אז נתרבה אור גדול ורב בחצי גוף העליון, ואז נעשה זה האור בבחינת מ"ן אל טעמים דס"ג, שהם אזן חוטם פה, ר"ל אל השרשים הפנימים שלהם בתוך הגוף, ולא אל האורות היוצאים לחוץ דרך הנקבים. ואז על ידי מ"ן אלו העולין שם, נזדווגו שם ע"ב שבגלגלתא דאדם קדמון עם בחינת הס"ג שבו, שהם שרשים של אזן חוטם פה, שהם טעמים כנזכר לעיל, ואז נמשך אור חדש מלמעלה מן הזווג הזה, ובוקע ויורד דרך הפרסה מהטבור ולמטה.
43

ע"ח ש"ח פ"א מ"ב דל"ה ע"ג – ובהעלות אור זה למעלה היה בדרך (נ"א צריך) מ"ן, ויצא אור חדש, וירד דרך פנימיות של זה האדם, וירד דרך הפרסא, ובוקע משם זה האור החדש הפנימי ויצאו לחוץ דרך העור, **ומשם מאיר אל הנקודות** כנזכר על פסוק - ואחר עורי נקפו זאת.
44

כרם שלמה ש"ח פ"ג אות א' – ומה שכתב מלת **מבחוץ** הוא לאפוקי שהשורש של הנקודים הוא בפנים עומד, ואלו היוצאים הם הענפים שלהם. וכן לאפוקי אור החדש, שהוא מתפשט עכשיו בפנים, ועדיין לא יצא לחוץ, וגם הוא נקרא אור הנקודים כמו שכתוב לעיל, כי הנקודים נעשו מב' אורות, שהם אור היוצא מן העינים ולחוץ, ואור החדש.
45

ע"ח ש"ח פ"א מ"ב דל"ה ע"ג – ואותו אור שהיה שם תחלה יצא דרך העינים, ומשם יצא לחוץ, וירד למטה כנגד נה"י של א"ק מבחוץ, ושם נתהוו הנקודים.
46

ע"ח שי"ד פ"ג מ"ת דע"א ע"ב – וצריך שתדע ענין אחד והוא **כולל בכל בחינת הפרצופים,** והענין כי בא"א באמצע גופו, יש חד פרסא ומסך, מבדיל בין חצי העליונה לחצי התחתונה, כנראה בחוש הראות, ומבשרי אחזה אלו"ה איך יש קרום אחד, מחיצה המפסקת בין איברי הנשמה (הנשימה) שהם הריאה והלב, ובין איברים התחתונים שהם כבד ובני מעיים כנודע. **והנה זה הפרסא אינו ביושר, רק כי כאשר מתחלת מצד הפנים היא מתחלת מתחת החזה ממש, וכשמתרחבת ומתפשטת עד האחור, היא עומדת (נמוכה עד)**

לְמַטָּה מִטִּבּוּר ומלביש את הכלים דתנה"י דא"ק, **וְאֵזוֹר כַּךְ זַוֵּזוֹר** האור החדש, שהוא בחינת פנימיות עסמ"ב דב"ן, שנמצא בכלים דתנה"י דא"ק **וּבוֹקֵעַ דּוֹפְנוֹת הַגּוּף** דא"ק דרך[47] גומות שערות העור, **וְיֵצֵא**[48] האור **לַחוּץ וּמֵאִיר בְּ**אור **הַנִּיקוּדִים** אשר יצא דרך העינים, ועומד מחוץ לא"ק מהטבור ולמטה.

הרב ז"ל ביאר זה בפרק ב' דשער שאלו האורות דתנה"י דא"ק מעל לטבור, הניח[49] המאציל פרסא באמצע גופו, והוא סוד הטרפשא בגוף האדם ובבעלי החיים. **וּזָה שֶׁכָּתוּב** בזוהר **בְּתִיקּוּנִים** תיקון[50] ס"ז דצ"ח ע"ב

כנגד מקום הטבור, כנראה בחוש הראות, בחוש הטבע. וזהו נקרא יותרת הכבד, קרומא דפסיק גו מעוי דבני נשא, כנזכר בזוהר פרשת בראשית על פסוק - יהי רקיע בתוך המים.

שער ההקדמות, דרוש בתקון או"א דכ"ז ע"ז – ודע כי באמצע גופו של א"א יש מסך אחד, הנקרא חד פרסא, המבדיל לרחבו אל גופא, והפרסא הזו מבדלת בין סיום רגלי או"א הנכללים מארבע פרצופים הנזכרים לעיל, ובין התחלת זו"ן. ועל דרך זה הוא בכל הפרצופין, כי כל פרצוף יש חד פרסא מבדלת באמצע גופו לרחבו. והנה הפרסא הזו אינה ממש שטוחה ביושר ברוחב הגוף, והנה קצתה אשר נדבקת בדופני הגוף בצד הפנים היא מתחלת **ממש בסיום מקום החזה, וכשנשטחת ומתפשטת לצד אחרי הגוף, היא נמוכה כנגד קו הטבור**, וזו היא נקראת יותרת הכבד, קרומא דמפסיק במציעו מעוי דבני נשא, כנזכר בפרשת בראשית בפסוק יהי רקיע בתוך המים.
47

מבוא שערים ש"ב ח"א פ"א פ"ב ד"ב ע"ג – אמנם ודאי שדרך גומות העור וסביבות הא"ק יוצא גם כן הארה אל הנקודים האלו, ולכל שאר האורות.
48

כרם שלמה ש"ח פ"ג אות א' – ועכשיו משמיענו הרב ז"ל כי אור החדש המאיר להנקודים, הוא יוצא לחוץ מן הטבור ולמטה אחר הוצאת אור העינים לחוץ, והתפשטותם מן הטיבור ולמטה, ואחר כך יצאו הארות של אור החדש, והאירו להנקודים האלו של העינים.
49

ע"ח ש"ח פ"ב מ"ת דל"ו ע"א – והנה אחר שצמצם עצמו, **הניח חד פרסא באמצע גופו**, במקום טבורו מבפנים, כדי שיפסיק בנתים. וזה סוד יהי רקיע בתוך המים, ויהי מבדיל בין מים למים, כנזכר בזוהר בראשית דף ל"ב - אית קרומא חדא באמצעית מעוי דבני נשא, דאיהו פסיק מעילא לתתא, ושאיב מעילא, ויהיב לתתא.
50

תיקוני הזוהר, תיקון ס"ז דצ"ח ע"ב ביאור ותרגום (לפי הרב שעת רצון) – **דאפריש לון קודשא בריך הוא** אלא שהפריד אותם הקדוש ברוך הוא, **כמה דאת אמר** כמו שנאמר - **ויבדל אלהי"ם בין האור ובין החשך** ר"ל בין הטוב ובין הרע, **ורזא דמלה** וסוד הדבר נרמז בפסוק - **והבדילה הפרכת לכם, והכי עבד קודשא בריך הוא** כך עשה הקדוש ברוך הוא, **בגופא דבר נש** בגוף האדם **טרפשא** את הטרפש, שהוא נקרא בהלכה חצר הכבד, ובתורה יותרת הכבד, **דאפריש בין דרגין דאילנא דטוב ובין דרגין דאילנא דרע** המבדיל בין מדרגות עץ מצד הטוב ובין מדרגות העץ הרע, **ומני ליה דלא לערבבא טוב עם רע** כדי שלא יתערבב הטוב עם הרע.

שעת רצון דרי"ט ע"ד (תיקון ס"ז דצ"ח ע"ב) – בגופא דבר נש טרפשא דאפריד בין דרגין דאילא דטוב ובין דרגין דאילנא דרע וכו'. פירוש, הוא מה שכתב רבינו ז"ל בשער הנקודים ע"ב - והנה אחר שצמצם עצמו כנזכר לעיל הניח חד טרפשא באמצע גופו במקום טבורו מבפנים, כדי שיפסיק בנתים, וזה סוד - יהי רקיע בתוך המים כו', אית קרומא חדא באמצעית מעוי דבר נש דאיהו פסיק מתתא לעילא יע"ש. ובשער או"א פרק ג' ז"ל - ומבשרנו נחזה אלו"ה איך יש קרום אחד כעין מחיצה, המפסקת בין אברי הנשימה שהיא הריאה, לבין אברים תחתונים, יע"ש. והעיקר הוא מה שכתב רבינו ז"ל בשער הקליפות פרק ג' שהקליפת נוגה שהיא עצמה עצמות עץ הדעת טוב ורע, שהוא מעורבת מטוב ורע, ועד החזה היא טוב, ומהחזה ולמטה מעורב טוב ורע. וזה לשונו - והבן זה כי הנוגה היה ראשו זהב טוב, וכן החזה כסף טוב, אבל מהחזה ולמטה, שהוא מקום המלכות שבחזה נוקבא דדכורא דנוגה, שם הוא טוב ורע, ועיין כל אותו הפרק. וזה שכתוב בגופא דבר נש טרפשא

דְּשַׁוִּי הניח[51] המאציל **זֶה פַרְסָא** באמצע[52] גופו במקום הטיבור מבפנים, בסוד הפסוק[53] יהי רקיע בתוך המים ויהי מבדיל בין מים למים, והפרסא הזאת מבדילה **בֵּין כֶּתֶר** של הפרצוף התחתון הנמצא מבחוץ במקום הפרסא של הפרצוף העליון הנקרא מאציל, נקרא עילת העילות, כך שפרסא זאת מבדילה בין הפרצוף התחתון **לְ**מאציל הנקרא **עִילַת הָעִילּוֹת** בערכו של הפרצוף התחתון, **כִּי[54] כָּל בְּחִינַת הַמַּאֲצִיל** דהיינו הפרצוף העליון **כּוֹלָתוֹ** דהיינו הפרצוף התחתון, **נִקְרָא עִילַת הָעִילּוֹת** בערך לפרצוף הנאצל, והפרצוף[55] הנאצל נקרא זו"ן בערך לפרצוף המאציל[56], כך[57] שא"ק נקרא מאציל ועילת העילות בערך עולם הנקודים, **וְכֶתֶר זֶה** הנמצא במקום הפרסא דא"ק **הוּא** הכתר **דְּ**עולם **הַנְּקוּדִים** כנזכר לעיל. **וְהִנֵּה[58] אֵלּוּ** עשרה **הַנְּקוּדִים** שהם מכתר עד מלכות, **נִתְפַּשְּׁטוּ מִטְּבוּרָא דְּא"ק עַד סִיּוּם רַגְלָיו**, והם זו"ן

דאפריש בין דרגין דאילנא דטוב, שהם מן החזה ולמעלה, ובין דרגין דאילנא דרע, שהוא מן החזה ולמטה, והשאר מובן.
51

מבוא שערים ש"ב ח"א פ"ב ד"ב ע"ג – והענין כי הנה הטיבור הוא מקום סתום, ואין מקום יציאות האור לחוץ, ולכן מה עשה א"ק, צימצם את כל האור הפנימי שלו שמן הטיבור ולמטה, והעלה כולה למעלה, מן הטיבור במקום החזה, ונשארו הכלים דא"ק מטיבורו ועד סיום רגליו כלים ריקים בלתי אורות. **ואז שם במקום ההיא עשה חד פרסא, עם מסך שנפסק חלל הגוף לשניים**, והטיבור באמצע, ושם הניח במקום ההוא הפרסה, והוא נקרא טרפשא דלבא.
52

ע"ח ש"ח פ"ב מ"ת דל"ו ע"א – והנה אחר שצמצם עצמו, הניח חד פרסא באמצע גופו במקום טיבורו מבפנים, כדי שיפסיק בנתיים. וזה סוד יהי רקיע בתוך המים, ויהי מבדיל בין מים למים, כנזכר בזוהר בראשית דף ל"ב - אית קרומא חדא באמצעית מעוי דבני נשא, דאיהו פסיק מעילא לתתא, ושאיב מעילא ויהיב לתתא.
53

בראשית א' ו' – ויאמר אלהי"ם יהי רקיע בתוך המים ויהי מבדיל בין מים למים.
54

מבוא שערים ש"ב ח"א פ"ב ד"ב ע"ג – כי כל המאציל, אל כל עולם שתחתיו, יקרא לו עילת העילות, כי הוא עילה וסיבה להאציל העולמות שתחתיו.
כלל – כל המאציל עולם שתחתיו, נקרא א"ס, ונקרא עילת העילות בערך לנאצל ממנו.
55

רחובות הנהר ד"ג ע"ב – הרי מבואר כי כל פרצופי כל העולמות הם זו"ן למה שלמעלה מהם, ושכל חמשה פרצופים דכל עולם הם זו"ן, שהם ו"ק לחמשה פרצופים של עולם שלמעלה מהם, כל פרצוף לפרצוף שכנגדו בעולם העליון. המשל בזה, כי חמשה פרצופי האצילות, הם זו"ן, שהם ו"ק, לחמשה פרצופי א"ק, וחמשה פרצופי א"ק כל אחד נקרא או"א, לפרצוף שכנגדו בחמשה פרצופי האצילות, וגם חמשה פרצופי א"ק, גם הם נקראו זו"ן, שהם ו"ק, **בערך הקודם אליו**.
56

תרשים ג – א.
57

מבוא שערים ש"ב ח"א פ"ב ד"ב ע"ג – וזה הא"ק יקרא עילת העילות, בערך עולם הנקודים, אשר הניח חד פרסא בינו, לבין כתר עולם הנקודים.
58

כרם שלמה ש"ח פ"ג אות ב' – והנה מה שכתב אלו הנקודים נתפשטו מטיבורא דא"ק עד סיום רגליו. פירוש, אף על פי שהם עשר ספירות, שהם עשרה נקודים מכתר עד מלכות, אף על פי כן להיותן כולם נחשבים לבחינת מלכות, או זו"ן דא"ק, לכן אין מלבישים לא"ק כי אם מטיבורא ולמטה דיליה בלבד.

בערך לא"ק, ומלבישים את א"ק **כסדר** פרצוף זו"ן **המלביש לפרצוף א"א** לפי[59] שסתם א"א[60] בכל מקום הוא בחינת א"ק, רק שא"א[61] הוא בחינת יחידה וכתר דכללות הפרצופים, וא"ק[62] הוא בחינת יחידה וכתר דכללות העולמות[63], **אלא** שאם מלביש זו"ן[64] **לא"א** מטבור דיליה עד סיום רגליו **מכל צדדיו וסביבותיו** דא"א[65], **אבל** בכאן[66] בא"ק **עיקר הארתן** של אורות והכלים דנקודים **אינו אלא דרך פנים דא"ק**, אלא שמתפשט קצת הארה מאלו **הנקודים**, בין מבחינת אורותיהן, ובין מבחינת כליהן, ומלבישין[67] הארת[68] הנקודים את **זה הא"ק**

59

רחובות הנהר ד"ט ע"ב – ואף על פי ששם לא נזכר כי אם עד בחינת א"א, **כבר נודע כי בחינת א"א המוזכר בדברי הרב ז"ל, הוא בחינת א"ק, שהוא א"א הכולל**, ודו"ק.

60

ע"ח ח"ב ש"י"ל דרוש ב' מ"ב דכ"ו ע"ד – פרצוף של המלכות אין פחות משיעור זה, בסוד וירא והנה באר בשדה והנה שם שלשה עדרי צאן רובצים עליה, שהם נה"י, כנזכר בזוהר, ופחות משלוש ספירות אין נקרא פרצוף. ופרצוף ז"א מתחיל מן הדעת דא"א, עד סיום רגלי דאריך אנפין, לפי שז"א שורשו מן הדעת כנזכר לעיל, ומכל שכן שכולל גם את המלכות. ופרצוף אמא מתחיל מבינה דא"א ולמטה. ופרצוף אבא מתחיל מחכמה דא"א. נמצא כי כתר דא"א גבוה מכולם, **ולכן נקרא א"א כתר**, כי זהו התוספת אשר לו על כל הפרצופים כולם.

61

מבוא שערים ש"ה ח"ב פ"ב דמ"ו ע"ב – והענין, כי א"א הוא בחינת הכתר של כללות עולמות האצילות כנודע.

62

נהר שלום די"ב ע"א – וכן על דרך זה בפנימות וחיצוניות דא"ק, וכולם נקראו **יחידה וכתר** בערך כללות העולמות.

63

תרשים ג – ב.

64

ע"ח שי"ז פ"א מ"ת דפ"ג ע"ג – הנה הכתר דז"א הוא מהטבור ולמטה, עד סיום הגוף הנקרא תפארת, שהוא עד רישי ירכין, וג' פרקין דנצח דא"א מתלבשין בקו ימין דז"א, שהוא חח"ן. וג' פרקין דהוד דא"א מתלבשין בקו שמאלי דז"א, שהוא בג"ה שבו. ויסוד דאריך אנפין מתלבש בקו האמצעי דז"א, שהוא דעת תפארת, ונוקבא דז"א יצאה מהחזה דז"א ולמטה, כדמיון הז"א היוצא מא"א ממש. **ונמצא שהז"א מלביש א"א עד סיום רגליו מכל צדדיו**, ושם גם כן מסתיימין רגלי דזו"ן, ושם הוא סיום עולם אצילות.

65

תרשים ג – ג.

66

ע"ח ש"ח פ"א מ"ב דל"ה ע"ב – ואמנם יש הפרש אחד, והוא שאלו העגולים אשר הם מקיפים את נצח הוד יסוד וחצי תפארת של זה האדם קדמון, אינם מקיפין אותו מב' הצדדים, **כי עיקר האור היה בצד הפנים של זה הא"**ק **של יושר שלו**, אך **מהארה זו** מתפשט אל אחוריו גם כן, בין בחינת יושר ובין בחינת העגולים של הנקודות. נמצא שנה"י וחצי תפארת של זה הא"ק, מלובשים ומוקפים מנקודות אלו, בין מבחינת העיגולים שלהם ובין מבחינת היושר שלהם, וא"ק בנתים.

67

בית לחם יהודה ש"ח פ"ג דכ"ד ע"א – ומלבישין זה הא"ק מכל צדדיו על דרך שביארנו למעלה באח"ף. הוא בסוף פרק א', ובריש פרק ב' דטנת"א, ולעיל בריש פרק ב'. ואם תאמר והא במ"ב דפרק א' כתב בהיפך, שהנקודים יצאו עגולים ואינם כמו אח"ף, והתם נתן ג' טעמים לסיבת ההפרש שבין אח"ף לנקודים.

מִכָּל צְדָדָיו, עַל דֶּרֶךְ שֶׁבֵּיאַרְנוּ לְמַעְלָה בְּאוֹרוֹת הָאֹזֶן[69] הַזּוּטָם[70] וְהַפֶּה[71], אֲבָל עִיקָר הָאָרָתָן של אורות הנקודים דֶּרֶךְ פָּנִים דא"ק, מהטבור דיליה עד סיום רגליו ♦

בסוגיא זאת הרב ז"ל מבאר כאן את סדר הלבשת עשר ספירות דנקודים את התנה"י דא"ק, לְכְאוֹרָה נראה מה שמבואר כאן הוא הֶפֶךְ וּסְתִירָה לדבריו[72] הזוהר הקדוש, וְהֶפֶךְ וּסְתִירָה לדבריו[73] קודשו של הרב ז"ל בכל מקום, והוא כי בכל

ויש לומר כי בודאי כי שאני הנקודים מאח"ף, שאלו יצאו ביושר ואלו יצאו בעגולים, אך לענין שהיה עיקר האור מצד פנים דא"ק, והטפל שבו מאיר בצדדים ובאחוריים, בבחינה זו היו שוין האח"ף לנקודים.
68

מבוא שערים ש"ב ח"א פ"א ד"ג ע"א – ונמצא כי אלו האורות שיצאו מן העינים, הנקראים נקודות עיקר הארתם הוא בפנים, ולא באחור. **אמנם ודאי, שמכח ההארה ההיא שמצד פנים, מתפשט אל האחור, בין בחינת האורות, ובין בבחינת הכלים, בין באור היושר, בין בעגולים.** ונמצאים אלו הנקודות מתעגלים סביב הא"ק, מהטבור ולמטה.
69

ע"ח ש"ה פ"א מ"ת ד"כ ע"א – והנה כאשר יצא האור דרך נקבי האזנים ימנית ושמאלית, נתפשטו האורות האלו מבחוץ ממקום האזנים עד מקום שבולת הזקן, ונמשך בהתפשטותו מנגד התפשטות שער הזקן הצומח בלחיים בצדדי הפנים, וכנגדו נתפשט ונמשך אור הזה עד שמגיע למטה בשבולת הזקן, ושם מתחברים האורות היוצאים מב' נקבי האזנים, אמנם לא נתחברו בחבור גמור אבל נשאר ביניהם חלל מעט. ודע כי האור הזה אינו דבוק ונוגע בפנים עצמם, אבל חופף וסוכך עליהם, **ולא נתפשט האור הזה לא לאחורי הפנים, ולא בכל הפנים, רק בצדדי הפנים לבד** כנזכר לעיל. ובזה תבין הקדמה אחת והוא, כי בבחינת הראש אין אנו מזכירין לעולם בחינת אחור ובחינת פנים, לפי שבמקום שאין שם נקבים וחלונות, אז יוצא האור שוה מכל צדדיו ומאיר בשוה. אמנם כשמתחיל בחינת הנקבים כגון מהאזנים ולמטה, אז יש בחינת פנים ואחור, כי המצח נקרא פנים, והעורף נקרא אחור, **לפי שכל הנקבים הם ממשיכים האור לחוץ דרך הפנים, ומה שאין בו נקבים יקרא אחור,** אבל עם כל זה מן הארת האור הזה מתפשט ומאיר בכל סביבות א"ק הזה, **אבל עיקר האור אינו רק מה שכנגד האזן, כנגד דרך הפנים,** עד שבולת הזקן.
70

ע"ח ש"ה פ"ב מ"ת דכ"א ע"ד – אחר כך באו הטעמים האמצעיים, והם בחינת אור היוצא מחוטם דא"ק, וחוטם גימטריא ס"ג, גם מכאן נמשך ויוצא אור דרך ב' נקבי החוטם ימין ושמאל, ימין מקיף, ושמאל פנימי, על דרך הנזכר באזן, **ונמשכו ביושר עד החזה של זה הא"ק, וזהו עיקר האור. אמנם הארתו גם כן הוא מתפשט אל צד האחור, ומסבב בכל סביבות א"ק.**
71

ע"ח ש"ו פ"א מ"ת דכ"ד ע"ג – והנה מן הפה הזה יצאו עשר ספירות פנימים, ועשר מקיפים, **ונמשכין מנגד הפנים עד נגד הטבור של זה הא"ק, וזה עיקר האור, אבל גם כן מאיר דרך צדדים לכל סביבות זה האדם,** על דרך הנזכר לעיל באורות אזן חוטם.
72

זוהר נשא, אדרא רבא דקכ"ז ע"ב – תניא אמר רבי שמעון לחברייא, **עד אימת ניתיב בקיימא דחד סמכא** עד מתי נשב ונלמד את סוד הספירות בבחינת קיום של עמוד אחד הנקרא חד סמכא, שהוא בחינת סדר עמידת הספירות דאצילות לפני התיקון, אשר עמדו ז' הספירות התחתונות דאצילות אחת על גבי השניה, ועולם זה לא נתקים ונשבר, ואמר רבי שמעון בר יוחai לחברים ראוי שנלמד את סוד עמידת הספירות דאצילות אחר התיקון, והוא בשלשה קווים, וכן סדר עמידת הפרצופים, **כתיב כתוב - עת לעשות להוי"ה הפרו תורתך.**
73

ע"ח ש"א ענף ב' מ' ב' די"א ע"ב – וגם חקירה גדולה ומחלוקת עצום נחלקו בו כל המקובלים כולם, כי יש מי שכתב **כי העשר ספירות הם כסדר עשר מדריגות זו אחר זו, וזו למטה מזו.** ויש מי שכתב כי **סדר עמידתן דרך קוים ימין ושמאל ואמצע, והם ג' ספירות חח"ן זו על גבי זו בקו ימין, וג' ספירות בג"ה זו**

על גבי זו בקו שמאל, וארבע ספירות כתי"ם זו על גבי זו בקו האמצעי. ורבים יחכמו ויאמרו כי הם בצורת גלגלים עגולים זה תוך זה, וזה מקיף וסובב לזה...... והנה האמת הוא שאלו ואלו דברי אלהי"ם חיים, וכולם נכוחים למבין, וישרים למוצאי דעת, אמנם ההפרש שבין ב' הסברות הנ"ל אם הם כסדרן עשר מדרגות מזו למעלה מזו, אם הם בדרך קום, זה הענין יתבאר לקמן בעזרת הוי"ה **בענין עולם הנקודים, איך קודם תיקונם היו כסדרן זה למעלה מזה, אבל אחר התיקון היו כסברא האחרת, והיו בציור ג' קוים כנזכר לעיל.**

ע"ח ש"ח פ"ד מ"ת דל"ח ע"ב – עוד יש הפרש שני, והוא כי בעקודים תחלה יצאו האורות, ואחר כך נעשו הכלים כנזכר לעיל. **אבל בנקודים יצאו תחלה עשר כלים זה למטה מזה**, ונעשה על ידי הסתכלות העינים בג' אורות של אח"פ כנזכר לעיל, לכן אחר שיצאו העשר כלים, **והונחו במקומן זה תחת זה, כל אחד לבדו**, אז יצא האור אחר כך.

ע"ח ש"ט פ"ג מ"ת דמ"ב ע"ד – והנה לטעם זה עצמו היה גם כן שינוי אחר בין ג"ר שהם כח"ב, אל השבעה מלכים התחתונים. כי הג"ר יצאו בקצת תיקון בראשונה, והוא כי כאשר יצאו בראשונה נתפשטו כסדר ג' קוין, **מה שאין כן שבעה תחתונות שיצאו זו למטה מזו**, וזה שכתוב באדרא רבא - עד אימת ניתב בקיימא דחד סמכא, ר"ל נתקן התיקון שהוא דרך קוין, וכבר ביארנו כי התיקון האצילות הוא בהיות ו"ק עשוי בבחינת ג' קוים קשורים זה בזה, בסוד הג' המכריע ביניהן, ואז נקרא רשות היחיד, אבל בהיותן זה על גבי זה והם נפרדין אחת מחברתה, אז נקרא רשות הרבים, ולכן הג"ר נתבטלו אחוריהם ולא מתו, וז' מלכים מתו פנים ואחור, כי יצאו בלי תיקון כלל.

ע"ח שי"א פ"א מ"ת דנ"ב ע"א – עוד שינוי אחר היה בהם אשר בו יתבאר מלת **בלתי תיקון** מה עניינו, והוא כי ג' נקודות הראשונים מלבד מה שיצאו כל אחת מהם כלולה מעשר, עוד זאת היתה בהם שהיו עשר שבו מחוברות יחד, ולא נפרדות זו מזו. אמנם ו' נקודות דז"א מלבד היותן ו' חלקי נקודה אחת, וחסרו מהם הג"ר שבהם, עוד שינוי אחר בהם שהיו **נפרדות זה מזה ולא מחוברות**, באופן שב' שינוים נמצאו בשבעה תחתונות מן הג"ר, שהם א"א, או"א. וזה סדרן, בתחלה כאשר היה בלתי תיקון כי אלו העשר נקודות כאשר יצאו בראשונה, היו כל העשר דומין כאלו ביחד היו פרצוף אחד לבדו, ולא שהיה ממש כך בציור, אלא בדמיון. פירוש, כי הנקודה העליונה היתה אז בחינת כתר, והשניים הם השניה והשלישית היו בחינת חו"ב, והששה היו בבחינת גוף בעל ו"ק, אמנם לא היו ממש מצוירות כמו שהוא עתה אחר התיקון. אמנם בנקודה ראשונה היו בה כללות עשר בחינות, אלא שהיתה קטנה, וגם כי לא היו היו"ד שלה (נ"א לא היה שלם) בסוד פרצוף ממש, רק בסוד כללות, פירוש כי אז היתה בסוד ג' בחינות שהם עתיק וא"א וחכמה שבו, ששם ג' רישין הנזכר לקמן, ואלו הג' בחינות היו מתפשטין בבחינת קוין בתוך תשע נקודות האחרות, כמו שהוא עתה, והם היו לבושין אליו, ומלבישין אותו, גם העשר נקודות שבה היו קשורים כולם זה בזה בסוד קוין, מתפשטין זו בזו. ופירוש ענין הקוין האלו נתבאר למעלה, וכן על דרך זה גם ב' הנקודות של חו"ב היה זה כך, שכל אחד היתה כלולה מעשר, וכולן קשורין זה בזה דרך קוין, אבל אלו השלשה חלקים נקודות של ז"א יצאו נפרדות זו מזו, **שלא כדרך קוין, רק זו על גבי זו, נפרדות ולא מקושרות יחד**, ואז היו נקראים אלו השלשה רשות הרבים, כי לא היה בהם יחוד והתקשרות ואחדות, רק כדמיון אנשים נפרדין איש לדרכו פנה, ולא היה ביניהם אהבה וחבה, ולכן לא יוכלו לסבול אלו הכלים שלהם בחינת האורות ומתו, כמו שכתוב חבור עצבים אפרים הנח לו, כי החבור גורם קיום והעמדה. ומשל ההדיוט אומר אם תקח עשר קנים כל אחת לבדו ישתברו, ואם תקח ג' לבד ביחד יתקיימו, ולא ישתברו.

שער מאמרי רשב"י, פירוש האדרא רבא קדישא – תניא אמר רבי שמעון לחברייא עד אימתי נתיב בקיימא דחד סמכא כו'. כבר ביארנו בדרושי מלכי אדום שמתו מה ענינם, ושם ביארנו **כי בתחילה יצאו העשר ספירות זו על גבי זו, בסוד חד סמכא לבד**, ולכן מתו. ואחר כך חזרו ונתקנו, ונעשה מהם בחינת חמשה פרצופים כנודע. ונמצא כי טרם התיקון היו העשר ספירות בחינה אחת לבד, ובבחינה הזאת היו מתעסקין בידיעתה, ואמר להם רבי שמעון לחברייא שעד מתי יהיו בדרוש הזה, ושעתה רוצה לדרוש בענין התיקון, שהוא כאשר נתקנו העשר ספירות, ונעשו בחינת חמשה פרצופים, כמו שמפורש בחינה למטה בכל האדרא הזאת...... פירוש כי שתי בחינות היו בעולם האצילות, האחד מהם הוא בראשונה קודם התיקון, **שכל העשר ספירות היו בבחינת חד סמכא לבד**. והבחינה השנית היא מה שהיה אחר התיקון, כי החמש ספירות שהם כתר, חכמה, בינה, תפארת, מלכות, שהם כוללות כל העשר ספירות כמבואר אצלנו, והנה כל אחת ואחת

מקום מבואר שעולם הנקודים עומד[74] **בחד סמכא**, כלומר רק כח"ב יצאו עומדים בשלושה קוים, ושבעה תחתונות עומדות זאת על גבי זאת, וזאת מתחת לזאת, כאן הרב ז"ל מבאר כי[75] הנקודים הלבישו את התנ"ה דא"ק על דרך ז"א המלביש את א"א, ר"ל הכתר דנקודים הלביש את השליש התחתון דתפארת דא"ק, חח"ן דנקודים הלבישו את ג' פרקין דנצח דא"ק, בג"ה דנקודים הלבישו את ההוד דא"ק, ודת"י דנקודים הלבישו את היסוד דא"ק, ועמידת הספירות בצורה זאת היא **בעצם** עמידת הספירות בעולם התיקון הנקרא עולם[76] הברודים. הרב יפה שעה מבאר כי סדר עמידת הנקודים הוא בחד סמכא, וכאן **לדמיון בעלמא בקטיה**, וכן השד"ה באיפה שלימה מתרץ כי **דוגמא בעלמא בקטיה**, והרב בית לחם יהודה כותב **לא יתכן בהם סדר העמדה זו כלל**[77], גם הרב כרם שלמה מסכים בשתיקה עם דעת הרב יפה שעה. עם כל זאת **לא פשוט** הרי בשער[78] ההקדמות הגירסא כמו כאן בפרקין, וכן[79] הוא בספר מבוא שערים, ולכן בסוגיא זאת יש **קושיא אדירה** איך ולמה הרב ז"ל מצייר את עולם הנקודים בג' קוין. **צריך לדעת** כי בסוגיא בעלמא עולם הנקודים על פי הפשט עומד בחד סמכא, וכך הרב ז"ל מצייר אותו בכל מקום. עם כל זאת **אליבא דהלכתא** גם עולם הנקודים עומד בתלת קוין כמו כל שיעור קומה, והרב ז"ל רומז זאת בכמה וכמה מקומות, וכך כותב הרב ז"ל כי גם לפני[80] מקרה

מאלו החמשה ספירות, נתפשטה ונעשית פרצוף אחד שלם, וכל האצילות נתפשטו ונתקן בבחינת חמש פרצופין, הנקראים אריך אפין כתר, ואבא חכמה, ואימא בינה, וז"א שש קצוות חסד גבורה תפארת נצח הוד יסוד, ונוקבא דז"א מלכות. ולפי שבתחילה היו רשב"י וחביריו עוסקים במה **שהיה קודם התיקון, הנקרא קיומא דחד סמכא**, לסיבה הנזכרת, לכן אמר להם שעד אימתי יתעסקו בבחינה ההיא לבדה, ושיתעסקו מכאן ואילך באדרא הזאת בבחינה השנית, **והוא במה היה אחר התיקון, שהוא התפשטות העשר ספירות בסוד חמשה פרצופים** הנזכרים, ואף על פי שבאדרא הזאת לא ביאר רק רק שלשתן, והם אריך אנפין וז"א ונוקביה, הנה באדרא זוטא ביאר גם כן שני פרצופי אבא ואימא, ושם נבאר טעם הדבר, ועיין שם.
74

תרשים ג — ד.
75

תרשים ג — ה.
76

ע"ח ש"י פ"ד דמ"ת מ"ת ע"ב — אחר כך יצא שם מ"ה מהמצח דא"ק, והוא סוד טעמים, ונקודות הראשונות מס"ג נקרא עתה ב"ן, ונתחברו עתה מ"ה וב"ן, ומהם נתקנו כל הנקודות שהם המלכים שמתו ושאר המלכים שלא מתו, שבין כולם נקרא אצילות, **ועתה אחר התיקון נקרא ברודים**, והוא שבא אחר הנקודים.
77

כרם שלמה ש"ח פ"ג אות ב' — ומה שקשה בכאן על חג"ת נה"י דנקודים, איך מסדרם כאן הרב ז"ל בסדר קוין, והלא לא היו כי אם זה מזה למטה כנודע בהלכות השבירה. כבר נתעורר בזה הרב **יפה שעה** ז"ל וכתב - לדוגמה בעלמא נקטה, אבל עיקר הקוין הוא בההב"ד.
78

שער ההקדמות, דרוש ה' בעולם הנקודים די"ט ע"ג — וכבר נתבאר סדר התפשטות של ז"א בא"א, שהוא כי הכתר מלביש חצי תחתון דתפארת שבו, מטבורו ולמטה עד סיום הגוף. וחב"ד מלבישים ג' פירקין ראשונים דנה"י של אריך, וחג"ת לג' אמצעיים, ונה"י לג' פירקין תתאין. **וכן הענין עצמו אל הנקודים המלבישים את א"ק מטבורו ולמטה.**
79

מבוא שערים ש"ב ח"א פ"ה ד"ד ע"א — והנה נתבאר בפרק ג' כי העשרה נקודות התחילו מן הטיבור דא"ק עד למטה. ואמנם סדר התחלקם הוא על דרך שביארנו בש"ה ח"ב פ"ב, היאך ז"א מלביש את הא"א, וכן הענין כאן. כי כתר הנקודים מלביש את חצי התפארת של א"ק, שהוא חצי הגוף מהטיבור ולמטה. וחב"ד דנקודות מלבישים ג' פרקים ראשונות דנה"י דא"ק. וחג"ת דנקודות מלבישים ג' פרקים שנים דא"ק דנה"י שלו. וכן על דרך זה כנזכר בז"א. אך יש הפרש אחד ביניהם, כי הז"א המלביש את א"א, הוא מכל סביבותיו בהשואה אחת, אכן אלו הנקודים עיקר מקומם בצד פנים דא"ק כנגד העינים שמשם הם נמשכים, הארתם מתפשטת גם אל האחור והצדדין, בין מבחינת האורות בין מבחינת הכלים של הנקודים, אך עיקר ההארה ומקומו העיקרי הוא בצד פנים, על דרך שביארנו באורות אח"פ.
80

המלכים בז"א מוחין מנה"י דאימא המתפשטים תוך גופו, וידוע כי הנה"י דאימא העומדים בתלת קוין, ומתלבשים[81] תוך פרצוף ז"א בסוד המוחין, וכן חוזר הרב ז"ל **ומדגיש** זאת בשער[82] ל"ד פ"ב כי נה"י דאימא מתפשטים תוך גופא דז"א בסוד המוחין קודם התיקון **על דרך שאר הזמנים**, ר"ל כמו אחרי התיקון. **ועוד** יש ראיה בדברי הרב ז"ל בשער[83] כ"ג פ"ח שו"ק דנקודים עמדו בתלת קוין, והוא כי מבואר שם שהו"ק דנקודים נעשו עשר ספירות בסוד[84] עליית פרקין, ואין[85] עליית פרקין אלא בתלת קוין. והוא כי פרצוף ז"א הוא בעל שש ספירות פרטיות הנגדל על ידי הנה"י דתבונה

━━━━━━━━━━

ע"ח שי"א פ"ט דנ"ה ע"ג – ז"א היה בו תחלה בימי המלכים ו'"ק, **ובתוכם מוחין דנפש דנה"י דאימא, החיצונות כשנולד קודם התיקון**, ואחר כך נשברו ונפרדו, והאורות דנה"י עלו למעלה, וו"ק הכלים ירדו למטה בבריאה.
81

תרשים ג – ו.
82

ע"ח ח"ב של"ד פ"ד כלל ט' דמ"ו ע"ג – וזה סוד וכל בשליש עפר הארץ, שהוא הכלי של המלכות הנקרא עפר הארץ, מדדו המאציל כשיעור העטרה, שהוא שליש היסוד. ופסוק זה **נאמר בין בבחינה הראשונה של המלכות הנקרא ארץ**, בזמן **המלכים שמלכו בארץ אדום, שהיתה היא עצמה עטרה כנזכר לעיל, ובין בזמן** התיקון **שנפרדה המלכות פרצוף בפני עצמה** כמו שכתוב, אז נשארה העטרה דבוקה שם ביסוד, ועליה נאמר וכל בשליש עפר הארץ. והנה הסבה שמתחלה יצאה המלכות תחת היסוד בבחינת עטרה ולא במקום אחר, וגם למה היתה דבוקה שם, הטעם הוא כי נודע **כי לעולם אפילו קודם התיקון נה"י דאימא היו נכנסין תוך גופא דז"א, על דרך שאר הזמנים**. והנה נצח הוד הם סתומים, אך היסוד הוא פתוח תוך ז"א, **והוא בקו האמצעי**, ויוצאין אז האורות דרך היסוד, ומתקנים שם את המלכות. על כן יש לה שורש שם בסוד העטרה, **וזכור טעם זה לכל הזמנים**, ולכל המדרגות, שלעולם אין דיבוקה והתחלת יציאתה **אלא בקו האמצעי**, נגד היסוד, או נגד התפארת, או נגד הדעת וכיוצא, וכמו שנבאר בע"ה.
83

ע"ח ח"ב שכ"ג פ"ח מ"ק דק"ט ע"א – אך מן המוחין דז"א שהם חו"ב דז"א, משם מתחיל שם אלהי"ם, שהוא חיצונית דז"א עצמו, וזה סוד במחשבה אתברירו ש"ך ניצוצין, כי משם ולהלאה מתחילין האלהי"ם שהם החיצוניות. וזה האלהי"ם שהוא החיצוניות, **הוא עצמו שם ב"ן, אשר הוא סוד שבעה מלכים שמתו**, כמו שכתוב – ויבאו בנ"י האלהי"ם, לכן תמצא כיון שהם שבעה מלכים לבד יש בהם רפ"ח ניצוצין, שהם ע"ב ס"ג מ"ה ב"ן לסבה הנ"ל, **כי הו"ק (נ"א כשהו"ק) נעשו עשר ספירות גמורות דחיצוניות**, ומתחילין מחכמה שהוא ע"ב, ולא מן הכתר הנזכר לעיל, לכן גם כן תבין למה מן הכתר אין הכתר נמנה בכלל העשר ספירות. אך החכמה נקרא ראשית, **כי משם ראשית חיצוניות ז"א, שהוא בחינת שבעה מלכים דב"ן**, אך הפנימיות והכתר הוא מ"ה עצמו דז"א החדש שלאחר התיקון, לכן בבחינת החיצוניות נחשב כתר דז"א מאימא, ובבחינת הפנימיות נחשב מכלל הז"א.
84

תרשים ג – ז.
85

ע"ח שכ"ג פ"א מ"ת דק"ו ע"א – והענין כי הנה נתבאר לעיל כי בעת לידתו עלו אלו האורות של הכלים של נה"י דתבונה, למעלה בחצי תחתון של התפארת שלה, ונתרוקנו אלו הכלים מן האורות שלהם עצמן, ולא נשאר בהם שום חיות כלל, ועיקר בסוד אין התורה מתקיימת אלא במי שממית עצמו עליה. ואז בהיותן כלים ריקים נכנסו לתוכן המוחין דז"א, שהם מן החכמה שבו עד למטה, שהם תשעה ספירות, ונתלבשו בתשעה פרקין שיש בנה"י של התבונה. ואחר כך נתלבשו כולם תוך ז"א, מחכמה שבו ולמטה, כמו שנבאר בע"ה. ונמצא כי הכלים והגוף של אלו המוחין הם בחינה אחת, שהם הכלים וגופניות התבונה עצמה, אבל האורות הרוחניות והנשמה שבהם הם המוחין של הז"א עצמו, אמנם לפי שכבר נסתלקו אורות שלהם ונכנסו אורות הז"א במקומם, לכן אלו הנה"י מתחלפין מטבעם הראשון, ונהפכים להיות עצם מעצמו ובשר מבשרו של הז"א עצמו, וכגוף עצמו דמיין ממש, ואינן נקראין אלא בשם גופא דז"א ממש. ובזה תבין מה שמבואר בדרוש גדלות דז"א, איך הוא שמן ו"ק שיש בו בלבד כנודע, שכל עצמותו אינו רק ו"ק, איך הגדיל אחר כך ונעשה בן עשר ספירות גמורות. ושם ביארנו כי הנה הענין היה שהיה בו שש ספירות הנקרא ו"ק, ונכנס בו עוד ג'

33

ספירות שהם נה"י דתבונה, ומתחברין יחד ונעשין תשע ספירות גמורות באופן זה, כי כל פרק עליון דנצח תבונה, מתערב ומתחבר עם ב' פרקי עליונים דכלי החסד דז"א, ונעשין חכמה שבו. ופרק ב' דכלי נצח דתבונה מתערב עם פרק התחתון דחסד, ופרק עליון דכלי דנצח דז"א, ונעשין חסד דז"א. ופרק ג' דכלי נצח דתבונה מתערב עם ב' פרקי תחתונים דנצח ז"א, ונעשים נצח דז"א. ועל דרך זה בקו שמאלי. ועל דרך זה בקו אמצעי, כמבואר אצלינו במקומו. נמצא כי הנה"י עצמן דתבונה מתערבים עם הכלים וגופא של ז"א, והכל נעשה כלי וגוף אחד, בהשוואה אחת, וכגוף דז"א הוי ממש. ולכן נקרא בחינה זו בחינת הגדלה ממש של הז"א עצמו, כי להיותן כלים ריקנים ונכנסו אורות דמוחין דז"א לתוכן, נעשו כגוף דז"א ממש.

ע"ח שכ"ג פ"ו מ"ק דק"ח ע"א – ז"א היה תחלה ו"ק, ואחר כך נגמר לעשר ספירות גמורות באופן זה, שהנה קו ימין הוא חסד ונצח, ובהם שש פרקין, ואז תרין פרקין עלאין דחסד מתחברים עם פרק עליון דנצח דאמא, והרי חכמה שלו מג' פרקין, מדה גמורה. וכן בקו שמאל עלאין ב' פרקין עלאין דגבורה, מתחברין עם פרק עליון דהוד דאמא. וכן על דרך זה בקו אמצעי. שכיון שתבונה ממיתה עצמה עליו, שאז מסתלקין פנימית נה"י שלה, וחיצוניות שלה לבד נכנס בו, ובתוכם המוחין דז"א, לכן הם נעשין חלק מאיברי ז"א ממש ומגופו, ומגדיל ז"א על ידי נה"י דתבונה. ואמנם כשלא נכנסו עדיין רק ו"ק דגדלות, מתחיל לגדל אך לא נשלם ראש דגדלות שבו, ועדיין חג"ת שלו נקרא רישא דיליה, ואם כן בהכרח שבזה הראש מחג"ת דיליה יהיה ניכר גדלותו. והוא דע שבתחלה מתחיל לגדל החלקים העליונים, ואחר כך התחתונים, שהרי בהכנסת המוחין, התחתונים נכנסים תחלה, אך בגדלות ז"א עצמו העליונים נגדלין תחלה, וזה ברור. נמצא שתחלה נגדל החסד וגבורה, ואחר כך התפארת, וכן נצח הוד, וכן היסוד. ונחזור לענין ו"ק דגדלות, שהנה הד' פרקין העליונים דקו ימין, שהם ג' פרקי החסד ופרק עליון של הנצח, הם מתחברים עתה יחד ונעשין חסד דז"א, ושם יש בחינת החכמה שלו, שהרי הב' פרקין עליונים מאלו הד' הם חלקו. אחר כך כשנשלמו ג"ר דגדלות לכנוס כנזכר לעיל. ונמצא ששם החכמה בכח כלולה בחסד, אך לא תהיה לגמרי עד שיכנוס החכמה של ג"ר דגדלות, ואז יתחלקו אותן ד' פרקין לב' בחינות, חצים לחכמה, וחצים לחסד, כנזכר לעיל. אך עתה הם שם יחד בחסד, והרי שהחסד מועיל עתה במקום מוח ממש בחכמה, ונשארו ב' פרקי התחתונים דנצח לנצח דז"א. וכן על דרך זה בג' קוין. והרי איך החג"ת שלו עומדין שם בכח של חב"ד, וחג"ת נקרא עתה רישא דיליה כנזכר לעיל, ויש שם רושם הגדלת רישא דיליה בכללות, אף על פי שאינם בפרטות שכבר הם עתה מוכנים לכשיכנסו ג"ר דגדלות, יתחלקו ב' פרקין עלאין בכל קו אחד מהם לעשות חב"ד, אך עתה חב"ד שלו כלילין בחג"ת, ומעורבים שם. ואחר כך שנחלקו על דרך הנזכר לעיל, הנה נכנסים ו"ק דגדלות תחלה ג' תחתונות נה"י שבהם בחב"ד דז"א, אשר עדיין כלילין בחג"ת דיליה. ואחר כך נכנסים ג' אמצעית בג"ר דז"א חב"ד, ונדחין נה"י דמוחין בחג"ת דז"א, והרי נשלם עתה בחינת ו"ק דגדלות. ואמנם אחר שיכנסו גם ג"ר דגדלות, אז נדחין ג' אמצעים דמוחין בג' אמצעים דז"א, ונדחין ג' תחתונות דמוחין בג' תחתונות דז"א, ונשלם לעשר ספירות.

ע"ח שער הכללים פ"ד ד"ז ע"ג – הנה המוחין דז"א נעשין מנה"י אימא, וכך סדר הבנין, כי הלא כל מדה יש בו ג' פרקין, ויורד פרק תחתון דנצח אמא, במקום שעתיד להיות חכמה דז"א, ועולין שם ב' פרקים דחסד ז"א, ונעשים חכמה מג' פרקים. ואחר כך יורד פרק אמצעי דנצח אמא, במקום חכמה דז"א, ונדחה משם פרק תחתון, ונשאר פרק אמצעי בחכמה דז"א, ופרק תחתון יורד בחסד ז"א, ועולה שם פרק עליון דנצח ז"א, ונעשה חסד של ג' פרקים. אחר כך יורד פרק עליון דנצח אמא במקום חכמה דז"א, ופרק שני דנצח שהוא בחכמה נדחה משם, ויורד בחסד שלו, ונדחה משם פרק תחתון, ופרק זה התחתון יורד בנצח ז"א, ונעשה נצח ז"א מג' פרקים. והנה ההוד הוא קו שמאל, ונעשה בינה שלו מהוד אמא, ויורד פרק תחתון דהוד אמא במקום בינה דז"א, ועולין שם ב' פרקים דגבורה דז"א. אחר כך יורד פרק אמצעי דהוד אמא במקום בינה דז"א, במקום אותו פרק תחתון דהוד דהוד אמא, ויורד פרק תחתון בגבורה, ועולה שם פרק עליון דהוד ז"א, ונעשה גבורה שלו מג' פרקים. אחר כך יורד פרק עליון דהוד אמא במקום בינה דז"א, ונדחה משם פרק אמצעי, ונשאר פרק עליון בבינה שלו, ופרק אמצעי יורד בגבורה שלו, ונדחה משם פרק תחתון בהוד [ס"א ההוד דאמא בהוד דז"א], ונעשה הוד שלו מג' פרקים. והנה היסוד הוא קו אמצעי, ויורד פרק תחתון דיסוד אמא בדעת ז"א, ועולין שם ב' פרקים דתפארת שלו, ונעשה דעת שלו מג' פרקים. אחר כך יורד פרק עליון דיסוד אמא משם פרק שני, ונדחה משם פרק שני, ונשאר פרק עליון בדעת, ופרק שני יורד בתפארת דז"א בשליש עליון. אמנם נגד היסוד דז"א אין בו לבוש מצד אמא בפרטות, והטעם כי גם מוחין אי לו, כי חמשה

לפרצוף בעל תשעה ספרות שלמות בדרך זאת, החסד דז"א בפרטות נחלק לג' פרקין, וכן כל שש הקצות דז"א, כך שיש בפרטות לז"א ח"י פרקין, והוא צריך לגדול לכ"ז פרקין. ולכן ב' פרקין עילאין דחסד עולים למקום החכמה דז"א, ומתלבש בהם פרק עליון דנצח דתבונה, וכך נעשה פרק החכמה דז"א. וכן ב' פרקין עילאין דגבורה עולים למקום הבינה דז"א, ומתלבש בתוכם פרק עליון דהוד דתבונה, וכך נעשית הבינה דז"א. וב' פרקין עילאין דתפארת דז"א למקום הדעת דז"א, ומתלבש בהם פרק עליון דיסוד דתבונה, וכך נעשה דעת דז"א. כך שלז"א יש את בחינת החב"ד. ובדרך זו נעשה החג"ת דז"א, כאשר פרק עליון דנצח דז"א עולה למקום חסד דז"א, ומתחבר לפרק תחתון דחסד דז"א, ובתוכם מתלבש פרק אמצעי דנצח דתבונה, ונעשה חסד דז"א. וכן פרק עליון דהוד דז"א עולה למקום הגבורה דז"א, ומתחבר עם פרק תחתון דגבורה דז"א, ובתוכם מתלבש פרק אמצעי דהוד דתבונה, ונעשה גבורה דז"א. וכן פרק עליון דיסוד דז"א עולה למקום התפארת דז"א ומתחבר בפרק תחתון דתפארת דז"א, ובתוכם מתלבש פרק אמצעי דיסוד דתבונה, ונעשה תפארת דז"א. וכן על דרך זה נעשים הנה"י דז"א, כאשר פרק תחתון דנצח דתבונה מתלבש בב' פרקין תתאין דנצח דז"א, ונעשה נצח דז"א. וכן בב' פרקין תתאין דהוד דז"א מתלבש פרק תחתון דהוד דתבונה, ונעשה הוד דז"א. ופרק תחתון דיסוד דתבונה מתלבש תוך ב' פרקין תתאין דיסוד דז"א, ונעשה יסוד דז"א. כך שהפרצוף ז"א גדל משש ספרירות לפרצוף בין תשע ספרירות. **לפי זה מוכח כי גם לפני נתינת מוחין לז"א, הספרירות דז"א היו עומדים בג' קוין.** ומכח כל **פְּרָקִיּוֹת** האלו חייבים לומר כי גם עולם הנקודים עומד בג' קוין, וכן[86] כתב הרב ז"ל - **כי נודע כי לעולם אפילו קודם התיקון דנה"י דאימא היו נכנסין תוך גופא דז"א, על דרך שאר הזמנים.** אפילו שלפי פשט הדברים הוא לא כך, וכל הלומד מספרי הרב ז"ל ובזוהר הקדוש מבין כי בפשטות עולם הנקודים עומד בחד סמכא. **ועוד** רבינו הרש"ש לא מזכיר בשום מקום את הבחינה של "חד סמכא", ולא זאת בלבד, אלא מבאר[87] מרן הרש"ש כי האורות דנקודים **הלבישו לתנה"י דא"ק.** **זאת ועוד** הרב באתי לגני ז"ל כותב[88] **שהשבעה מלכים לעולם עמידתם דרך קיום, אמנם הארתם זה**

חסדים נתפשטו עד ההוד דז"א, וזה סוד אמא עלאה עד הוד אתפשטת, אך עם כל זה מהארת התפשטות חמשה חסדים מתקבץ הארתם ביסוד, ונקרא כל, וכמו שקבל הארץ החסדים, כך מתפשטים הארת הלבוש שלהם מנה"י דאמא, ומכח יסוד דאמא אשר בו גנוזים החסדים (כן) ברישא דז"א, יורד משם ומעטרה שלו, מאיר עד היסוד אשר בו. ונחזור לענין כי על דרך שביארנו שנתפשטו ג' פרקין דנצח דאימא בקו ימין דז"א, וכן ג' פרקין הוד בקו שמאל דז"א, גם כן נתפשט יסוד דאמא בקו אמצעי באופן זה, כי מפרק עליון דיסוד אימא נתחבר עם שני פרקים עליונים דתפארת דזעיר אנפין, ונעשה מהם דעת דז"א מג' פרקים. וכן פרק שני דיסוד אימא נתחבר עם פרק תחתון הנשאר מתפארת ז"א, ועלה שם פרק עליון דיסוד ז"א, ונעשה תפארת דז"א מג' פרקים. ואמנם יסוד דז"א נשארו בו ב' פרקים לבד, כי יסוד אמא הוא יסוד נוקבא קצר, ואין בו רק ב' שלישים, ושליש אחד יורד לדעת ז"א, ואחד לתפארת דז"א, ונמצא שאין מה ליתן ליסוד דז"א מחלק אמא כלל, ונשאר בבחינת ב' שלישים לבד. מה שאין כן בכל שאר הספרירות שיש ג' שלישים בכל אחד מהם, על ידי שלוקחתם מאמא. וזה סוד ויהי יוסף יפה תואר ויפה מראה, ראשי תבות יתו"ם, כי נשאר יתום מאמא שהיא בינה, כי שאר הספרירות אמא עומדת עמהם, מה שאין כן ביסוד. והנה סדר התפשטות הנ"ל הוא כך, כי תחלה נתקן חכמה דז"א על ידי פרק עליון דנצח אמא, ואחר כך בינה על דרך זה, ואחר כך דעת, ואחר כך חסד, ואחר כך גבורה, ואחר כך תפארת, ואחר כך נצח והוד, ואחר כך יסוד, ואז נשלם הגדלת דז"א על דרך הנזכר לעיל.

86

ע"ח ח"ב של"ד פ"ד כלל ט' מ"ב דמ"ו ע"ד – הטעם הוא, כי נודע כי לעולם אפילו קודם התיקון דנה"י דאימא היו נכנסין תוך גופא דז"א, על דרך שאר הזמנים.

87

רחובות הנהר ד"ב ע"ב – וכל ספירה מאותם העשר ספירות דכל פרצוף, יצא מעינים דא"ק, וירדו דרך אח"פ, וקבלו הארתם, וירדו **והלבישו לתנה"י דא"ק.**

רחובות הנהר ד"ב ע"ג – ונמצא כי מוכרח הוא כי כל פרצופי אבי"ע שהיה בהם מקרה המלכים, מלבישים זה את זה בשוה, מטיבורא דא"ק עד סוף העשיה, כי כל ספירה מעשר ספירות דכל פרצוף דפרצופי אבי"ע, יצא מעינים דא"ק, ועברו דרך אח"פ, והכתר שבה קיבל אור האזן, וחו"ב שבהם קבלו הארתה לבד, ושבעה תחתונות לא קבלו אפילו הארתה, וירדו **והלבישו את תנה"י דא"ק** כנזכר לעיל, עד סוף העשיה, כל זה בכל ספירה מעשר ספירות דכל פרצופי אבי"ע, ודי למבין.

88

באתי לגני ח"ב שי"ט פ"א דקכ"ב ע"ב – ואמרתי לרשום לעניות דעתי ברשות קובה'ו אם אפשר לומר, **שהשבעה מלכים לעולם עמידתם דרך קיום,** אמנם הארתם זה בזה לא היתה דרך קיום, אלא מחסד לגבורה

בזה לא היתה דרך קיום, אלא מחסד לגבורה וכיוצא. לכן כל ענין חד בחינת חד סמכא הוא בחינת משל בעלמא, אבל המציאות היא כמו שכל פרצוף ופרצוף עומד בג' קוין כך גם הוא עולם הנקודים, מפני שהשורש לכולם הוא קו[89] הא"ס שהתפשט בג' קוין. **ועוד,** יש שינוי בין עולם הנקודים שלפני התיקון, לעולם הברודים אחרי התיקון, והוא כי עולם הנקודים נקרא[90] **רשות הרבים,** ר"ל הספירות דנקודים עמדו כל אחת בפני עצמה, ולא היה ביניהם חיבור, קשר, אהבה וחיבה. ובזמן התיקון[91] שהוא עולם הברודים, הנקרא עולם האצילות, נקשרו והתחברו הספירות אחת לשניה, ונעשו

וכיוצא. [כמו שמיצינו גם עתה אחר התיקון כעין זה, בהתפשטות החמשה חסדים כפי הסכמת מהרח"ו ז"ל כנזכר במקומו. ובאמת צריך להבין טעם לסדר התפשטות החסדים שאינו בדרך קוים, ואפשר לומר שמכוין בתחילת תיקונם בעתיק יומין האירו זה בזה בדרך קוים ונתקשרו ונתחברו בקשר אמיץ, תו לית לן בה אם אחר כך ילכו האורות מחסד לגבורה וכיוצא, שוב ראיתי להאש"ל זלה"ה אות ד' שנכנס בזה, עיין שם]. ומפני זה נקראו שהם חד סמכא, ולא היו מקושרים ומחוברים זה בזה, וכיוצא באלו הלשונות (עיין אש"ל דט"ו ואפילו שהוא תפש כפשט המובן). ואם אפשר לומר כן, נראה שיובן קצת ענין התלבשות נה"י דאימא בשבעה מלכים קודם התיקון. גם ענין היותם שבע ונחלקים לעשר בחינות, כל ב' פרקין לספירה אחת, וכנזכר במקום אחר. ועיין שמן ששון פרק ב' דשער י"ח אות ד'. וכן אפשר שיובן התלבשות הנקודים לתנה"י דא"ק כמו שכתוב בפרק ג' דנקודים. **והוא רחום יכפר כגודל חסדיו,** כי בדרך אפשר אני אומר כן.

89

ע"ח ש"א ענף ב' מ"ב די"ב ע"א – ועתה נבאר בחינה השניה שיש בעשר ספירות, הלא הוא בחינת אור היושר, כדמיון ג' קוים כצורת אדם העליון. והנה דרך הקו הנזכר לעיל המתפשט מלמעלה למטה, אשר ממנו מתפשטים העיגולים הנ"ל, **גם הקו ההוא מתפשט ביושר מלמעלה למטה,** מראש גג העליון של עיגול העליון מכולם, עד למטה מתחתית סיום כל העיגולים ממש מלמעלה למטה, כלול מעשר ספירות בסוד צלם אדם ישר, בעל קומה זקופה, כלול מרמ"ח אברים, **מצטיירים בציור ג' קוים, ימין ושמאל ואמצע, כלול מעשר ספירות בכללות,** וכל ספירה וספירה מהם נפרטת לעשר ספירות עד אין קץ, על דרך הנזכר לעיל בענין העשר ספירות שהם בדרך העיגולים. והנה בחינה זאת השניה נקרא צלם אלהי"ם, ועליה רמז הכתוב באומרו – ויברא אלהי"ם את האדם בצלמו בצלם אלהי"ם, וכמעט כל ספר הזוהר והתיקונים רוב דבריהם כולם מתעסקים בבחינה שניה הזאת בלבד, כמו שנבאר היטב במקום אחר.

90

ע"ח שי"א פ"ה מ"ת דנ"ב ע"ג – עוד שינוי אחר היה בהם אשר בו יתבאר מלת בלתי תיקון מה ענינו, והוא כי ג' נקודות הראשונים מלבד מה שיצאו, כל אחת מהם כלולה מעשר, עוד זאת היתה בהם שהיו עשר שבו **מחוברות יחד ולא נפרדות זו מזו,** אמנם שש נקודות דז"א מלבד היותן ששה חלקי נקודה אחת, וחסרו מהם הג"ר שבהם, **עוד שינוי אחר בהם שהיו נפרדות זה מזה ולא מחוברות,** באופן ששני שינוים נמצאו בשבעה תחתונות מן הג"ר, שהם א"א או"א. וזה סדרן בתחלה כאשר היה בלתי תיקון כי אלו העשר נקודות כאשר יצאו בראשונה, היו כל העשר דומין כאלו ביחד היו פרצוף אחד לבדו, ולא שהיה ממש כך בציור אלא בדמיון. פירוש, כי הנקודה העליונה היתה אז בחינת כתר, והשנים הם השניה והשלישית היו בחינת חו"ב, והששה היו בבחינת גוף, בעל שש קצוות, אמנם לא היו ממש מצויירות כמו שהוא עתה אחר התיקון. אמנם בנקודה ראשונה כללות עשר בחינות היו בה, אלא שהיתה קטנה, וגם כי לא היו העשר שלה (נ"א לא היה שלם) בסוד פרצוף ממש, רק בסוד כללות, פירוש כי אז היתה בסוד ג' בחינות שהם עתיק, וא"א, וחכמה שבו, שהם ג' רישין הנ"ל, ואלו הג' בחינות היו מתפשטין בבחינת קוין בתוך תשעה נקודות האחרות, כמו שהוא עתה, והם היו לבושין אליו, ומלבישין אותו. **גם העשר נקודות שבה היו קשורים כולם זה בזה בסוד קוין, מתפשטין זו בזו,** ופירוש ענין הקוין האלו נתבאר למעלה. וכן על דרך זה גם ב' הנקודות של חו"ב היה כך, שכל אחת היתה כלולה מעשר, וכולן קשורין זו בזו דרך קוין. **אבל אלו השש חלקים נקודות של ז"א, יצאו נפרדות זו מזו, שלא כדרך קוין, רק זו על גבי זו נפרדות ולא מקושרות יחד,** ואז היו נקראים אלו השה **רשות הרבים.** כי לא היה בהם יחוד והתקשרות ואחדות, רק כדמיון אנשים נפרדין איש לדרכו פנה, ולא היה ביניהם אהבה וחבה, ולכן לא יוכלו לסבול אלו הכלים שלהם בחינת האורות ומתו, כמו שכתוב - חבור עצבים אפרים הנח לו, כי החבור גורם קיום והעמדה, ומשל הדיוט אומר אם תקח עשרה קנים כל אחת לבדו ישתברו, ואם תקח ג' לבד ביחד יתקיימו, ולא ישתברו.

91

36

נשמה אחת לשניה, והלבישו זה את זה, ועל ידי זה הנבראים יכלו לקבל האורות שלהם, כי הכלים גדלו, ויכלו לקבל את האורות שלהם, ופרצוף ז"א נקרא[92] עתה **רשות היחיד**, וזה ההבדל בן הנקודים לברודים, בנקודים לא היה קשר וחיבור בין הספירות, ובחינה זאת נקראת חד סמכא, ר"ל עולם שלא החזיק מעמד[93] משל לעומד על רגל אחת, ועולם התיקון שהוא עולם הברודים, שנתקן[94] ועומד במקום החורבן של עולם הנקודים, התחברו הספירות בקשר חזק ואמיץ, מה שגרם להם להחזיק מעמד, ואת האפשרות לקבל שפע ואורות גדולים. עם כל זאת, זאת מחלוקת בין רבותינו המקובלים בהבנת דברי הרב ז"ל והזוהר הקדוש בסוגית "חד סמכא", ומי אנחנו להיכנס בין הרים הענקים, והשם יאיר עיני כל ישראל בתורתו הקדושה. וכאן מבואר פשט דברי הרב ז"ל, **וְהִנֵּה**[95] [96]**הַכֶּתֶר בֶּן** ר"ל של **הַנְּקוּדוֹת**

ע"ח ש"י פ"ג מ"ת דמ"ח ע"ג – והנה מציאת מקום התפשטות כל אלו פרצופי הזכרים והנקבות, הנעשין מהתחברות מ"ה וב"ן כנזכר לעיל, הנה מקומם במקום שהיו תחלה הנקודות שיצאו דרך נקבי העינים, והוא מטבורא דא"ק עד סוף רגליו. ואור המצח הנקרא שם מ"ה, אף על פי שיצא מלמעלה מן המצח, הנה מתפשט משם ולמטה, ומתחיל מציאותו מן הטבור עד סוף סיום רגליו כנזכר לעיל. **אבל מה שנשתנה עתה מבראשונה בעת יציאת נקודות העינים הוא זה**, כי אז היתה נקודת הכתר במקומה לבד בפני עצמה, ואחריה נקודת החכמה לבדה בפני עצמה, וכן על דרך זה היו כל העשר ספירות. אבל עתה נתוסף תיקון גדול, והוא כי נקודת הכתר נמשכה ונתפשטה ממקומה עד למטה, קרוב אל סיום רגלי א"ק, כמו שנבאר בע"ה, וזה ההתפשטות הוא כל שיעור הנקרא בשם עולם אצילות, ונקודה זו היא נקראת נוקבא (נ"א נקודת) דעתיק יומין, וכן על דרך זה עתיק יומין דדבורא, הנעשה מטעמים דמ"ה כנזכר לעיל, גם הוא מתפשט לשיעור הנזכר לעיל. וכן עשו כל השאר, א"א ונוקבא, ואו"א, וזו"ן, **והלבישו זה את זה**, עד בחינת זו"ן, באופן שכל רגלי הפרצופים דאצילות, בין דעתיק, בין דא"א, בין דאו"א, בין דזו"ן, כולן שוין בסיומם, והם מסתיימים יחד מעט למעלה מסיום רגלי א"ק, ושם הוא סיום האצילות כולו, ועל ידי כך נעשה **נשמה זה לזה, וזה מלביש לזה**. וגם כי על ידי זה יוכלו הנבראים לקבל אורות העליונים, שהם עתה מכוסים ומתלבשים זה תוך זה, וגם כי הכלים שלהם הגדילו על ידי שנתפשטו עד למטה, ובזה יש בהם כח לקבל האורות שלהם, בהיותן כלים גדולים.
92

ע"ח ח"ב שכ"ח פ"א מ"ת די"ח ע"ב – והנה עתה בא עת וזמן תיקון שבעה תחתונות שבאצילות, אשר מהם נעשה זו"ן אחר התיקון. הנה רצה המאציל העליון לתקנם, כי בתחלה היה כל אחת מהם מובדלת מחברתה הבדל גמור, והיה **נקרא רשות הרבים** כמבואר היטב, עיין שם איך לא יכלו זו לא יכלו הכלים האלו לקבל האורות שבתוכם, ונשברו ומתו, לכן רצה המאציל העליון לתקנם, ואי אפשר להתתקן אלא אם כן **יתחברו יחד כל השׁשה קצות זו בזו, בסוד פרצוף אחת, מקושרים זה בזה**, כנזכר שם בביאור הפרצוף המקושר דרך קוין מה ענינו, ועל ידי זה יחזור להיות **רשות היחיד**, שהוא פרצוף אחד כלול הנקרא ז"א.
93

גמרא שבת דק"ד ע"א – שי"ן שקר, תי"ו אמת, **מאי טעמא שקר מקרבן מיליה** מדוע אותיותיה של המלה שקר קרובות זו לזו, ואילו המלה **אמת מרחקא מיליה** אותיותיה מרוחקות, מפני **שיקרא שכיח** השקר שכיח ומצוי, **קושטא לא שכיח** והאמת אינה מצויה, **ומאי טעמא שיקרא אחדא כרעיה קאי** מדוע האותיות של המלה שקר עמדות על רגל אחת, ואותיות **אמת מלבן לבוניה** שוכבות כמו לבני, **קושטא קאי** מפני שהאמת עומדת, **שיקרא לא קאי** והשקר לא עומד.
94

גמרא חגיגה דט"ז ע"א – רבי יוחנן ורבי אלעזר דאמרי תרוייהו, משל למלך בשר ודם שאמר לעבדיו **בנו לי פלטירין גדולין על האשפה**, הלכו ובנו לו, אין רצונו של מלך להזכיר שם אשפה.
95

כרם שלמה ש"ח פ"ג אות ב' – וסדר התלבשותם הוא כמו שביאר אחר כך, דהיינו הכתר דנקודים מלביש לחצי התחתון דתפארת דא"ק, וחב"ד הם בג' פרקין קדמאין דנה"י שלו, וכו'. והוא מעט כסדר זו"ן שמלבישים לא"א. וזה שכתב **כסדר זו"ן המלביש לא"א**, והטעם הוא כי הא"ק נחשב בערך הנקודים לא"א דילהון, וכמו הא"א לגבי הז"א, ולכן כתב **הרש"ש** במקום אחר בהקדמה, כי סתם **א"א** המוזכר בדברי הרב ז"ל הוא בחינת **א"ק**, עיין שם. ולכן ההלבשה שלהם שוה.
96

מקומו[97] הוא מן הטבור דא"ק עד סיום **הגוף** הנקרא[98] תפארת, כך שהכתר דנקודים עומד כנגד השליש התחתון דתפארת דא"ק, כמו[99] שפרצוף ז"א מלביש לא"א, **וכן**[100] **זו**ב**"ד**[101] דנקודים [דל"ז ע"א 73] **הם** עומדים ומלבישים **בג' פרקין קדמאין דנה"י דא"ק**, החכמה דנקודים מלבישים את הפרק העליון דנצח דא"ק, הבינה דנקודים מלביש את הפרק עליון דהוד דא"ק, והדעת דנקודים מלביש את הפרק עליון דיסוד דא"ק, **וחג"ת**[102] דנקודים עומדים ומלבישים **בג' פרקין אמצעין** דא"ק, החסד דנקודים מלביש את הפרק אמצעי

יפה שעה (ב) – והנה כתר מקומו הוא מן הטיבור, עד סיום הגוף. וחב"ד דנקודים, הם בתלת פרקין קדמאין דנה"י דא"ק. וחג"ת, בג' פרקין תתאין. ונה"י, בג' פרקין אמצעים. על דרך הנזכר בז"א, המלביש את א"א כנזכר במקומו כו'. מה שכתב רז"ל על דרך הנזכר בז"א המלביש את א"א, לדמיון בעלמא נקטיה, שהרי חב"ד דנקודים שמלבישין תלת פרקין קדמאין דנה"י דא"ק ניחא, כי נודע שחב"ד דנקודים מתחלה כעין סגולתא, כתר למעלה קו אמצעי. חכמה למטה קו ימין. בינה קו שמאל. אלא ז' תחתונים נודע שהיתה יציאתם זה תחת זה, ואיך ילבישו פרקין אמצעים ותתאין דא"ק, שהם עומדין דרך קוין, אלא ודאי לדמיון בעלמא נקטיה. אמנם הא קצת טובא, שהרי פרקין תתאין דנה"י דא"ק, מגיעים ונכנסים בגבול העשיה, כמו שכתב רז"ל בשער סדר האצילות, הרי אם ירצה המעיין להעמיק בדברינו אלה. יסתכל היות האין סוף ב"ה פנימי לכל העולמות, ורגלי קומת א"ק המלביש לאין סוף ב"ה, מבריח עד סיום כל ארבע עולמות אבי"ע, יעין שם. וכן כתב עוד שם פרק ב' ז"ל - הרי כי עקבים דא"ק מתלבשין בעשר ספירות דעשיה, יעיון שם. ואם כן שנה"י דא"ק מגיע עד העשיה, והנקודים מתפשטים עד פרקיו תתאין דא"ק, אם כן הגיע התפשטותה עד גבול שיהיה אחר כך עולם העשיה, ואיך יבא דרוש השבירה כולו שירדו הכלים בעת שבירתם, פנימיות הכלים לבריאה, ואמצעיות ליצירה, וחיצוניות לעשיה, **וצריך עיון רב**. ועיין מה שכתב רז"ל בספר מבוא שערים שער ב' ח"א פ"ג, כי גם שם, יעיון שם.
97

בית לחם יהודה ש"ח פ"ג דכ"ד ע"א – מקומו הוא מן הטבור דא"ק עד סיום הגוף. פירוש, עד סיום התפארת דא"ק הנקרא גוף, והוא שיעור שליש התחתון דתפארת דא"ק.
98

כרם שלמה ש"ח פ"ג אות ב' – ומה שכתב הכתר מקומו עד סיום בגוף, כאן לספירת התפארת לבדה דא"ק קרי לה גוף, ואין פירושו עד סיום רגליו, אלא ר"ל כי הכתר דנקודים הוא מלביש לחצי התפארת התחתון דא"ק, שהוא מן הטבור עד סיום התפארת הנקרא גוף, והוא עד בחינת היסוד וראשי הנצח הוד. והואיל והכתר הוא בחינת קו אמצעי, לכן הוא לבדו מלביש לחצי התפארת דא"ק, שגם הוא בחינת קו אמצעי.
99

ע"ח שט"ז פ"ה דפ"א ע"א – והענין כי הלא ז"א מלביש א"א מטבורא דלבא שהוא חצי תפארת, ובתוכו מתלבש א"א עד סיום יסוד שבו, והנה מאתו חצי **התפארת נעשה גלגלתא שלו**, אך ג' מוחין שלו נעשין מנה"י דא"א.
100

כרם שלמה ש"ח פ"ג אות ב' – אבל חב"ד דנקודים הם מלבישים לג' פרקין העליונים דנה"י דא"ק. היינו החכמה לפרק עליון דנצח, והבינה לפרק עליון דהוד, ודעת לפרק עליון דיסוד. וכן חג"ת הם מלבישים לפרקי האמצעעים דנה"י דא"ק. וכן הנה"י דנקודים מלבישים לג' פרקין תחתונים דנה"י דא"ק.
101

בית לחם יהודה ש"ח פ"ג דכ"ד ע"א – וחב"ד הם בתלת פרקין קדמאין דנה"י דא"ק, וחג"ת בתלת פרקין אמצעין וכו'. מלשון זה מבואר שהיה בחינת יושר בנקודים, דאי הוו בבחינת עגולים לבד, לא יתכן בהם סדר העמדה זו כלל.
102

איפה שלימה, שער הנקודים פ"ג ד'"ז ע"ב (א) – וחג"ת בג' אמצעעים וכו'. עיין להרב יפה שעה ז"ל באות ב' שכתב כי מה שכתב רז"ל דכח"ב מלבישים ג' פרקין קדמאין דנה"י דא"ק, ניחא כי נודע דכח"ב דנקודים היו

בדוגמת סגולתא, אלא ז' תחתונות דנקודים היתה יציאתם זה תחת זה, ואיך ילבישו פרקין אמצעיים ותתאין, שהם עומדים דרך קוים, אלא לדוגמא בעלמא נקטיה, יעו"ש. **ומה שכתב** ונה"י לתלת פרקין תתאין וכו', עיין בשער ל"א פרק ג' ששם כתב הרז"ל כי אף על פי שהיסוד עיקרו תרין פרקין, מכל מקום יתחלק לג' שלישים, ואם כן מאי דנקט הכא לשון פרקין גם על היסוד. יש לומר דאגב שיטפא דנצח הוד נקט לשון זה. ועיין עוד להרב יפה שעה ז"ל שם באות ב' שהקשה, שהרי רגלי א"ק מסתיימים עד סוף עולם העשיה, כמו שכתב רז"ל בשער סדר האצילות פרק ב', יעו"ש. ואם הנה"י דא"ק מתפשטים עד סוף העשיה, והנקודים מתפשטים עד נה"י דא"ק, אם כן איך יבוא דרוש השבירה שירדו הכלים לבי"ע, וצריך עיון רב, עד כאן לשונו. וכן הקשו חכמי המערב כנזכר בנהר שלום דכ"ג ע"א שאלה א', יעו"ש. ועיין תורת חכם דקמ"ט ע"ב שתירץ וז"ל - והיותר נראה שרגלי א"ק עצמם לא ירדו עד עגולי עתיק, כי אם הארת הכלים לבד, כי הרי כתב בפרק א' דשער האצילות כי הא"ס מסתיים באצילות, ואם הרגלים דא"ק יורדים עד עגולי עתיק מצד מטה, אם כן נמצא הא"ס למטה בבי"ע, יעו"ש. וכן כתב הרב שמן ששון ז"ל באות ד', יעו"ש. ומה שנראה לעניות דעתי בדרך אפשר אם בעיני הוי"ה יוכשר, והוא בהקדים מה שכתב הרז"ל בשער התיקון פרק ג' שכל רגלי הפרצופים וכו', הם שוין בסיומם, והם מסתיימים יחד מעט למעלה מסיום רגלי א"ק, ושם הוא סיום האצילות וכו'. וכתב עליו השמ"ש ז"ל בהגהותיו וז"ל - נ"ב שיעור מעט זה הוא שיעור עובי עשרה עיגולי א"א מצד מטה, שעל גבי עיגולי א"א נסתיימו כל הרגלים הנזכרים, ורגלי א"ק נסתיימו יותר למטה, שהוא על גבי עיגולי עתיק המתעגלים סביב מבחוץ על גבי עיגולי א"א, עד כאן לשונו. וכך כתב בהקדמת רחובות הנהר דף ה' סוף ע"א וז"ל בקיצור - א"ק נתפשט עד ראש יושר דמלכות דעולם העשיה התחתון, ועומד על גבי קרקעית עיגול הפנימי דעתיק דאצילות, והיושר דעתיק מלביש מטבור א"ק עד למעלה מעט מסיום רגלי א"ק וכו', יעו"ש. עוד כתב בנהר שלום דכ"ז ע"א וז"ל - באופן שכל ספירה פרטית מהנזכר לעיל מלביש בשוה מראש א"ק עד סוף מלכות דעשיה, המלביש לתחתית עקבים דא"ק המתפשטים לתחת ז' ארצות סמוך לעגוליו וכו', יעו"ש (ר"ל שהם עגולי עתיק, וקראו עגוליו, יען כי עתיק הוא מלכות א"ק). יצא לנו מדברי קדשו שרגלי א"ק הם עצמם ממש מתפשטים בבי"ע, ולא הארתם. גם יצא לנו שלא כל כללות רגלי א"ק שהם ב' פרקין תתאין דנצח והוד, הם מתלבשים תוך בי"ע התחתונים, רק קצוותיהם התחתונים, שכן דייק בלשונו הטהור שאמר עד למעלה מעט מסיום רגלי א"ק. נמצא שדווקא סיום הרגלים הם שמתלבשים בבי"ע, אבל לא כל הרגלים כולם. ואם כן מה שכתב רז"ל הכא בפרקין שנה"י דנקודים הם מלבישים לפרקין תתאין דנה"י דא"ק, הוא על קצוות רגלי א"ק שבגבול עולם האצילות אשר נתלבש בהם עצמות קו הא"ס, המסתיים בגבול עולם האצילות. וזה שאמרנו שבי"ע הם למטה מעולם האצילות הוא אחר חטא אדם הראשון, אבל קודם חטא אדם הראשון היו בי"ע כולם הם ועגוליהם למעלה בגבול עולם האצילות, כמו בעת מנחת שבת קודש, רק שעתה עולה הפנימיות ולא החיצוניות, כמבואר כל זה במאמ"ר פרשת קדושים דל"ו ע"ב וז"ל בקיצור - שקודם שנברא אדם הראשון היו זו"ן במקום או"א עילאין, כמו במוסף שבת. ואחר שנברא אדם הראשון עלו העולמות עד דיקנא דא"א, כמו שעולים עכשיו במנחת שבת. ועלייה זו היתה בין בבחינת פנימיות בין בבחינת החיצוניות. ומה שעתה עולים במנחת שבת על ידי תפלתינו הוא שחוזרים למקומם האמיתי קודם חטא אדם הראשון, וגם זה הוא דווקא בפנימיות העולמות, ולא בחיצוניות, כי אם גם החיצוניות עולה היינו רואים בעינינו עליית העולמות, איך עולים ממה שהיו בחול וכו' יעיין שם בבאורו. וכן כתב בשער המצות פרשת בהר דכ"ו ע"ב וז"ל - ומקומם האמיתי קודם חטא אדם הראשון היו במקום שעולים העולמות בתפלת מנחה דיום השבת וכו'. אם כן נמצא כי אלו העליות של יום השבת לא שעולים למעלה ממדריגתם, רק שמה שירדו בימי החול למטה ממקומם, ביום השבת חוזרים לעלות אל מקומם הראשון וכו', יעיין שם בבאורו. ובזה יתורץ מה שיש להקשות בדברי הרב ז"ל בסוף פרק י"ב דשער המוחין ושער ל"ו סוף פ"ד שנראים סותרים זה לזה עיין שם. **יצא** לנו מזה שכללות בי"ע קודם חטא אדם הראשון היו מסתיימים בגבול עולם האצילות, ונראה לי שזה הוא היה תירוצו של הרש"ש ז"ל על מה שהקשה בשער א' ענף ד', יעיין שם. כי אחר שעלו בי"ע קודם החטא בבחינת חיצוניותם, שהם העיגולים, ובבחינת פנימיותם שהם היושר, נמצאו כולם עומדים בגבול עולם האצילות, ועיגולי בי"ע תוך עיגולי עולם האצילות. וקודם שעלו אלו בי"ע היה מקום עמידתם בעובי עשרה עיגולי א"א מצד מטה. זה הוא תירוצו, אלא שנחתמכה השיטה ולא זכינו לראותו. והנה מלבד זה הבי"ע אשר בעיגולי א"א עוד יש מקום בבי"ע למטה מרגלי א"ק בעובי עיגולי עתיק, מקום אשר ירדו חיצוניות נה"י דא"ק על ידי הצמצום, להוציא הנקודים כמבואר במבוא שערים דף ג' ע"ב הנדפס מחדש, ובזה יתיישבו כל הקושיות. **למודעי** אני

דנצח דא"ק, הגבורה דנקודות מלבישים את הפרק אמצעי דהוד דא"ק, והתפארת דנקודים מלביש את הפרק אמצעי דיסוד

דא"ק, **ונה"י** דנקודים עומדים ומלבישים **בג' פרקין תתאין** דא"ק, הנצח דנקודים מלביש את הפרק תחתון

דנצח דא"ק, ההוד דנקודים מלביש את הפרק תחתון דהוד דא"ק, והיסוד מלביש את הנקודים בפרק תחתון דיסוד דא"ק,

עַל [103] דֶּרֶךְ הַנִּזְכָּר לְקַמָּן [104] בְּזוֹ"ן הַמַּלְבִּישׁ לא"א, כַּנִּזְכָּר בִּמְקוֹמוֹ.

צריך, כי זה שכתב רז"ל שהשכתר קבל עצמות אור האוזן, ומלביש מטבור א"ק עד סיום הגוף, וחו"ב קבלו
עצמות אור חוטם פה והארה מאור האזן, והלבישו לפרקין עלאין דנצח הוד דא"ק, והשבעה תחתונות למטה
מהם בסוד אור רשות הרבים. והכתר מקבל אור הטבור, והחו"ב מקבלים אור היסוד, כל זה הסדר הוא שייך בכל
נקודה ונקודה מחמש נקודות דכל פרצוף דפרצופי אבי"ע, שהשכתר דכל נקודה מחמש נקודות דכל פרצוף
מחמשה פרצופי אבי"ע קבל אור האזן, והלבישו מטבור דא"ק עד סוף התפארת, ונמצא כל הכתרים דכל
הנקודות שיצאו מעיני א"ק הם מלבישים זה לזה בעובי, וכולם קבלו עצמות הארת האזן, ומלבישים מטבור עד
סוף התפארת דא"ק. ותחתיהם חו"ב דכל נקודה ונקודה, שהם קבלו עצמות אור חוטם פה, והלבישו לפרקין
עילאין דנצח הוד דא"ק, ומקבלים אור היסוד. וזה הסדר הוא בכל חו"ב דכל נקודה ונקודה. ונמצא דחו"ב של
כל הנקודות הם מלבישים בעובי זה על זה בשוה. ואלו הם הכח"ב שכתב הרז"ל לקמן, שהשכתר נפגמו אחורי
נה"י שלו, ואחורי או"א נתבטלו וירדו בגבול האצילות. ותחתיהם השבעה תחתונות דכל נקודה כנגד פרקין
אמצעים ותתאין דנה"י דא"ק בסוד רשות הרבים, ואלו שנשברו וירדו לבי"ע וזה היה בכל נקודה ונקודה,
כמבואר בהקדמת רחובות הנהר, יעוין שם.
103

בית לחם יהודה שׁ"ח פ"ג דכ"ד ע"א – על דרך הנזכר בז"ה המלביש לא"א כנזכר במקומו. הוא באמצע
פרק ג' דשער ט"ז, ועיין בדברינו בסוף פרק א' דשער י"ז ד"ה ותלת וכו'. ועיין להרב יפה שעה שכתב ז"ל -
מה שכתב רז"ל על דרך הנזכר בז"א, לדמיון בעלמא נקטיה, שהרי חב"ד דנקודים המלבישין תלת פרקין
עלאין דנה"י דא"ק, ניחא, כי נודע דחב"ד דנקודים הם כעין סיגולתא, אלא ז' תחתונים דנקודים נודע שהיתה
יציאתם זה תחת זה, ואיך ילבישו פרקין אמצעים ותתאין דא"ק, שהם עומדין דרך קוין, אלא ודאי לדמיון
בעלמא נקטיה. אמנם הא קשיא טובא, שהרי פרקין תתאין דנה"י דא"ק מגיעין ונכנסין בגבול העשיה, כמו
שכתר רז"ל בשער סדר האצילות ז"ל - הרי אם ירצה המעיין להעמיק בדברינו בדברי' ' אלה, יסתכל היות א"ס ב"ה
פנימי לכל העולמות, ורגלי קומת א"ק המלביש לא"ק מבריח עד סיום כל ד' עולמות אבי"ע, יעו"ש. וכן
כתב עוד שם בפרק ב' וז"ל - הרי כי עקבים דא"ק מתלבשין בעשר ספירות דעשיה, יעו"ש. ומאחר שנה"י
דא"ק מגיעין עד העשיה, והנקודים מתפשטין עד פרקין תתאין דא"ק, אם כן הגיע התפשטותם עד גבול שיהיה
אחר כך עולם העשיה, ואיך יבא דרוש השבירה כולו שירדו הכלים כעת שבירתם, פנימיות הכלים לבריאה,
ואמצעיות ליצירה, וחיצוניות לעשיה, וצריך עיון רב, עד כאן לשונו. ועיין באש"ל שתרץ שאין כל התרין
פרקין תתאין דנצח והוד דא"ק הם מתלבשין תוך בי"ע, רק קצוותם התחתונים בלבד, ומה שכתב רז"ל דנה"י
דנקודים מלבישין לפרקין תתאין דנה"י, הוא על קצוות רגלי א"ק שבגבול עולם האצילות, אשר נתלבש בהם
עצמות קו הא"ס, המסתיים בגבול עולם האצילות, יעו"ש. ועיין עוד בדברינו בריש פרק א' דשער ג'.
104

ע"ח שט"ז פ"ז ד"ג ד"פ ע"א – כי הלא הנה"י של א"א הם נשמה אל כל התשעה של ז"א, כי הנצח הוא ג'
פרקין של ג' ספירות דז"א, שהוא קו ימין, חח"ן. וכן ההוד בקו שמאלי, בג"ה. וכן היסוד בקו האמצעי, דת"י.
שער ההקדמות, דרוש בתקון אריך אנפין דכ"ו ע"ד – והנה ז"א מלביש את אריך מטבורו ולמטה, מכל
הצדדים באופן זה, כי כתר דזעיר מלביש את סיום התפארת דאריך, ממקום הטבור שלו ולמטה, עד סיום
התפארת. וחח"ן דז"א מלבישים לג' פרקין דנצח דאריך. ובג"ה דזעיר מלבישים לג' פרקין דהוד דאריך. וקו
האמצעי דזעיר מלביש את היסוד דא"א.
מבוא שערים שׁ"ה ח"ב פ"ב דמ"ו ע"ב – והנה אופן התלבשות זעיר אנפין לאריך הוא באופן זה, מתחת
הקרום הנזכר, שהוא מטיבורא דאריך ולתתא. וזה סוד
מה שאמרו רז"ל - אמר רבי יהושע בן לוי, עתיד הקדוש ברוך הוא להנחיל לכל צדיק י"ש עולמות כו'. והענין,
כי א"א הוא בחינת הכתר של כללות עולמות האצילות כנודע. והנה אריך יש בו תר"ך מאורות כמנין כתר,

הרב ז"ל ביאר כי ב' אורות יש לנקודים, **האחד**[105] הוא האור שהיה הכלים דתנה"י דא"ק, שעלה למעלה מעל לטבור, ויוצא **דרך** העינים דא"ק, ומתפשט מחוץ לא"ק מהטבור דא"ק עד סיום רגליו, **והשני**[106] הוא האור שנולד מזיווג ע"ב וס"ג דא"ק, הנקרא אור חדש, ואור זה בקע את הפרסא, ובקע את הכלים דתנה"י דא"ק, והאיר דרך גומות העור והשערות לנקודים העומדים מחוץ לא"ק, מהטבור ולמטה. בסוגיה זאת מבאר הרב ז"ל כי מהאור החדש הנמצא בפנימיות א"ק מהטבור ולמטה, שמאיר[107] דרך גומות העור, יוצאים[108] עוד שלשה[109] בחינות של הבלים, אחד מנקודת

כנזכר בספר הבהיר. והנה צדיק העליון הוא ז"א ולוקח מחצית הכתר, שהוא מלביש לאריך מחציו ולמטה, והנה מחצית הכת"ר הם י"ש, ואלו הם י"ש עולמות שלוקח הצדיק הזה שהוא ז"א, הנקרא הוי"ה הצדיק. ועיין בפרשת תרומה דף קס"ו ע"ב במאמר זה, כמו שמבואר שם והוא סוד הפסוק להנחיל אוהבי יש. והנה קו ימין נצח ימין תפארת אריך, יש בו תלת פרקין כנודע, ומתלבשין בשלשה ספירות קו ימין שהם חח"ן. והוד דאריך תלת פרקין, מתלבשין בקו שמאל דז"א בג"ה. ויסוד ועטרה דאריך קו אמצעי, הם מתלבשין תוך קו אמצעי דז"א דת"י.
105

ע"ח ש"ח פ"א מ"ת דל"ה ע"ג – כי הלא בארנו במקום אחר ענין צמצום שני של א"ק, כי כדי להאציל נקודים אלו הוצרך לצמצם אורות נה"י וחצי תפארת שלו למעלה, ושם פריס פריסה אחת במקום הטבור, ואותו אור שהיה שם תחלה **יצא דרך העינים**, ומשם יצא לחוץ, וירד למטה כנגד נה"י של א"ק מבחוץ, ושם נתהוו הנקודים.
106

ע"ח ש"ח פ"א מ"ת דל"ה ע"ג – ובהעלות אור זה למעלה, היה בדרך (נ"א צריך) מ"ן, ויצא **אור חדש** וירד דרך פנימיות של זה האדם, וירד דרך הפרסא, וירד לנה"י של זה האדם, ובוקע משם זה האור חדש הפנימי, **ויצאו לחוץ דרך העור**, ומשם מאיר אל הנקודים, כנזכר על פסוק - ואחר עורי נקפו זאת.
ע"ח ש"ח פ"ב מ"ת דל"ו ע"א – והנה על ידי עליית האור הזה שבחציו התחתון למעלה מהטבור כנזכר לעיל, אז נתרבה אור גדול ורב בחצי גוף העליון, ואז נעשה זה האור בבחינת מ"ן אל טעמים דס"ג, שהם אזן חוטם פה, ר"ל אל השרשים הפנימים שלהם בתוך הגוף, ולא אל האורות היוצאים לחוץ דרך הנקבים. ואז על ידי מ"ן אלו העולין שם, נזדווגו שם ע"ב שבגלגלתא דאדם קדמון, עם בחינת הס"ג שבו, שהם שרשים של אזן חטם פה, שהם טעמים כנזכר לעיל, ואז נמשך **אור חדש** מלמעלה מן הזיווג הזה, ובוקע ויורד דרך הפרסה מהטבור ולמטה. אמנם האור הראשון שהיה בתחלה למטה ועלה למעלה שוב לא ירד, ונשאר שם מהטבור ולמעלה, ושם הניח שורשו תמיד, ומשם נתפשט ויצא דרך העינים, והם הם הנקודים, ונמשך ונתפשט בחוץ עד סיום רגלי דאדם קדמון כנזכר לעיל. והנה כל האור הנמשך עד הטבור שהוא מבחינת העינים הכל הוא נבלע ונכלל בעקודים, ולכן אינינו ניכר, אבל האור הנמשך מתחת הטבור עד רגליו זהו לבדו נקרא בשם נקודות, לפי שהוא עומד עתה לבדו, וכן אותו אור שיורד דרך הפרסא מחדש על ידי זווג הנזכר לעיל, **גם הוא בוקע הגוף והכלי דאדם קדמון ויוצא לחוץ** ומאיר באלו הנקודים.
107

ע"ח ש"ח פ"א מ"ת דל"ה ע"ג – לפי שהאורות עליונים יוצאים דרך צינור הפה, או החוטם, או האוזן, לכן הם נשארים ישרים, מה שאין כן בנקודות, שהבל היוצא מנה"י של הא"ק, הוא בוקע בכלים של א"ק, ויוצא לחוץ בסוד ואחר עורי נקפו זאת, שהאור הוא בפנים ונוקף ומכה בעור, ויוצא לחוץ מכל צדדי האדם כולו, ואם היה טיבורו פתוח והיה יוצא האור משם אל הנקודים, היה נקודים בישר כנגד אור הטבור, וקילוחו בישר, **אך אור ההוא יוצא מכל צדדי העור, דרך גומות ושערות שבעור**, לכן הנקודים הם עגולים.
108

כרם שלמה ש"ח פ"ג אות ג' – מה שכתב והנה ב' מיני אורות וכו'. פירוש, זה האור החדש שאמרנו עליו לעיל, שנתפשט בפנימיות דא"ק מן הטיבור ולמטה, ויוצאין ממנו אורות סביב הנה"י דרך נקבי השערות, להאיר להנקודים של אורות העינים המתפשטים שם. מלבד אלו האורות יוצאין גם כן אורות מורגשים ממש, בהבל חזק רב להאיר לאלו הנקודים, והם מלבד אורות של נקבי השערות, והם לצורך הכתר ואו"א של הנקודים.
109

שער ההקדמות, דרוש ה' בעולם הנקודים די"ט ע"ג – ונחזור לענין אור החדש שבפנימיות א"ק מטבורו ולמטה, כי הנה הוא בוקע דפנות הכלים והגוף של א"ק, ויוצא לחוץ דרך גומות השערות, ומאיר אל עשר

הטבור דא"ק המאיר לכתר דנקודים, השני מנקודת היסוד דא"ק המאיר לחו"ב דנקודים, השלישי[110] הוא נקב דאחור, אשר לא שייך לסוגיה זאת, והשבעה[111] ספירות התחתונות דנקודים מקבלים הארה דרך צפורני הרגלים דא"ק.

הנקודים הנזכרים שנתפשטו שם. ואמנם ב' אורות גדולות בגלוי יוצאים מן האור החדש הנזכר לחוץ, והוא אור יוצא מן נקב הטבור ולחוץ, ואור היוצא מנקב פי היסוד ולחוץ, וגם יצא דרך האחור כנזכר לקמן.

מבוא שערים ש"ב ח"א פ"ה ד"ד ע"א – ונבאר עתה, ענין אור החדש, המאיר בהם, כי הלא מלבד האור הנמשך ממנו להם דרך גומות העור, הנה עוד יש ג' מיני אורות והבלים יוצאין, והוא כי הלא שלשה נקבים יש באדם מן הטיבור ולמטה, והם נקב הטיבור, ונקב פי היסוד מצד פנים, ונקב האחור, הרי שלשה, ושלשה אורות אלו הם יוצאין אור ישר שוה, אלא שהארותיהם מתפשטת אל הצדדין, על דרך הנזכר לעיל ואמנם נתבאר כי עיקר הנקודים הם בפנים כנזכר.

110

ע"ח ח"ב של"ב פ"ה מ"ת דל"ז ע"ב – והנה מצינו ראינו ג' נקבים בגוף, ב' מהם דרך פנים, והם נקודת פי הטבור, ונקודת פי האמה, **ונקב אחד באחור, שדרך בו יוצאין השרים אל החיצונים**, ואלו הם ג' נקודות הנזכר כאן. ואף על פי שנקודת הטבור סתומה בהכרח, הוא שמשם יוצא קצת הבל, כי היותו התינוק בסוד העיבור טבורו פתוח כנודע...... ועתה נבאר מאמר הנזכר לעיל - בתרין נקודין אתפרשת מלכו דשמיא, הנה נתבאר אצלינו כי בחינת עולם הוא ז"א, כמו שכתוב - אמרתי עולם חסד יבנה, שהוא הראשון מן הו"ק דז"א. ונודע כי הז"א הוא עץ חיים מהלך ת"ק שנה, בסוד חמשה חסדים המתפשטין בו, וכל אחד כלול עד מאה, הרי ת"ק, וכן העולם כולו מהלך ת"ק שנה, נמצא כי כל העולם כולו הוא בחינת ז"א. ואמנם צד פנים שלו הוא קדושה גמורה, וצד האחוריים שלו יש שם אחיזה של החיצונים כמ"ש. והנה צד הפנים מתחלק לב' בחינות, כי מחציו ולמטה אשר שם האורות של החסדים דאמא מגולים, שם הוא בחינת הישוב, שבו שוכנים ועומדים שם בני אדם, וכנגד המקום הזה עצמו מן האחור הוא מקום עמידת רחל נוקבא דז"א, וזה סוד שנקרא רחל ארץ כנזכר לעיל, בסוד ארץ ישראל, ארץ ז"א הנקרא ישראל, לפי שבשיעורה יש שיעור הישוב הנקרא ארץ, על שם שהיא מריצה את פירותיה כמאמר רז"ל. אף על פי שהיא עומדת באחור, שהוא מקום חורבה, סופה לחזור בפנים בעת הזווג, ושם לא יש אחיזה אל החיצונים כנודע, לכן נקרא רחל ישובא לא חורבא ח"ו, כי חוזרת פנים בפנים בעת הזווג. אמנם מחציו של ז"א ולמעלה, מצד הפנים שהוא מהחזה ולמעלה, אין כנגדו ישוב, כי הארותיו הם סתומים, ואין האורות נמשכין לחוץ כדי שישבו בו בני אדם, לכן נקרא עלמא דאתכסייא סתימא, ושם מקום לאה כנגד האחור אשר איננה נקרא ארץ, ואינה בחינת ישוב כי גם היא נקראת עלמא סתימאה כמו שמבואר אצלינו. אמנם שם מחציו ולמעלה מצד הפנים הוא מדור אל הנשמות העליונות, הנקרא גן עדן הארץ, אשר עליה נאמר עין לא ראתה אלהי"ם זולתך יעשה למחכה לו, עלמה סתימאה. והנה כאשר נעריך כל אורך גופא דז"א, יהיה (כל) נקודת מחציתו **פי הטבור**, אשר כנגדו גן עדן הארץ, שהיא נקודה טמירא אמצעיתא דכל סטרין, בין בבחינת ישוב, בין בבחינת חציו העליון שאין בו ישוב כנזכר לעיל, ושם באמצעיתו יש ההוא עמודא דנעיץ באמצעיתא, כנזכר בזוהר. וכאשר נחלק הישוב לבדו שהוא מחציו דז"א ולמטה עד סיום הרגלים, **יהיה הנקודה האמצעית בפי היסוד דז"א**, אשר נקודה זו נקרא ירושלים, שהיא באמצע הישוב כנודע, והיא נקודה דאתגלייא. ואמנם מצד האחור דז"א מחציו ולמעלה אין בו דבר כלל, ומחציו ולמטה יש בו **נקודה שלישית באחור, אשר משם יוצא פסולת ושמרי המאכל, ומכאן יוצא הארה אל החיצונים**, וזה סוד שהקליפה ועבודה זרה נקרא צואה בלי מקום, וכמו שכתוב - צא תאמר לו, כי משם הם הנזונים, ומצד הפנים אי אפשר לחיצונים להתאחז, לכן הושם הצינור זה באחוריים, כי שם הם נאחזים וניזונים. וזה סוד שיש עבודה זרה הנקרא פעור, אשר עבודתה בכך לפעור עצמו, ולהוציא הזוהמא אליה, כי זהו מזונה ממש, ואין שפע נמשך לה כי אם על דרך זה.

ע"ח ח"ב שמ"ג פ"א בעולם העשיה דצ"ה ע"ב – וזה סוד כי ערות הארץ באתם לראות, ולכן גלותם הקודם היה למצרים (קדם גלות מצרים), ומשם נכנסו לארץ ישראל אחר כך, והבן זה. (וזה סוד) (ומשם) בבואם דרך מדבר בין מצרים ובין ארץ ישראל, הלכו במדבר אחורי ארץ ישראל כנגד **נקודת האחור** שמשם נשפעים החיצונים, ושם יסוד דסטרא אחרא, נקודה האמצעית של החורבה, וזה סוד נזורו אחור, וגם זה סוד ענין פעור, אשר הוכרח משה להקבר כנגדה להטרידה כמארז"ל. וזה סוד הסטרא אחרא המלביש את העשיה בבחינת לבושים, כי הארץ הם לבושים החיצונים דמלכות דעשיה, ועליה מקיף סטרא אחרא. ועיקר סוד דבר הענין, שעיקר סוד הארץ הזו היא היא מלכות של מלכות דעשיה, הנקרא גם היא ארץ, בערך החכמה, והמלכות שבה

וְהִנֵּה[112][113] האור החדש שנולד מזיווג ע"ב וס"ג דא"ק, ובקע את הפרסא דא"ק, וירד והתלבש תוך הכלים דתנה"י דא"ק, מהטבור עד סיום רגליו, ובוקע את הכלים דתנה"י דא"ק, ומאיר דרך גומות העור והשערות לנקודות הנמצאים

היא ארץ ישראל, וכנגדו הוא נקודת סטרא אחרא, כנזכר זוהר פרשת תצוה דקפ"ד ע"ב. וכנגד נקודת הטבור שהוא ממש אמצע כל העולם, ולא של היישוב לבדו כמו ארץ ישראל היא הבינה שבבינה דמלכות דעשיה, והיא גן עדן הארץ, והעדן הוא חכמה שבה, והנהר הוא הדעת.

111

מבוא שערים ש"ב ח"א פ"א ד"ה ד"ד ע"א – ואמנם להיות כי השבעה נקודים תחתונות, לא לקחו רק משבולת הזקן ולמטה, שנפסק לגמרי אור האזן כנזכר לעיל פרק ד', אכן לא היו כנגדם שבעה נקבים אחרים להאיר להם, אמנם יצא הארתם דרך צפרני רגלי א"ק, וזהו ויפוזו זרועי ידיו האמור ביוסף, שהם עשרה טיפין דקרי שיצאו מצפרני רגליו, בענין אשת פוטיפרע.

112

יפה שעה (א) – והנה שתי מיני אורות יוצאים מתוך הגוף של א"ק, והם האחד מן הטבור, והשני מפי היסוד. ויוצאים דרך שם ב' הבלים, וכפי הראוי היה שיהיה ג' הבלים, כנגד ג' עליונות שקבלו מאורות אח"פ מלמעלה כנזכר לעיל, לכן גם כאן חסר בחינת ההבל מה שהוא כנגד האזן, ולא יצאו רק ב' הבלים, שהם כנגד החוטם והפה לבד, אשר מהם קבלו או"א למעלה, גם כאן למטה מקבלים מהם, אבל אור הז' תחתונים כו'. קשיא, שהרי גם כאן יצאו ג' כנגד ג' שלמעלה, שאם באורות אח"פ הם ג' כנגד הטעמים העליונים שעל גבי האותיות, ואמצעיים שבבתוך האותיות, ותחתונים תחת האותיות. גם הנקודות, יצאו שלשתם, נקודות חולם שעל גבי האותיות, כנגד טעמים העליונים. ונקודת שורק באמצע האותיות, כנגד הטעמים שבאמצע. ושאר נקודות למטה, כנגד טעמים התחתונים. והם ג' כנגד ג'. ואין הפרש ביניהם, רק שלמעלה יצאו שלשתן בנקבים ופתחים פתוחים באח"פ, וכאן הראשון שהוא נקב הטבור, והאחרון שהם ההבלים היוצאים מצפרוני הרגלים, הם נקבים סתומים. ואין בידינו לדעת, מפני מה נשתנה פתח פי היסוד, שהוא אמצעי, שהאור יוצא דרך נקב פתוח. מה שאין כן למעלה כן באור היוצא לכתר מפי הטבור, ולמטה בא האור היוצא לשאר נקודות מצפרני הרגלים. ואם כן מאי קאמר רז"ל, וכפי הראוי היה שיהיו ג' הבלים, הרי יש כאן שלשה הבלים. ולא עוד, אלא שכתב ז"ל - לכן גם כן חסר בחינת ההבל מה שהוא כנגד האזן, ולא יצאו רק ב' הבלים, שהם כנגד החוטם והפה לבד, הרי יש כאן נקודות עליונות על גבי האותיות, שהם כנגד טעמים העליונים, אורות האזן. ועוד יש לחקור, אור השלישי שהיה ראוי לצאת, וחסר מסיבת שלא קבלו אור האזן למעלה כמו שכתב רז"ל, מהיכן היה ראוי לצאת ולא יצא. ולשיקבהו"ש [ולשם יחוד קודשא בריך הוא ושכינתיה] אומר אני, כי הנה אור היוצא מעשר צפרני הרגלים, אפילו ההבל, הנה שהוא בסתום, איננו שוה כלל לאור היוצא מן הטבור ופי היסוד, וגרוע הוא אור הצפרנים מאור הטבור והיסוד לאין קץ ותכלית, לפי מה שכתב רז"ל לעיל בשער סדר האצילות פרק ב' ז"ל - הרי כי עקביים דא"ק מתלבשים בעשר ספירות דעשיה, וכל ספירה כו', ובהשתלם להתברר ולהזדכך האור מעולם העשיה, שהוא סוד כו'. נמצינו למדין, כי אור הצפרנים הם בעולם העשיה, כי פרקין תתאין דנה"י דא"ק, הגיעו עד מקום שיהיה אחר כך גבול עולם דעשיה, בעת תיקון העולם. וגם רז"ל כתב בריש פרק א' משער סדר האצילות ז"ל - ראשונה האין סוף ב"ה, מקיף כל העולמות כולם, וגם הוא מוקף מהם, ומתלבש בתוכם עד סוף עולם האצילות, ואינו נוגע ודבק זולתי באצילות לבד. ולא בבי"ע. ולכן משם ולמטה משתנה מהותם, ויקראו בי"ע כו'. עוד לו שם - ועשר ספירות דאצילות הם יו"ד של הוי"ה, הנרמזת בחכמה, והוא אצילות כנודע, ואחר זה נשלם חוט הא"ס בבחינת הפנימיות כנזכר לעיל, יע"ש. וגם בשער פנימיות וחיצוניות פרק ח' ז"ל - וזהו גם כן טעם גדול במה נבדל בי"ע מן האצילות, והוא כי אור העצמות הנמשך מלמעלה, נשלם ונסתיים באצילות לבד, יע"ש. אתה הראת לדעת שאור הא"ס ב"ה לא נתפשט עד עקביים דא"ק, רק עד מקום שהוא גבול עולם האצילות, ומה שנשאר מנה"י דא"ק בגבול שלשה עולמות בי"ע, אין אור הא"ס ב"ה מאיר בו בעצמות, אלא הארה בעלמא. נמצא לפי זה, שהאור היוצא מן הטבור דא"ק ומפי היסוד שלו, הוא אור גדול, שהוא במקום שא"ס ב"ה, על די הקו והחוט מאיר ומתפשט בתוכו. מה שאין כן באור המאיר ובא דרך צפורני הרגלים, שאין שם אור עצמות הקו וחוט הא"ס ב"ה. הרי כמה רב המרחק גדול מאד, בין האור המאיר דרד הטבור ופי היסוד דא"ק, לאור המאיר דרך צפרני רגליו כביכול. ולפי זה נמצא, שאין כאן אלא שני אורות מאירים, במקום שהא"ס ב"ה מאיר עצמותו. על ידי הקו בפנימיות דא"ק, ומאירים ויוצאים לחוץ אדם קדמון, דרך פי הטבור, ופי היסוד. וזהו שכתב רז"ל שהיה צריך להיות גם בכאן היה צריך להיות שלשה

מחוץ לא"ק מטבורו ולמטה, עם ההארה הזאת ב'[114] **מיני אורות יוצאין מתוך הגוף דא"ק** חוץ מההארות שיוצאים מפנימיות עסמ"ב דב"ן ומאירים דרך נקבי העור לנקודים, **והם, אזזד מן הטבור** נקב מאיר לכתר דנקודים, ואפילו[115] שנקב הטבור סתום, עם כל זאת הבל יוצא ממנו, **והשני** שהוא[116] בעצם ב' הבלים

אורות מאירים, על ידי עצמות אור הא"ס ב"ה, כדרך שהם למעלה באורות אזן חוטם פה, שמאירים מאור עצמות הא"ס ב"ה הפנימי, אלא שחוסר קבלתם למעלה עד האוזן העליונה, גם כאן גרם שלא יצאו אלא שני אורות כנגד אורות חוטם פה למעלה, אבל כנגד האוזן לא יצא למעלה. ואף על פי שאנו רואים שלשה נקודות, היינו בערך הנקודות מצטרף עמהם אורות היוצאים דרך צפורני הרגלים, לנקודות תחתונות שתחת האותיות, אבל לפי האמת במקום שיש עצמות הא"ס בפנימיות דא"ק, אין יוצאים לחוץ להאיר אלא שנים. ולפי זה אפשר שיהיה טעם למה אור הטיבור יוצא בנקב סתום, ואור פי היסוד יוצא בנקב פתוח. והוא כי אור של הטיבור הוא למעלה יותר, כנגד הפרצוף שבפנים, וכנגד הלב ששם אורות רבים גדולים ועצומים. ועיין מה שכתב רז"ל בשער פרצופי זו"ן פרק ד', ואם היה יוצא מן הטיבור האור נקב פתוח, לא היה כח במקבלים לקבל האורות העצומים ההם, אבל למטה בפי היסוד, אין כל כך גודל האור כמו למעלה, שהוא כנגד הלב ולמטה. וצפורני הרגלים, כיון שהם יוצאים כל כך למטה, במקום הגבול, שיהיה לאחר התיקון עולם העשיה, אין האור יוצא אלא בנקב סתום, כדי שלא להאיר כל כך, אלא עד כדי שיוכל העולם לסובלו. באופן שמן הטיבור ולמטה, במקום שמאיר בפנים דא"ק קו חוט הא"ס ב"ה, לא יצאו להאיר לחוץ, אלא שני אורות, שהם מן הטיבור, ופי היסוד, וזה גרם חסרון קבלתם מאור האזן העליונה, כי הכתר דנקודים, אף על פי שקבל למעלה עצמות אור האזן, כי לא קבל אותה למעלה במקומה, אלא בשבולת הזקן, זה גרם לו למטה שתים, שקבל אור הטיבור לבדו, ולא היו שאר האורות מעורבין בו, כמו למעלה. ועוד, שהיה מן הטיבור דרך נקב סתום. ולאו"א, כיון שלמעלה לא קבלו אלא הארה לבד מאור האזן, גרם שלמטה לא קבלו אלא מאור פי היסוד לבד, ולא משאר האורות, וז' תחתונות שלמעלה לא קבלו כלל מאור האזן, גרם להם שלמטה לא קבלו אלא מצפרני הרגלים, וזה בדרך סתום. נשאר לנו לבאר אור הג', שכתב רז"ל, שהיה ראוי לצאת, אלא שמסיבת קבלתם שלא קבלו אור האזן, גם כאן חסד אור אחד, וראוי לדעת איה מקום כבוד היה ראוי לצאת שם, ונמנע. אומר אני שאור הג' האמור, היה ראוי לצאת דרך צפורני אצבעות הידים, והיה גדול מאור היוצא מהטיבור, ומפי היסוד, שהרי הכמה ובינה, שהם המוחין, מתפשטין, חכמה בחכמה חסד נצח. ובינה בבינה גבורה הוד. והם גדולים מן האורות המצאים בקו אמצעי, כי אורות היוצאים בקו אמצעי, אינם אלא מאורות החו"ג המתגלים ומתפשטים בחצי התפארת ולמטה כנודע, ואורות הזרועות והידים הם מן המוחין עצמן, וכל זה עיין בז"א שאין יכולת בידינו להאריך במקום שאמרו לקצר. ובכאן הוא בסוד נשיאות כפים, ועיין מה שכתבו רז"ל בשער פרצופי זו"ן פרק ב', ומשם תבין כי לא ניתן לגלות. ואם עיני שכל לך, תבין מה שכתב רז"ל לעיל פרק א' דסדר אצילות, במאמר התיקונים, אמר רבי שמעון ארימית ידי בצלותין, אתעבידו ט' היכלין כו', כולהון איתקריאו א"ס ב"ה, יע"ש.
113

בית לחם יהודה ש"ח פ"ג דכ"ד ע"א – והנה ב' מיני אורות יוצאים מתוך הגוף וא"ק. דקדק לומר מתוך הגוף, לאפוקי אורות הרגלים שהם לבר מגופא, וזהו גם כן מה שכתב בסמוך - וכפי הראוי היה שיהיו ג' הבלים וכו', פירוש ג' הבלים מתוך הגוף עצמו. ומאי דלא חשיב לנקב האחור אף על פי שיוצא ממנו גם כן הארה לנקודים, כמבואר בפרק א' דטנת"א במ"ב יע"ש. עיין במבוא שערים ד' ע"א שכתב וז"ל - והוא כי הלא ג' נקבים יש באדם מן הטבור ולמטה, והם נקב הטבור, ונקב פי היסוד מצד פנים, ונקב האחור, הרי שלושה, ושלשה אורות אלו הם יוצאים אור ישר שוה, אלא שאורותיהם מתפשטת אל הצדדין על דרך הנ"ל, ואמנם נתבאר כי עיקר הנקודים הם בפנים כנזכר, ואם כן היה ראוי שיהיו ג' נקבים מצד פנים, ולא היו אלא ב' לבד כנגד הבל החוטם והפה, אך כנגד הבל האזן לא מצינו כאן נקב מצד פנים כנגדו, יע"ש.
114

תרשים ג – ח.
115

היוצאים **מפי' היסוד** דא"ק, **ויוצאין דרך שם** מהיסוד דא"ק **ב' הבלים** ומאירים לחו"ב
דנקודים. **וכפי[117] הראוי היה שיהיה ג' הבלים** יוצאים דרך[118] שלשה נקבים מהגוף דא"ק **כנגד
ג' ראשונות שקבל** כליהם **מאורות האוז"ן**, ולא זאת בלבד, אלא[119] היו צריכים להיות עשרה נקבים,
להאיר לכל העשרה ספירות דנקודים **כנזכר לעיל**, כי כל ספירה וספירה מהנקודים עומדת כנגד פנימיות אותה
ספירה הנמצאת בפנימיות הא"ק, וכל ספירה מהנקודים צריכה לקבל מהספירה המקבילה לה מהאור החדש הנמצא תוך
התנה"י דא"ק, כי בחינת הנקודים הם חיצוניות עסמ"ב דב"ן, והאור החדש הוא בחינת פנימיות עסמ"ב דב"ן, לכן מן
הראוי היה שיצאו ב' הבלים לכח"ב דנקודים מג' נקבים בגוף דא"ק, ועוד שבע נקבים לשבעה הספירות התחתונות.
והתירוץ[120] לקושיא זאת הוא כי כבר התבאר[121] בפרק הקודם דשער זה שהכתר דנקודים קבל את עצמות אור האוזן,

---

ע"ח ח"ב של"ב פ"ב דל"ז ע"א – ואף על פי שנקודת הטבור סתומה, בהכרח הוא שמשם יוצא קצת הבל,
כי היותו התינוק בסוד העיבור, טבורו פתוח כנודע.

גמרא נידה ד"ל ע"ב – דרש רבי שמלאי, למה הולד דומה במעי אמו, לפנקס שמקופל ומונח ידיו על שתי
צדעיו, שתי אציליו על שתי ארכובותיו, ושתי עקביו על שתי עגבותיו, וראשו מונח לו בין ברכיו, ופיו סתום
וטבורו פתוח, ואוכל ממה שאמו אוכלת, ושותה ממה שאמו שותה, ואינו מוציא רעי שמא יהרוג את אמו, וכיון
שיצא לאויר העולם, נפתח הסתום **ונסתם הפתוח**, שאלמלא כן אינו יכול לחיות אפילו שעה אחת.

ספר טעמי המנהגים ומקורי הדינים - לירקון שקוראים געבל זאכט (צהבת) ייקח יונה זכר לזכר (לחולה
זכר), ונקבה לנקבה, ויושיבנה **על טבורו**, ותשאב היונה כל הירקות (זיהום הצהבת) עד גמירה, והיונה תמות.
בדוק.
116

כרם שלמה ש"ח פ"ג אות ג' – ומה שכתב כאן לשון כפול שהוא **ב' מיני אורות וכו', ויוצאין דרך שם ב'
הבלים**, מפני שבאמת הם ג' אורות יוצאין, והם נחלקים לב' מינים, כי המין אפשר שכולל אורות רבים. והשני
מינים של כאן הם כוללים ג' אורות, והם אור אחד לצורך הכתר, שהוא יוצא דרך הטיבור, ושני אורות לצורך
או"א, שיוצאים שניהם מן היסוד, כמו שמבואר בפירקין לקמן, מן נקודות **השורוק** לאבא, ומן האות **הו'** של
השורוק לאימא. נמצא שב' מינים של אורות יוצאין שכוללים ג' אורות, ולכן נקרא ב' מיני אורות, **מינים
דווקא**, מפני שכוללים יותר מב' אורות. ומכרח הוא לקרוא אותם מינים, מפני שכוללים ג' אורות.
117

כרם שלמה ש"ח פ"ג אות ג' – ומה שכתב וכפי הראוי היה שיהיה ג' הבלים כנגד ג"ר שקבל מאח"פ וכו'.
פירוש, כי כתבנו לעיל הנקודים נעשו משני אורות, אור העין ואור החדש שמן הטיבור ולמטה, וכתבנו גם כן
לעיל שאור החדש אינו מאיר להנקודים אלא מן הטיבור ולמטה, ואם כן צריך להאיר להנקודים עשרה מיני
אורות כנגד עשרה ספירות שבהם, לכל ספירה אור הראוי לה. ואם כן הג"ר שהם הכח"ב דנקודים כמו שקבלו
כליהם כנגד מג' מקומות משונים זה מזה, שהם מהאוזן לכתר, ומהחוטם לאבא, ומהפה לאימא, ולא הספיקו לקבל
ממקום אחד או שני מקומות, אם כן אורותיהם המקבלים אותם מן האור החדש שמן הטיבור ולמטה, גם כן היה
ראוי לקבל אותם מג' מקומות, והיה ראוי שיצאו ג' הבלים ולא ב' הבלים לבד. וזהו שכתב כאן כמו קושייא
וכפי הראוי היה שיהיה ג' הבלים, פירוש ויוצאים מג' מקומות, והם כנגד **ג' ראשונות שקבלו מאח"פ
כנזכר לעיל**.
118

מבוא שערים ש"ב ח"א פ"ה ד"ד ע"א – ואם כן היה ראוי שיהיו ג' נקבים מצד פנים, ולא היו אלא ב' לבד,
כנגד הבל החוטם והפה, אך כנגד הבל האזן לא מצינו כאן נקב מצד פנים כנגדו, אלא שהטעם הוא עם הנזכר
לעיל פרק ד', כי הנה הכתר של הנקודות לבדו, הוא שלקח אור האזן, אך לא או"א, ולכן גם כן חסר נקב
שכנגד האזן, ולא היו רק ב' נקבים כנגד אור החוטם והפה, שמהם מקבלים או"א.
119

מבוא שערים ש"ב ח"א פ"ה (הגהה לצמח) ד"ד ע"א – גם היה ראוי שיהיו יו"ד נקבים, כנגד יו"ד
נקודות.
120

45

אבל ברחוק מקום, וחו"ב קבלו רק הארה מאור האוזן ברחוק מקום, וזה גרם לכל ג' הבחינות של הכלים של הכח"ב להיות חלשים בערך אם היו מקבלים עצמות אור האוזן, וחלישות זאת גרמה לכח"ב להתישב מהטבורו של א"ק ולמטה, ולקבל רק דרך ב' נקבים הבל מהאור החדש שפנימיות א"ק. ומבאר הרב ז"ל **אבל לפי שׁזסר** עצמות **אור אוֹז**[122] **בן או"א כנזכר לעיל** שקבלו רק הארה מאור האוזן, וקבלו הארה זאת בריחוק מקום, **לכן**[123] לא עשה המאציל ג' נקבים בצד הפנים דא"ק מהטבור ולמטה, כי הכלים דנקודים לא יכלו לסבול את האור החדש שיוצא דרך הנקבים, שהוא גדול[124] יותר מאור הנקודים שיצא דרך העינים, **גם כן זסר** נקב

כרם שלמה ש"ח פ"ג אות ג' – ולזה תירץ **אבל שחסר אור האוזן מן או"א כנזכר לעיל, לכן גם כן חסר בחינת ההבל מה שנגד האוזן** וכו'. ור"ל כי למעלה באור מה שהיה העין יכול הכתר לקבל מן האוזן, מפני שהוא במקום עליון ויוכל לקבל, ואינו מקבל אותו כי אם ברחוק מקום, והוא לצורך עשיית הכלי של הכתר דנקודים, ולכן או"א גם כן שהם למעלה בשבולת הזקן, שקבלו מן החוטם והפה, גם כן קבלו הארה קצת מן הארת האוזן, ולא אור האוזן ממש כמו הכתר, אלא הארה בעלמא והיא על ידי הכתר, וכל זה לצורך חיזוק הכלים שלהם, אבל לא קבלו הארת האוזן ממש שלא על ידי אמצעי, אלא על ידי אמצעי שהוא הכתר. ולכן הכלים שלהם שירדו בכאן, הנתישבו מן הטיבור ולמטה.
121

ע"ח ש"ח פ"ב מ"ת דל"ו ע"ג – אבל הכתר כיון שלוקה אור האזן ממש, אף על פי שלקחו סיומו, כיון שהוא לוקח עצמותו די בזה, ולא נשבר אפילו האחוריים של כלים דידיה. מה שאין כן באו"א שאינן לוקחין רק הארה בעלמא, וגם שהוא ברחוק מקום.
122

רחובות הנהר ד"ב ע"ב – ונודע כי סיבה אחת מסיבות מיתת השבעה תחתונות, היה על מיעוט קבלתם מאור האוזן דא"ק, ואו"א שקיבלו הארת אור האוזן לבד נתקיימו הפנים שלהם, והכתר שקבל עצמות אור האזן נתקיים כולו, ועל שקיבלה מרחוק נפגמו אחורי נה"י שלו. ועל כן הכתר שיש בו כח הלביש לחצי התחתון דתפארת דא"ק, **ומקבל לבדו את אור הטיבור**, שהוא נקודת החולם. אבל או"א שלא קבלו כי אם הארת האוזן, הלבישו את התרין פרקין עילאין דנה"י דא"ק, **ושניהן מקבלין את אור היסוד**, שהוא ניקוד שורק, ואין להם כח לקבל משני נקבים. ושבעה תחתונות שלא קבלו אפילו הארתה, אינם מקבלים אלא מצפורני א"ק.
123

בית לחם יהודה ש"ח פ"ג דכ"ד ע"ב – לכן גם כן חסר בחינת ההבל מה שכנגד האזן. כי לא רצה מאציל העליון לטרוח ולעשות נקב לצורך ספירה אחת לבד, שהיא ספירת הכתר דנקודים, אלא לפתוח לצורך ב' ספירות שהם רוב הכח"ב דנקודים, ולפי שמחוטם לוקחים ב' ספירות, שהרי הכתר שלוקה מאור האזן כל שכן שלוקה מאורות חוטם ופה, לכן נעשה כנגדם נקב הטבור. ונראה לעניות דעתי דאלמלא היו נעשים בצד הפנים ג' נקבים, היה נעשה נקב אמצעי בין הטבור ליסוד, לפי שצריך שיהיו כל ג' הנקבים תחת הפרסא, ולא למעלה מזה, לפי ששם עומד אור החדש שמקבלים ממנו, ואם היה ג' נקבים ממילא יהיה נקב הטבור כנגד אור האזן, ולא כנגד החוטם, כדהשתא ופירוש יפה שעה.
124

מבוא שערים ש"ב ח"א פ"ה ד"ג ע"ד – נבאר ענין אור החדש השלישי כנזכר לעיל בפרק הקודם. ואמנם אור זה החדש, ודאי שהוא גדול ועליון יותר מן אור העין העיקרי, שממנו נעשו הנקודים מן הטיבור ולמטה, כנזכר בפרק שקדם, והוא לסיבת היות נמשך מזווג דע"ב עם ס"ג.מה שאין כן באור של הנקודים, שהוא אור תחתון מאד, דשם ס"ג לבדו.

כרם שלמה ש"ח פ"ג אות ג' – ועתה מקבלים הארה מן אור החדש, **וידוע הוא כי אור החדש הוא גדול מן אור העין**, כמו שכתוב במבוא שערים, והובא לשונו לעיל בפרקין באות א'. וכתב שם כי לפי שיוצא מעט ממנו דרך הגומות השערות ולא אור רב, לכן הוא נראה כקטן מן אור העין, אבל עכשיו שיוצא דרך הטיבור והיסוד, ופשוט הוא שיוצאים משם אור רב ולא הארה מועטת כמו דרך גומות השערות, ואם היה יוצא דרך ג' מקומות, דהיינו אחד לכתר, ואחד לאבא, ואחד לאימא, לא היו יכולים או"א לקבל מן ב' מקומות כל אחד

לבזוזינת ההבל מה שכנגד האזן כדי להאיר לכתר דנקודים, ולא[125] יצאו[126] רק ב' הבלים מב' מקומות, הבל אחד מהטבור דא"ק להאיר אל הכתר דנקודים, וההבל[127] אחד מפי היסוד דא"ק להאיר לחו"ב דנקודים, שהם נגד זוטם ופה דא"ק לבד, אשר[128] מהן קבלו או"א למעלה בשבולת הזקן[129], וגם[131] [130] כאן למטה מקבלין מהן[132] הכח"ב, כאשר[133] הכתר מקבל מהבל הטבור,

---

ממקום אחד, לפי שהאור רב והוא אור גדול מאור העין, כמו שכתוב במבוא שערים, מפני שהשכלים שלהם אינם חזקים לקבל מאור החדש דרך גילוי כל אחד ממקום אחד, מפני שלא קבלו למעלה מן אור האוזן, ולכן נחסר כאן גם כן הבל אחד מן ג' הבלים שהיה ראוי לצאת כנגד אור האוזן, ולא יצאו כי אם ב' אורות, אחד מן הטיבור, ואחד מן היסוד כנגד הב' אורות שלמעלה, שהם חוטם ופה.
125

בית לחם יהודה ש"ח פ"ג דכ"ד ע"ב – ולא יצאו רק ב' הבלים. כי גם היסוד שיש לו פה, אינו מועיל בענין זה להוציא אור ממש, כי אם בחינת הבל לבד כמו הטבור, באין הפרש כלל, כי בחינת הפה דיסוד אינו נפתח כי אם בשעת הזווג לבד, להוציא טיפת החו"ג, אבל שלא בזמן הזווג כדהכא פיו סתום, ואינו מוציא רק הבל. וכמבואר בשער הפסוקים פרשת שמות דף ס' ע"ד וז"ל - והענין הוא כי נודע שמקום הטבור הוא פה ממש, שהיה פתוח בהיות העובר במעי אמו (כמו בהיות היסוד דזכורא במעי הנוקבא בזמן הזווג שפיו פתוח להוציא הטיפה). ולכן אף גם אחר כך בהכרח יוצא משם קצת הבל של הארה, גם דרך פי היסוד יוצא משם קצת הארה, בסוד הבל, יעו"ש. הרי מבואר להדיא שבחינת הטבור ובחינת היסוד שוין הם בבחינת ההבל.
126

איפה שלימה, שער הנקודים פ"ג ד"ז ע"ב (ב) – רק ב' הבלים וכו'. נראה לעניות דעתי כי מה שכתב הרב ז"ל, שלא יצאו רק ב' הבלים שהם כנגד חוטם פה, אין הכוונה לומר שהטבור ויסוד הם כנגד חוטם פה שקבלו מהם או"א, כי הרי באמת לקמן כתב כי או"א שניהם מקבלים מהיסוד, והכתר מהטבור, משמע שאור הטבור הוא כנגד אור האזן. אלא כוונת הרב לומר הואיל ונחסר להם בחינת אור האזן משום הכי גם למטה נחסר להם אור אחד, שלא יצא אור שלישי אור בפני עצמו. באופן שמה שיצאו ב' אורות, דווקא הכל הוא להורות על חסרון אור האזן, אבל לא אור האזן עצמו עצמו נחסר למטה, וכן נראה מדקדוק לשון שער הקדמות דף י"ט ע"ג שכתב שם וז"ל - אבל לפי שאור האזן נחסר מן או"א, לכן גם כן נחסר הבל אחד כנגד אור האזן שנחסר וכו', יעו"ש.
127

שער הפסוקים, פרשת שמות – והענין הוא, כי נודע שבמקום טבור, הוא פה ממש, שהיה הפתוח בהיותו העובר במעי אמו. ולכן אף גם אחר כך, בהכרח יוצא משם קצת הבל של הארה. גם דרך פי היסוד, יוצא משם קצת הארה בסוד הבל.
128

בית לחם יהודה ש"ח פ"ג דכ"ד ע"ב – אשר מהם קבלו או"א למעלה. היינו דאבא קבל מהחוטם, וגם אור הפה נכלל בו, ואימא קבלה מאור הפה דווקא, כמבואר בפרק ב' דלעיל, יעו"ש.
129

ע"ח ש"ח פ"ב מ"ת דל"ו ע"ג – אבל או"א שאין לוקחין רק מן החוטם ופה, נשברו האחוריים של כליהם.
ע"ח ש"ח פ"א מ"ב דכ"א ע"ג – וחו"ב לוקחים מחוטם ופה, ושיעור מועט מאזן.
130

כרם שלמה ש"ח פ"ג אות ג' – ומה שכתב כאן וגם כאן למטה מקבלין מהם, משמע שב' אורות אלו הם לצורך או"א, ולא לצורך הכתר, כי פשוט הוא אחר שקבל הכתר מאור הטבור, אז אחר כך נותן ממנו לאבא, כי כך היא המידה בכל האצילות, כי החכמה מאין תמצא, שהוא מן הכתר. ולכן אבא מקבל אור הטבור על ידי הכתר, ולא על ידו ממש כמו שמקבל מן היסוד על ידו. ונמצא שאבא מקבל מן הטיבור גם כן, וגוף וברית חשבינן חד, שהם הארת הטיבור והיסוד.
131

בית לחם יהודה ש"ח פ"ג דכ"ד ע"ב – וגם כאן למטה מקבלים מהם. מבואר מדבריו שמקבלים כאן למטה כסדר האמור למעלה בדיבור הקודם, דהיינו דאבא מקבל מהטבור וכל שכן מהיסוד, ואימא אינה מקבלת כי אם

ואו"א מקבלים הבל (שהוא בעצם ב' הבלים כמבואר לקמן) מפי היסוד, והאמת היא שלכתר היה צריך להיות נקב בפני עצמו לקבל ממנו, והיה צריך אבא לקבל את הבל הטבור, ואימא את הבל היסוד, אבל בגלל שההבלים היוצאים מן הטבור והיסוד גדולים עד מאוד, ואו"א[134] אין בהם כח לקבל מב' נקבים של הטבור והיסוד, לכן ההבל שהיה ראוי לאבא שיוצא מן הטבור לקח אותו הכתר דנקודים, והבל היוצא מפי היסוד נחלק לאבא ואימא, בסוד[135] ב' תלמידי חכמים מתכסים בטלית אחת ועוסקין בתורה, כמבואר[136] לקמן בפרקין. **אבל** אור **השבעה תזחתונות**

מהיסוד בלבד. וקשה, דאם כן מה הפרש איכא בין הכתר לאבא. ותו הא בפרק א' דשער תנת"א כתב הנה מהטבור לקח הכתר, ומהיסוד לוקחים או"א, יעו"ש. וכך כתב לקמן בסמוך. נמצא דאין אבא לוקח מהבל הטבור כלל. ונראה לעניות דעתי לתרץ כי אף על פי שכתבנו לעיל שלא טרח המאציל לעשות נקב ג' כנגד האזן, כל זה הוא בבחינת הנקב עצמו, אבל בעניין בחינת ההבלים הראוים לצאת מג' נקבים גם עתה יוצאים ג' הבלים בשלימותם, דאמאי יפסיד הכתר חלק ההבל שלו המיוחס לאזן, וכי בשביל שאני זכר הפסדתי, אלא ששלשה הכלים הנזכרים הם יוצאים מב' נקבים, דהיינו שמן הטבור יצא הבל אחד המיוחס לאזן, ומהיסוד יוצאים ב' הבלים ביחד המיוחסים להבל החוטם והפה. וקרוב לפירוש זה כתב באש"ל יעו"ש, אלא לפי שהם יוצאים מב' נקבים, קרי רז"ל ב' הבלים. וכזה יבוא הכל על נכון, דמה שכתב רז"ל וגם כאן למטה מקבלים מהם וכו', קאי על ההבלים המתיחסים לחוטם ופה היוצאים מפי היסוד, ולא קאי על הנקבים של הטבור והיסוד.
132

כרם שלמה ש"ח פ"ג אות ג' – ואלו הב' הבלים הם יצאו כנגד או"א ולא כנגד הכתר, כי כנגד האוזן לא יצא הבל אחד. אבל אלו הב' הבלים שיצאו לצורך או"א לא לקחו אותם או"א לצורכם, **כי הואיל והם אור רב לא יכלו לקבלם**, ולכן האור שהיה ראוי לאבא שהוא אור שיצא מן הטיבור נטלו הכתר, והוא נקודת החולם כמו שמבואר לקמן. ואור היסוד שהיה ראוי לאימא לאימא חלקו אותו לשניהם אבא ואימא, והוא נקודת השורוק, כי היו"ד שהיא הנקודה שבתוך הו דשורוק נטלו אבא, ואות הו של השורוק נטלתו אימא, ואז יכלו לקבלו בין שניהם זה האור שיוצא מפי היסוד. ואם היה או"א מקבלים למעלה, שהוא אח"פ, אור האוזן, היו כליהם חזקים וממלא היה יוצא גם כן בכאן אור אחד כנגד האוזן לצורך הכתר, ולא היה הכתר נוטל אור של אבא. וכן ממילא היה יוצא אור אחד לצורך אבא לבדו, ולא היה צריך לחלוק עם אימא. וכן היה יוצא אור אחד לצורך אימא לבדה, ולא היה משתתף עמה אבא. אם כן זה כל גרם חסירות אור האוזן מן או"א, ולכן אין קושייא מכאן על לקמן בפרקין שכתב שכתבה מן הטיבור לקחו הכתר, ואור היסוד נטלו אותו או"א, וכאן אמר כי הב' אורות אלו הם כנגד או"א, כי האור שהיה ראוי לאבא נטלו הכתר מפני שלא היה יכולת באבא לקבל אור רב כזה, מפני שחסר ממנו אור האוזן. וה' יאיר עינינו אמן.
133

ע"ח ש"ה פ"א מ"ב דכ"א ע"ג – הנה מהטבור לקח כתר. ומהיסוד לוקחים או"א.
134

רחובות הנהר ד"ב ע"ב – ועל כן הכתר **שיש בו כח** הלביש לחצי התחתון דתפארת דא"ק, ומקבל לבדו את אור הטיבור, שהוא נקודת החולם. אבל או"א שלא קבלו כי אם הארת האוזן, הלבישו את התרין פרקין עילאין דנה"י דא"ק, ושניהן מקבלין את אור היסוד שהוא ניקוד שורק, **ואין להם כח** לקבל משני נקבים.
135

גמרא סוטה דמ"ט ע"א – ואמר רבי אילעא בר יברכיה, אלמלא תפלתו של חבקוק, היו ב' תלמידי חכמים מתכסים בטלית אחת ועוסקים בתורה, שנאמר הוי"ה שמעתי שמעך יראתי הוי"ה פעלך בקרב שנים חייהו, אל תקרא בקרב שנים, אלא בקרוב שנים.
136

ע"ח ש"ח פ"ג מ"ת דל"ז ע"ג – ונחזור לעיל כי הנה בארנו שהנקודות נחלקים לשלשה חלקים. העליונים על האותיות כמו החולם, ובאמצע כמו השורק, ותחתונים כמו שאר הנקודות. והנה נקודת החולם הוא ההבל היוצא מן הטבור, אשר שם עומד הכתר כנזכר לעיל, לפי שהכתר איהו חולם על התפארת כנודע, כי עיקר חולם בתפארת דא"ק. אמנם נעשה כתר לנקודות, וזה שכתוב בתיקון ה' כי חולם כתר באתוון כנודע. וניקוד שורק בוא"ו שנקרא מלאפום שהוא באמצע, הוא ההבל היוצא מן היסוד לאו"א, ונחלק לב', כי הנה נקודת

דנקודים **שלא לקזזו** הארה לצורך כליהם **רק מן הגוף ולמטה** דא"ק, **שהוא מסיום שבולת זקן ולמטה,** ועוד שלא קבלו שום הארה מאורות האזן, וגם לא קבלו את עצמות אורות החוטם ופה,

רק קבלו הארה מאורות החוטם פה **כנזכר**[138] **לעיל** מסיום שבולת הזקן עד הטבור דא"ק, ולא כמו הכתר דנקודים שקבל לצורך הכלי שלו את עצמות אור האזן, וכל שכן עצמות אורות החוטם והפה במקום שבולת הזקן, והחו"ב דנקודים שקבלו הארת האזן ברחוק מקום, ועצמות אורות חוטם ופה לצורך הכלי שלהם, **לכן**[139] בגלל

השורק הוא ו' י' באמצע, והנה י' של שורק הוא לאבא הנקרא י' ראשונה של השם, והו"ו של שורק הוא אל אימא, להוציא ולהוליד הו"ק דז"א, וזהו בחינת הו"ו זו שלוקחת אמא.
138

רחובות הנהר ד''ב ע''ב – ונודע כי סיבה אחת מסיבות מיתת השבעה מלכים תחתונות, היה על מיעוט קבלתם מאור האזן דא"ק, ואו"א שקיבלו הארת אור האזן לבד, נתקיימו הפנים שלהם, והכתר שקבל עצמות אור האזן, נתקיים כולו, ועל שקיבלה מרחוק נפגמו אחורי נה"י שלו. ועל כן הכתר שיש בו כח הלביש לחצי התחתון דתפארת דא"ק, ומקבל לבדו את אור הטיבור, שהוא נקודת החולם. אבל או"א שלא קבלו כי אם הארת האזן, הלבישו את התרין פרקין עילאין דנה"י דא"ק, ושניהן מקבלין את אור היסוד, שהוא ניקוד שורק, ואין להם כח לקבל משני נקבים. ושבעה תחתונות שלא קבלו אפילו הארתה, אינם מקבלים אלא מצפורני א"ק.
138

ע''ח ש''ח פ''ב מ''ת דל''ו ע''ב – והנה עשרה נקודות הם, **והג' ראשונים שבהם הם לוקחים אור ממה שנמשך מהסתכלות העין ממקומם עד מקום התחברות בשבולת הזקן כנודע,** ואינם מקבלים אותם רק בשבולת הזקן, כי משם מתחילין הן, ולא ממה שבשבולת הזקן ולמעלה, (נ"א בשבולת הזקן ולא ממה שבשבולת הזקן ולמעלה, ואינם מקבלין רק בשבולת הזקן, כי משם מתחילים הן, ולא ממה שכנגד העין עד שבולת הזקן). **אבל שבעה נקודות התחתונים אין לוקחין רק ממה שנמשך מהסתכלות באורות החוטם והפה משבולת הזקן ולמטה כנודע,** כי החוטם מגיע עד החזה, והפה עד הטבור, ולא משבולת הזקן ולמעלה. ונמצא כי לפי זה ג' נקודות לוקחין הארה לצורך הכלים שלהם מן ג' האורות שהם אח"פ בשבולת דוקא, אבל שבעה תחתונות אינן לוקחין רק מב' אורות לבד שהם חוטם ופה, משבולת ולמטה עד הטבור, כי אור אזן העליונה כבר נגמרה ונסתמה בשבולת הזקן, ולכן גדולה היא הארה ג' נקודות עליונים מן השבעה תחתונות. ולסבה זו ג' מלכים הראשונים לא מתו, לפי שיש להם הארה גדולה, והכלי שלהם מעולה מאד, לפי שנעשה מבחינת אזן העליונה ומהחוטם ופה, כי בהסתכלות העין באורות האזן חוטם נעשו הכלים שלהם כנזכר לעיל, **כי לקחו כליהם ממקום שעדיין אורות האזן שהם בחינת נשמה נמשכים שם,** שהוא עד שבולת הזקן כנזכר לעיל. אמנם השבעה מלכים תחתאין מתו, לפי שכליהם נעשו מהסתכלות עין בחוטם פה לבד, **והיה חסר מהם אור האזן העליונה.**

חסדי דוד אות ק''ג דנ''ג ע''ד – הכתר דנקודים שקבל אור האזן, לכן לא נשבר, ומסיבה שקבל הארת האזן בריחוק מקום, דהיינו בשיבולת, לכן נפגמו אחורי נה"י, וזה נקרא פגם. ואו"א דנקודים שלא קבלו רק מחוטם פה בשיבולת הזקן, אשר יש שם הארת האזן, לכן נתבטל אחור דאו"א, ונפלו במקום זו"ן ולא בבי"ע, ולכן נקרא ביטול. וזו"ן דנקודים שלא קיבלו אפילו הארת האזן כלל, רק מחוטם ופה משיבולת הזקן ולמטה, לכן מתו ונשברו כליהם, פנים ואחור לבי"ע, ולכן נקרא מיתה. ולכן אותיות שעטנ"ז ג"ץ הם בג' תגין, כי האותיות הם הכלים, והתגין הם האורות שנסתלקו מתוך הכלים, ולכן התגין כולם על גבי האותיות, מה שאין כן בנקודות וטעמים, שיש מהם בתוך האותיות, כי הם רומזים על האורות כשהם בתוך הכלים, והג' תגין הם רמז לחסרון ג' אורות אח"פ משיבולת הזקן ולמעלה. ואותיות בד"ק חי"ה יש בהם תג אחד, לרמוז על חסרון אור האזן. ואוכ"ל מספר"ת בלי תג, כי אין חסרים דבר.
139

בית לחם יהודה ש''ח פ''ג דכ''ד ע''ב – לכן גם כן לא יש להם הבלים להאיר להם. כלומר לא יש להם נקבים להאיר להם, רק בחינת הבל של חימום בלבד. כי בחינת חימום הזרע של האדם המתהוה לפי שעה בגופו, הוא בוקע ויוצא מבין בקיעת הצפרנים לבשר, בין מאצבעות הידים, ובין מאצבעות הרגלים באין הפרש, כדרך שמצינו בחמימות הזרע דיוסף שנתחדש בו באותו העת. רק דהכא בא"ק יצא חימום של האור

49

חלישות הכלים שלהם, **גַם כֵּן לֹא יֵשׁ לָהֶם** נקבים בגוף דא"ק להוציא להם **הַהֲבָלִים** מורגשים [דל"ז ע"ב
73] **וּלְהָאִיר לָהֶם** כי לא היו יכולים לעמוד ולהתקיים מהבל גדול, כמו כלי הכתר שמאיר בו ההבל שיוצא
מנקב הטבור, והכלים דחו"ב שמאירים בהם ב' הבלים היוצאים מנקב פי היסוד, **אֲבָל**[140] עם כל זאת קבלו[141]
השבעה תחתונות דנקודים הארה מן ההבל הבוקע הזה ויוצא[142] **מבין בקיעת הצפרנים לבשר** של רגלי א"ק, והבל זה החזיק

דב"ן שנתהווה ונתחדש בו בזמן ההוא מאצבעות הרגלים, ולא מהידים, לפי שהאור החדש הזה הוא היה
מהטבור ולמטה, תחת הפרסא, שהוא תחת הידים, אבל הטיפה דיוסף היתה בהיפך, כי היא נמשכה ממחשבה,
ומן הדעת שבו, שהוא למעלה מהידים, לכן יצא חימום הזרע מאצבעות הידים הקרובים אל המוח, כמבואר
בפרק ב' דשער ל"א, ובפרק ט' דשער ט"ל, ובסוף פרק ה' דשער נו"ן, בסוד פסוק ממתיק יד"ך הוי"ה, ובסוד
הפסוק ויפזו זרועי ידי"ו. ובפרט שהידים הם מגולים, ובנקל יוצא החימום משם, אבל אצבעות הרגלים דיוסף
בזמן שברח מאצל אשת פוטיפר, מסתמא היו מכוסים רגליו באותו הזמן באנפילאות ומנעלים, ולכן לא יצא
החימום כי אם מידיו בלבד.
140

בית לחם יהודה ש"ח פ"ח דכ"ד ע"ג — אבל נרמזו בסוד ויפזו זרועי ידיו שהוא יו"ד טפין דאזדריקו מבין
הצפרנים כנזכר בתיקון ס"ט דף ק"י ע"א. אמר **נרמזו**, לפי שהתיקונים מדבר ביוסף ולא בא"ק, וגם ביוסף
יצאו מידיו, והכא מאצבעות רגליו, משם הכי אמר **נרמזו**. כלומר מצינו רמז לזה בתיקונים בענין יוסף, דאף על
פי שעיקר הטפה דיוסף יצאה מהאמה, מכל מקום מקצת החימום שלה יצא מדרך האצבעות, אף אתה אל תתמה
אם יוצאת איזה הארה מאור החדש מאצבעות רגלי א"ק לצורך השבעה מלכים. ועיין בדברינו בפרק ב' דשער
ל"א ד"ה כי משם וכו', (בבל"י ד"ה וזהו גם כן).
141

תרשים ג — ט.
142

ע"ח ח"ב של"א פ"ב מ"ת דל"ג ע"ב — אבל הענין, דע כי הקליפה מקום יניקתה הוא מסוף האצבעות,
מקום הצפרנים, כי משם אור פנימי בוקע ויוצא בין בצפרני ידיו, **בין בצפרני רגליו**, כי מן הידים בוקע אור
לצאת ולכנס בראשי הירכיים כנזכר לעיל, ואז יונקים משם בעודו מגולה שם. וזה סוד שאמרו רז"ל כי הידים
עסקניות הן, ושניות לטומאה, וצריכין נטילה אפילו לחולין קודם אכילה. גם בקום האדם בבוקר ממטתו
בלילה, כבר שרתה עליהן רוח רעה, וצריכין נטלת ידים שחרית, כנודע כי לעולם החיצונים כל יניקתם הוא מן
הקצוות ומסיומן, כי אין להם רשות לעלות אל מקום הקדושה, אבל יונקים ממקום סיומא. והנה בקצוות ההם
של הזרועות ושל הירכים שם אחיזתן ויניקתן, והנה אנו רואין בחוש הראות **כי הבשר שבסוף האצבע נבקע,
ומתוכו יוצא וגדל הצפרון ויוצא לחוץ, ודרך אותו בקיעה יוצאין האורות הנ"ל**, ויונקים משם החיצונים
לפעמים כשיש פגם וחלילה בישראל, ולא תמיד. **והנה הצפרנים עצמן אינם בחינת קליפות ממש** חס
וחלילה, וכמו שכתוב בזוהר ויקהל דף רי"ח - דלבושין קדמאין דאתלבש בהו אדם בגנתא דעדן, הוי מאינון
לבושין מאינון רתיכין, דאיקרון אחוריים, ואינון לבושין דאיקרון לבושי טופרא, וכו'. ופירוש הענין, כי אם
הצפרנים היו חס וחלילה טומאה וקליפה, מה היה מועיל הנטילה, והרי לעולם הטומאה דבוקה באדם. **אמנם
הצפרנים הם מלבוש טהור וזך**, אלא שהוא קשה בטבעו, והוא מה שכתוב פרשת תרומה דף קמ"א - בשעתא
דאתחריב בי מקדשא, לא נתחרב אלא מההוא סטרא אחרא בשעתא דאסתים למוחא כו', ובגין דעמא קדישא
לא הוו תמן תפיא, על ההוא פתיחא חופאה קלישא דפרוכתא קלישא, לנטרא ההוא אחר דלא יסתים ליה,
ההוא קליפה תקיפא, ואחיד בכל סטרין. באופן כי צפרנים הם הלבוש הקשה, שניתן שם בראשי אצבעותיו
ובקצוותין, כדי שלא ינקו החיצונים, הנקרא קליפה תקיפא, משם כי בהיות שם קליפה הקלושה שהם הצפרנים
שהם קשים מאד, אי אפשר אל החיצונים לינק משם, והצפרנים עומדין על קצוי סיומי האצבעות למגן
ולמחסה מן הקליפות החיצונים, שלא ינקו יותר מן הצורך שלהם, כי בהכרח משם מקום יניקתם, אלא הכוונה
הוא כדי שלא ינקו יותר מדאי. ולכן מבחינה זו היו הלבושים של אדם הראשון בהיותו בגן עדן הארץ לשמרו
מן החיצונים, ובהתפשט מהם נשאר ערום וירא, ונתחבא מפני החיצונים והמזיקין. נמצא כי הצפרנים הם
שורש קליפות, אלא שהיא זכה בתכלית הזכות, **והיא יונקת ממקום בקיעת הבשר בסוף האצבעות** כנזכר
לעיל, כי הרי משם צמיחת הצפרון, ומה שהוא כנגד הבשר הוא בתכלית הזכות, אבל מה שעודף מן הצפורן

50

את הכלים דשבעה תחתונות עד זמן מיתתם. וְנִרְבְּזוּ הבלים אלו בְּסוֹד הפסוק[143] וַיָּפֹזּוּ זְרֹעֵי יָדָיו, ידיו דוקא, והיא[144] לשון נקיה.◆

צריך לדעת כי דברי הרב ז"ל כאן סתומים, ר"ל מאיפה יצאו אלו ההבלים, יש מקומות כמו כאן שהרב ז"ל כותב[145] **צפרניים**, ולא מבאר אם מדובר בצפורני הידיים או הרגליים. ויש מקומות שמבואר כי ההבלים יצאו[146] דרך צפורני הידים **ממש**, ויש מקומות שמבואר כי הבלים אלו יצאו[147] מבין ציפורני הרגלים. הרב שמואל בן סיד מביא בשם רבו כי

ויוצא לחוץ מכנגד הבשר של האצבע, זה צריך לחתוך אותם, כי שם נתלין החיצונים ויונקים בתכלית. וזה שכתוב בזוהר – ובגין דא לא בעא ליה לאינשי לרבאה לאינון טופרין וכו', והוא השיעור שהוא חוצץ בענין הנטילה של הידים כנזכר לרז"ל, והוא מה שעודף מכנגד הבשר, לכן ענשו של המגדל צפרנים קשה מאד. וזה גם כן סוד הנזכר לרז"ל בתקונים בפסוק - ויפוזו זרועי ידיו הנאמר על יוסף הצדיק, שיצאו עשרה טפין זרע מבין צפרני ידיו, כי משם לקחום החיצונים ושלטו בהן, בסוד שליטת החיצונים בטיפת בעל קרי כנודע, רק שמכאן בדרך האצבעות היא בקיעה מועטת (ודקה וסתומים בפנים, ורוצין לצאת חוץ ואינן יכולין) דוקא כמו שכתבנו. והענין הוא במה שנחקור על מה נבקע הבשר שבסופי האצבעות, אבל הענין הוא כי האורות מטבעם לצאת ולהאיר ולהיות השפע הולך ומתרבה ומתפשט למטה, כטבע מים הנובעים ויוצאין מן המקור, והנה הם חתומים וסתומים בפנים, ורוצים לצאת לחוץ ואינם יכולין, **ולכן בוקעים בקצוות האצבעות ויוצאין לחוץ**, אלא שאינם פתיחות רחבות אלא צרות ודקות, ואז בהמשכם לחוץ נדבקים בהם שרשי הקליפות שהם הצפרנים כנזכר לעיל, ויונקים משם מבין בצפרני הידים, בין בצפרני הרגלים, כי שניהן בחינת קצוות אשר משם יניקת החיצונים כנזכר לעיל.

143

בראשית מ"ט כ"ד – ותשב באיתן קשתו ויפזו זרעי ידיו מידי אביר יעקב משם רעה אבן ישראל.

144

מדרש תנחומא, פרשת וישב סימן ט' – שכן הוא אומר בברכתו ותשב באיתן קשתו, **לשון נקי דברה התורה.** ויפוזו זרועי ידיו, שנעץ ידיו בקרקע, למה מידי אביר יעקב.

145

שער הפסוקים, פרשת בהעלותך – אמר לי מורי ז"ל, כי שמע מחכם אחד גדול שבדורו, ושמו הר"ר קלונימוס ז"ל, ענין זה שנאמר עתה, והוא, כי הנה מצאנו ראינו, כי יעקב אבינו ע"ה, נקבר גופו ועצמותיו בארץ ישראל. ויוסף, נקברו עצמותיו, ולא גופו. ומשה, לא גופו, ולא עצמותיו. והסיבה הוא, כי ארץ ישראל היא כנגד אשת חיל יראת ה', ולפי שיעקב לא נשא את תמנע אחות לוטן, כמו שאמרו חז"ל, לכן זכה שיקבר בארץ יישראל, גופו ועצמותיו. **ויוסף לפי שחטא במחשבה, ויצאו טיפי הזרע מבין צפרניו**, אבל לא השלים המעשה הרע ההוא, לזרקם באשה זרה ההיא, לכן נקברו עצמותיו, ולא גופו. ומשה שהלך לארץ כוש, וישב שם ארבעים שנה, ולקח בקדושין את אשת המלך הכושית, כבעל עם אשתו, כנזכר בספר דברי הימים של משה, אף על פי שלא קרב אליה, לכן לא נקבר בארץ ישראל, לא גופו ולא עצמותיו. עד כן דברי החכם הנזכר ע"ה.

146

ע"ח ח"ב של"א פ"ב מ"ת דל"ג ע"ב – וזה גם כן סוד הנזכר לרז"ל בתקונים בפסוק - ויפוזו זרעי ידיו הנאמר על יוסף הצדיק, **שיצאו עשרה טפין זרע מבין צפרני ידיו**, כי משם לקחום החיצונים ושלטו בהן, בסוד שליטת החיצונים בטיפת בעל קרי כנודע, רק שמכאן בדרך האצבעות היא בקיעה מועטת (ודקה וסתומים בפנים, ורוצין לצאת חוץ ואינן יכולין) דוקא כמו שכתבנו.

147

מבוא שערים ש"ב ח"א פ"ה ד"ד ע"א – ואמנם להיות כי השבעה נקודים תחתונות, לא לקחו רק משבולת הזקן ולמטה, שנפסק לגמרי אור האזן כנזכר לעיל פרק ד', אכן לא היו כנגדם שבעה נקבים אחרים להאיר להם, אמנם יצא הארתם **דרך צפרני רגלי א"ק, וזהו ויפוזו זרועי ידיו האמור ביוסף, שהם עשרה טיפין דקרי שיצאו מצפרני רגליו**, בענין אשת פוטיפרע כנזכר בתיקון, תיקון ס"ט דף ק"ה ע"ב עיין שם. כי יצאו מדכר בלתי נוקבא, והם הם עשרה הרוגי מלוכה, והבן מלת מלוכה, כי הם ממש אלו העשרה מלכים דמתו,

לפי הפשט מדובר בציפורני הידים כמבואר לקמן בהגוב"י, וכן[148] הוא במדרשים. **מצד שני** מבאר[149] הרב ז"ל בשער הגלגולים כי מדובר **בעשרה טיפין דקרי** שיצאו מצפרני רגליו דיוסף, בענין[150] אשת פוטיפר, וכן מפרש האש"ל שמדובר בצפרני הרגלים, ומבאר לקמן בפרקין שכוונת הכתוב לומר שמה שנפוזו זה יו"ד טיפין שהם בחינת חסדים וגבורות, הנקראים ידים, ולא חש הכתוב לומר מהיכן יצאו, **ופשיטתא דמהרגלים יצאו.** וכן[151] היא דעת הרב כרם שלמה. **עם כל זאת הבל"י**[152] מפרש שיצאו **ממש מהיסוד עצמו,** ומבאר כי גם היסוד נקרא[153] רגל בכל מקום[154],

---

ונשברו כליהם וגופם. והסיבה היתה גם כן לפי שהיו בלי תיקון זכר ונקבה, עד שבא הדר מלך השמיני, ואז נתקנו. כנזכר באדרת נשא דף קמ"ב ע"א, ובאדרת האזינו דף רצ"ב ע"א, ויתבאר לקמן.
148

מדרש תנחומא, פרשת וישב סימן ט' – ויהי כהיום הזה ויבא הביתה וגו', רבותינו חולקין בדבר, יש אומרים לעשות צרכו נכנס, ובקש עצמו ולא מצא, דכתיב ואין איש, ויש אומרים לעשות מלאכתו, מלאכה שעליו מן הבית. ורבי יהודה אומר אותו היום יום זבוחו של נילוס היה, ויצאו כלם ונשתיירה היא והוא עמה בבית. ותתפשהו בבגדו, ועלה עמה למטה, ובקש עצמו ולא מצא, שראה דמות דיוקנו של אביו, והפיל עצמו בקרקע ונעץ עשר אצבעותיו בקרקע, למה מידי אביר יעקב. שכן הוא אומר בברכתו ותשב באיתן קשתו, לשון נקי דברה התורה. ויפוזו זרועי ידיו, **שנעץ ידיו בקרקע,** למה מידי אביר יעקב.
מדרש רבה, פרשת וישב, פרשה פ"ז ז' – ויהי כהיום הזה ויבא וגו', ואין איש מאנשי הבית. אפשר ביתו של אותו האיש משתייר בלא איש, רבי יהודה ורבי נחמיה, רבי יהודה אומר יום נבול של נילוס היה, והלכו הכל לראות, והוא לא הלך. ורבי נחמיה אמר יום תיאטירון היה, והלכו הכל לראותו, והוא לא הלך. אלא ויבא הביתה לעשות מלאכתו, לחשוב חשבונות של רבו, רבי שמעון בר נחמן אמר לעשות מלאכתו ודאי, אלא ואין איש בדק את עצמו, ולא מצא עצמו איש. דבר אחר, רבי שמעון אמר נמתחה הקשת וחזרה, הדא הוא דכתיב - ותשב באיתן קשתו, קשיותו. רבי יצחק אמר, **נתפזר זרעו ויצא דרך צפרניו, שנאמר ויפוזו זרועי ידיו.** רב הונא בשם רבי מתנא אמר, איקונין של אביו ראה, וצנן דמו, דכתיב משם רועה אבן ישראל, מ"ל מי עשה כן, אביך ויעזרך וגו', ברכות שדים ורחם, ברכתא דאבוך ודאמך.
149

שער הגלגולים, הקדמה כ"ו – הנה כל מה שאירע ליוסף הצדיק בעולם הזה, עם אדונתו אשת פוטיפרע, **שיצאו עשרה טיפות זרע מבין צפרני רגליו,** כמו שאמר הכתוב - ויפוזו זרועי ידיו. כמו כן אירע למעלה ביוסף הצדיק העליון, שהוא ספירת היסוד. וכאשר יצאו אותם עשר טפות ונצוצות נשמות קדושות, מן היסוד העליון הזכר לבטלה.
150

בראשית ל"ט פסוקים ז' - י"ג - ויהי אחר הדברים האלה ותשא אשת אדניו את עיניה אל יוסף ותאמר שכבה עמי. וימאן ויאמר אל אשת אדניו הן אדני לא ידע אתי מה בבית וכל אשר יש לו נתן בידי. איננו גדול בבית הזה ממני ולא חשך ממני מאומה כי אם אותך באשר את אשתו ואיך אעשה הרעה הגדלה הזאת וחטאתי לאלהי"ם. ויהי כדברה אל יוסף יום יום ולא שמע אליה לשכב אצלה להיות עמה. ויהי כהיום הזה ויבא הביתה לעשות מלאכתו ואין איש מאנשי הבית שם בבית. ותתפשהו בבגדו לאמר שכבה עמי ויעזב בגדו בידה וינס ויצא החוצה. ויהי כראותה כי עזב בגדו בידה וינס החוצה.
151

כרם שלמה ש"ח פ"ג אות ג' – ומה שכתב עוד כאן אבל אור השבעה תחתונות וכו', לכן גם כן לא יש להם הכלים וכו', אבל נרמזו בסוד ויפוזו זרועי ידיו וכו'. ר"ל כי הארת הכתר יצאה מן הטיבור, והארת או"א יצאו מן היסוד, והארת השבעה תחתונות יצאו מן **עשרה צפרנים של עשרה אצבעות של הרגלים דא"ק.**
152

בית לחם יהודה ח"ב של"א פ"ב דל"ד ע"ג – וזהו גם כן סוד הנזכר לרז"ל בתיקונים וכו'. הוא בתיקונים דף ק"י ע"א של דפוס ליוורנו וז"ל - מאי ויפוזו דאזדריקת טיפה דאיהי יו"ד בין עשר אצבען, ואתפליגת לעשר ניצוצין דאזדריקו מקשת דאיהו ברית וכו'. ופירושו, כי חילוק הטיפה ליו"ד ניצוצין הוא מסיבה שהיו עשר אצבעות, ומכל עשר האצבעות היו יונקים הקליפות, ולפי שכל אחד מהם היה מושך את הטיפה אליו לינק ממנה, לכך נחלקה לעשר ציצוצין, ולכן כשנזרקו אחר כך מקשת, נזרקו לעשרה, ודריש ויפוזו כמו ויפוצו בחילוף זסשר"ץ. ודריש זרועו, מלשון זרע וקרי. ודריש ידיו, רמז לחו"ג רמז **של הדעת.** ואף על פי שהיו

הצפרנים מגינים על האצבעות, עם כל זה הם יכולים לינק מהם, כמו שכתב רז"ל, רק שלא יהיה בהם אחיזה, כי לא לקחום משם לגמרי, שהרי אחר כך יצאו מהיסוד כמו שכתוב דאזדריקו מקשת וכו'. אמנם צריכים אנו לדעת כי הרי יוסף הצדיק ע"ה כל עצמו אינו כי אם ספירת היסוד הפרטי בלבד, ואינו כולל כל הפרצוף דז"א, כמבואר בשער הגלגולים הקדמה כ"ו, יעוין שם. ואם כן איך בעוד היות הטיפה למעלה בזרועות, גרם יוסף הצדיק להחלק ליו"ד ניצוצין, מקמי רדת הטיפה ביסוד שהוא שרשו. ותו מעיקרא היכי על ידי הרהור יוסף באשת אדוניו גרם לעיקור טיפה החו"ג מדעת הכללי של אותו פרצוף שאינו מקום שרשו, ולא מהדעת שבפרטות היסוד עצמו, והלא קימא לן שאין האדם פוגם כי אם במקום שרשו בלבד. ויש לומר כי היסוד יש בו כח לעלות עד הדעת, ולמשוך משם הטיפה, כמבואר בסוף פרק ג' דשער השבירה, שכתב שם וז"ל - כי זאת המעלה שיש אל היסוד יותר משאר הספירות, שהוא יכול לעלות עד הדעת, בכל זמן שרוצה לעלות וכו', יעוין שם. ולכן עלה שורש יוסף עד הדעת, והמשיך משם טיפת הקרי, עברה בו"ק דז"א בדרך מעבר בלבד, כמבואר בשער הגלגולים הקדמה כ"ו, ובעברה גם בדרך ב' הזרועות עד סוף האצבעות, שלטו בהם החיצונים, וחילקום ליו"ד ניצוצות. וכשירדה אחר כך ליסוד, לקחה אותם קליפה דנוגה משם, כי היא חפיא על היסוד, בסוד ושפחה כי תירש גברתה. אך קשה, דבפרקין קאמר רז"ל שהם יצאו מצפרני ידיו, וכמו שכתוב בפסוק - ויפוזר זרועי ידיו, וכן כתב בפרק ט' דשער ט"ל. ואלו בשער הגלגולים הנזכר ובמבוא שערים דף ד' ע"א **כתב שיצאו מצפרני רגליו.** ואין לתרץ שיצאו בין מהידים ובין מהרגלים, שאם כן היה ראוי להיות חס ושלום עשרים הרוגי מלוכה. גם אין לתרץ כמו שכתב רבי שמואל בן סיד ז"ל המובא בהגוב"י בפרק ג' דשער הנקודים על מה שבאר שהפסוק אומר ידיו, והרב אומר רגליו, כי רבי שמואל אינו מתרץ כי אם בדברי הרב הם היפך הפסוק, אבל מה שדברי הרב עצמו הם סותרים זה את זה, על זה לא תרץ כלום. והנה בעיקר קשיית רבי שמואל ז"ל נראה לעניות דעתי דלא קשיא מדי כי לא אמר הכתוב ויפוזו אצבעות ידיו, אלא זרועי ידיו, וכבר כתבנו **שתיבת ידיו הם רמז לחו"ג של הדעת**, ולא לספירות החסד וגבורה שהם בחינת הידים ממש, ואם כן לא קשה מדי. אמנם שלפי דלא ידעינן מאיזה יו"ד אצבעות יצאו, כי בתיקונים לא אמר מאיזה אצבעות ייצאו, **משום הכי מספקא ליה להרב ז"ל בזה, פעם הוא אומר מן הידים, ופעם הוא אומר מן הרגלים.** ועוד נראה לפרש דגם רז"ל סבירא לה שיצאו מן הידים, ואין לו שום ספק בזה כלל, ומה שכתב בשער הגלגולים הקדמה כ"ו ובמבוא שערים דף ד' ע"א שיצאו מן הרגלים, **הכוונה הוא על היסוד, כי היסוד הוא נקרא רגל,** כמבואר במאמרי רז"ל במדרש דף י"א ע"א ובהנדפס מחדש הוא בדף ח' ע"ג וז"ל בקיצור - כי החג"ת שלשתם נקראים ידים, כי החסד והגבורה שהם הב' ידים הם נכללים במכריע, שהוא התפארת, ולכן גם הוא נקרא בשם יד, בסוד יד הגדולה, יד החזקה, יד רמה. **וכן הנה"י שלשתם נקראים בשם רגלים, כי נצח והוד נכללים במכריע, שהוא היסוד, ונעשה רגל שלישית,** בסוד - שלוש רגלים תחוג לי בשנה. ואל תתמה אם גם היסוד נקרא רגל, כי זהו הטעם של זווג נקרא בשם רחיצת הרגל (במ"ן), כמו שכתוב - רד לביתך ורחץ רגליך. גם זה סוד רחצתי את רגלי איככה אטנפם. והוא סוד רחיצת המילה בשבת, להעביר הקליפה הנדבקת שם. וזה סוד ומפיבושת וכו' לא עשה רגליו וכו', לפי שדוד הוה בצער, ולא עת זווג. (קרוב לזה פירוש רש"י ז"ל שלא גלח השער שבין הרגלים, יעוין שם בבאורו. **וזה סוד רגלי חסידיו ישמור, ולפי זה אפשר לומר שעל ספירת היסוד עצמו קאמר רז"ל שיצאו יו"ד טפין, מיו"ד אצבעות שברגל, בסוד לא כל האצבעות שוות.** וקרוב לזה כתב מורינו הרב יעקב צמח ז"ל במבוא שערים שם. אלא שאין לשון שערים הנזכר מורה כפירוש זה השני.

153

שער מאמרי רז"ל ד"ח ע"ג – ונמצא כי הז"א בהתחברותו למעלה לא יקרא זולתי גופא, שהוא סוד ו' דשמא קדישא. והנה ו' זו נחלקת לשנים, ג' ראשונות חג"ת, ג' שניות נה"י, ושני אלו הם ששה. והנה השלש ראשונות חג"ת, הם נקראים בבחינת ידים, ושלש שניות נקראים בבחינת רגלים. והענין, הוא כי חג"ת הם שני ידים, ובהתכללותם במכריע הוא התפארת באמצעיתא, יקרא גם הוא יד אחרת, כי הוא הכולל שני ידים האחרות, שהם חסד וגבורה. וזה סוד יד הגדולה, יד החזקה, יד רמה באמצעיתא, כנזכר בהרבה מקומות בספר הזוהר ובתקונים. **וכן כנגדם הם נה"י, הם שלש רגלים, כי נצח והוד הם שני רגלים, ונכללים במכריע והוא יסוד, ונעשה רגל שלישי.** וזה סוד מה שאמר הכתוב - שלש רגלים תחוג לי בשנה, ר"ל כי המלכות נקראת חג דכולהו, כנזכר בריש הקדמת התקונים דכתיבת יד, והיא נאחזת בנה"י כנזכר לעיל. נמצא כי שלש רגלים אלו הם המאירים בה, שלש פעמים בשנה, ובכחם נעשית שלושה חגים, בשלושה זמנים אלו. והגם כי

שלושה חגים הם חג"ת, עם כל זה הוא הארת חג"ת בנה"י, ועל ידי נה"י מאירים במלכות. וזה סוד חובת ראיה ברגלים. והענין הוא, כי מצות ראיה שיעלה כל אדם לעזרת ישראל לראות שם בחגים, **ואין חיוב מצוה זו אלא לאנשים זכרים**, והענין הוא **להעלות ברגליהם ולהמשיך כח הרגלים העליונים שהם נה"י**, בשלש רגלים, ולכן לא נאמר שלשה מועדים, אלא שלש רגלים, לרמוז כי ענין הארת שלושה חגים אלו הוא על ידי הרגלים העליונים נה"י, המאירים במלכות, שהיא עזרת ישראל. והאמת כי עזרת נשים הוא שעור קומתה בבחינת המלכות שבה, ועזרת ישראל הוא שעור קומתה כנגד נה"י, אלא שעתה בחגים היא פנים בפנים כנגד נה"י. וזה סוד ולא יראו פני ריקם, ולכן כל חובת מצוה זו היא ברגלים, כי מטעם זה החגר והסומא פטורים כנודע, וכולהו יליף מלשון רגלים, כנזכר במשנה חגיגה פרק קמא כו', גם הקטן שיוכל לעלות ברגליו מחנכים אותו, שהוא בבחינת ז"א בהיותו יעקב הקטן, צורת ו' בלבד. גם אז צריך להמשיך הארה מרגלי אותה הבחינה, וכל זה עדיין הם חצירות ועזרות בתי בראי, כי עד שם יכולות הנשמות לעלות, כנזכר בפרשת ויקהל, על פסוק מי יעלה בהר הוי"ה, ועיין שם. **ואל תתמה אם גם היסוד נקרא רגל**, כי זהו הטעם שהזווג נקרא בלשון רחיצת רגלים, כמו שאמר דוד המלך ע"ה לאוריה - רד לביתך ורחוץ רגליך, אשר כונתו היתה שיזדווג עמה. גם זה סוד - רחצתי את רגלי איככה אטנפם, והוא סוד רחיצת המילה אפילו בשבת, להעביר זוהמת הקליפה הנדבקת שם. וזה סוד - ומפיבושת לא עשה רגליו ולא שפמו, לפי שדוד הוא סוד מלכות, היה בצער, ואינו עת הזווג, לא זווג תחתון שהם רגליו, ולא זווג עליון שהם שפמו. **שכמו שיש ביסוד התחתון בחינת רגלים, גם ביסוד העליון והוא הלשון, הנקרא בשם רגליו**, כמו שאמר הכתוב - לא רגל על לשונו, כי גם הלשון עם השפתים הוא דוגמת יסוד בין נצח הוד.

שער הליקוטים, פרשת אמור דמ"ח ע"ב - מצות שלש רגלים. הנה ג"ר חג"ת הם נקראים בבחינת ידם, ושלוש תחתונות נקראים רגלים. והענין, כי חג"ת הם שני ידם, ובהתכללותם המכריע, הוא תפארת באמצעיתם. וכנגדם נה"י, שלוש רגלים, **כי נצח הוד שני רגלים, ונכללים במכריעם יסוד, ונעשים רגל שלישית.** וזה סוד שלוש רגלים תחוג לי בשנה. כי המלכות נקראת חג דכולהו, כנזכר בריש התיקונים, והיא נאחזת בנה"י. נמצא, כי שלוש רגלים אלו הם מאירים בהם שלוש פעמים בשנה, ובכחם נעשים שלוש חגים בשלוש זמנים, הם חג"ת. עם כל זה הארות חג"ת בנה"י, ועל ידי נה"י מאירים במלכות. וזה סוד חובת ראיה ברגלים, ואין חיוב רק אנשים זכרים.

בן איש חי דרושים, פרשת עקב – שמלתך לא בלתה מעליך ורגלך לא בצקה. נראה לי בס"ד שמלתך על מלבוש הנשמה, כאשר מכוונים כל יום בברכת מלביש ערומים, וברכת הנותן ליעף כוח, כנזכר בספר הכוונות, ועיקר החלישות המגיע ללבוש הנשמה הוא מעונות שאדם דש בעקביו, כי העונות החמורות לא ימצא שיעבור עליהם סתם האדם בכל יום. ולזה אמר לא בלתה, היינו מפני שרגלך לא בצקה, רמז לעונות שדש בעקביו. או יובן בס"ד ורגלך לא בצקה, על **אבר התשמיש המכונה בשם רגל**, וכמו שכתב רבינו האר"י ז"ל על מה שאמר דוד המלך עליו השלום לאוריה - רד לביתך ורחוץ רגליך. ר"ל מה שלא בלתה שמלתך, זה מלבוש הנשמה, **מפני שרגלך, אבר התשמיש, לא בצקה בביאה של איסור**, או בשז"ל, כי דבר זה נוגע יותר לקלקל לבוש הנשמה.ואמר זה ארבעים שנה, **זה** כינוי ליסוד שלם באראבעים שנה, רמז לארבעה יודי"ן דשם ע"ב.

ברכת הרי"ח, פרשת משפטים – שלש רגלים תחג לי בשנה. ידוע מה שכתוב בספר יצירה - גלגל השנה כמלך במדינה. ופירש קהילת יעקב בשם הפרדס, שזה היינו בתקופת הששה ימים במקומם בתפארת, שהם סוד ו"ק, חג"ת נה"י, ובמצאותם במקומם בפועל יקראו שנה, והתפארת בתוקפו עמהם יקרא גלגל, וזהו גלגל השנה, עיין שם. **והנה ידוע כי הנה"י הם נקראים שלש רגלים, כי לאו דוקא הנצח והוד נקראים רגלים, אלא גם היסוד נקרא רגל.** כי זהו הטעם שהזווג נקרא בלשון רחיצת רגלים, כמו שאמר דוד המלך ע"ה לאוריה - רד לביתך ורחוץ רגליך, אשר כונתו היתה לומר לו שיזדוג עם בת שבע. גם זה סוד - רחצתי את רגלי איככה אטנפם, והוא סוד רחיצת המילה, אפילו בשבת והעביר זוהמת הקליפה הנדבקת שם. וזה סוד - ומפיבושת לא עשה רגליו ולא שפמו כנזכר כל זה בדברי רבינו האר"י זלה"ה. והנה בעילוי המדרגות שבקדושה, צריך להעלות הנה"י לעשותם חג"ת. וזה שכתוב שלש רגלים, שהם נה"י, תחג לי, תעלה אותם במקום חג"ת, אותיות תח"ג, בשנה הוא סוד השש קצות שנקרא שנה וכנזכר ליעיל. ודוק.

154

שמואל א' כ"ד ג' – ויבא אל גדרות הצאן על הדרך ושם מערה ויבא שאול **להסך את רגליו** ודוד ואנשיו בירכתי המערה יושבים.

בסוד[155] הפסוק[156] - ואץ ברגלים חוטא. ובסוד הפסוק[157] שלש רגלים תחוג לי...... יראה[158] **כל זכורך**, ובסוד[159] שאין כל האצבעות שוות, זאת[160] ועוד הרב ז"ל כותב בעצמו כי כל הנה"י נקראים רגלים, לכן גם היסוד נקרא רגל. **עוד**

שמואל א' ב' ט' – **רגלי חסידיו ישמר** ורשעים בחשך ידמו כי לא בכח יגבר איש.

שמואל ב' י"א ח' – ויאמר דוד לאוריה רד לביתך **ורחץ רגליך** ויצא אוריה מבית המלך ותצא אחריו משאת המלך.

שמואל ב' י"ט כ"ה – ומפבשת בן שאול ירד לקראת המלך **ולא עשה רגליו** ולא עשה שפמו ואת בגדיו לא כבס למן היום לכת המלך עד היום אשר בא בשלום.

תהילים נ' י"ד – כי הצלת נפשי ממות הלא **רגלי מדחי** להתהלך לפני אלהי"ם באור החיים.

תהילים קט"ז ח' – כי חלצת נפשי ממות את עיני מן דמעה את **רגלי מדחי**.

תהילים קי"ט ק"א – מכל ארח רע **כלאתי רגלי** למען אשמר דברך.

שיר השירים ה' ג' – פשטתי את כתנתי איככה אלבשנה **רחצתי את רגלי** איככה אטנפם.
155

גמרא ערובין ד"ק ע"ב – ואמר רמי בר חמא, אמר רב אסי, אסור לאדם שיכוף אשתו לדבר מצוה, שנאמר - ואץ ברגלים חוטא. ואמר רבי יהושע בן לוי, כל הכופה אשתו לדבר מצוה, הווין לו בנים שאינן מהוגנין. אמר רב איקא בר חיננא, מאי קראה - גם בלא דעת נפש לא טוב, תניא נמי הכי, גם בלא דעת נפש לא טוב, זה הכופה אשתו לדבר מצוה, ואץ ברגלים חוטא, זה הבועל ושונה. איני, והאמר רבא הרוצה לעשות כל בניו זכרים, יבעול וישנה. לא קשיא, כאן לדעת, כאן שלא לדעת. **מפרש רש"י** לדבר מצוה - **תשמיש**, ברגלים לשון תשמיש, דכתיב - בין רגליה כרע נפל שכב.
156

משלי י"ט ב' – גם בלא דעת נפש לא טוב ואץ ברגלים חוטא.
157

שמות כ"ג י"ד – שלש רגלים תחג לי בשנה.
158

שמות כ"ג י"ז – שלש פעמים בשנה יראה כל זכורך אל פני האדן הוי"ה.
159

גמרא פסחים דקי"ב ע"א – חמשה דברים צוה רבי עקיבא את רבי שמעון בן יוחאי כשהיה חבוש בבית האסורין, אמר לו רבי למדני תורה, אמר איני מלמדך, אמר לו אם אתה מלמדני אני אומר ליוחאי אבא ומוסרך למלכות, אמר לו בני יותר ממה שהעגל רוצה לינק פרה רוצה להניק, אמר לו ומי בסכנה והלא עגל בסכנה. אמר לו (רבי עקיבא) אם בקשת ליחנק היתלה באילן גדול (ר"ל תלמד מאדם גדול תורה). וכשאתה מלמד את בנך למדהו בספר מוגה.... לא תבשל בקדירה שבישל בה חבירך (ר"ל אל תתחתן עם אישה שהיתה כבר נשואה) , מאי ניהו (מה הכוונה) גרושה בחיי בעלה, דאמר מר גרוש שנשא גרושה, (יש אצלם) ארבע דעות במטה, ואי בעית אימא (ואם תרצה אמור שכוונת רבי עקיבא) אפילו באלמנה, לפי שאין כל אצבעות (אבר הברית של כל איש ואיש) שוות.
160

ע"ח ש"א ענף ה' מ"ב די"ד ע"ד – אבל הענין הוא כך, ומובן במה שמבואר בענף ד' ענין א"ק, ואיך כל העולמות הם ענפים, ומסתעפים ממנו, עד שנמצא כי עולם האצילות אינו רק לבוש **אל נה"י דא"ק, שהם בחינת רגליו לבד.**

טעמי המצות למהרח"ו, משפטים דס"ד ע"ב – מצות ראיה בשלשה רגלים, הנה ג"ר חג"ת נקראים בחינת ידים, וג' שניות נקראים בחינת רגלים. והענין הוא כי חג"ת הם ב' ידים, וכללותם במכריע הוא תפארת באמצעיתם, יקרא גם הוא יד, כי הוא יד אחד כולל ב' ידים אחרים, שהם חסד גבורה. וזה סוד יד הגדולה, יד החזקה, יד הרמה באמצע, כנזכר בזהר ובתקונים. וכנגדם נה"י, שלשה רגלים, כי נצח הוד הם ב' רגלים, **ונכללים במכריע יסוד, ונעשה רגל שלשי. וזה סוד שלש רגלים תחוג לי בשנה**, כי המלכות נקרא "חג" לכלהו, כנזכר בריש תקונים בכתר יד, והיא נאחזת בנה"י כנזכר לעיל. ונמצא כי הג' אלו הם מאירים בה שלש פעמים בשנה, ובכחם נעשים ג' חגים בג' זמנים אלו. והנה אף על פי ששלוש חגים הם חג"ת, עם כל זה הארת חג"ת בנה"י, ועל ידי נה"י מאירים במלכות. וזה סוד חובת ראיה ברגלים, והענין כי מצות ראיה היא כך,

מבאר הבל"י כי פירוש המלה **זרועי** היא לא מלשון זרועות הידים, אלא מלשון **זרע**. אחרי נשיקת כפות רגליו של הענק שבענקים, המקובל האלה"י רבינו הרב יהודה פתיא זלה"ה, ואנחנו האבק ואפר, ועוד איך אנו מהרהרים אחרי דברי קודשו, אבל **קשה לי**, איך לא הזכיר את דברי הרב ז"ל שבספר[161] לקוטי תורה שכתב - **ובאה ממקום אצבעות ולא מהברית עצמו, כי לולי כן היתה רעה רבה**[162], וצריך הרבה עיון בדברי הבל"י. רבי אהרן פיריִרא בספרו הקדוש[?] ישע **מישב את החלוקים** בדברי הרב ז"ל והמפרשים, ומבאר כי הכל הוא בערכין, כי הנה"י דפרצוף העליון, שהוא בחינת הרגלים, הוא כל בחינת הפרצוף התחתון, כך שהפרקים האמצעיים של הפרצוף העליון, שהם מן הברך עד תחילת העקב, שכוללים את אצבעות הרגלים, **מתלבשים** תוך בחינת החג"ת של הפרצוף התחתון, הכולל את אצבעות הידיים, כך שהרב ז"ל מדבר על בצבעות הרגלים היא בחינת הפרצוף העליון, שהוא בחינה פנימית, וכאשר הרב ז"ל מדבר על אצבעות הידיים, מדובר על בחינת הפרצוף התחתון, שהוא בחינה חיצונית לאצבעות הרגליים, כך ואלו ואלו דברי אלהי"ם חיים, וקרוב לזה מבאר[163] רבינו יעקב צמח בהגהה שבמבוא שערים. **ובאתי כאן להזכיר ולא להזהיר, ורק**

שיעלה האדם לעזרת ישראל להראות שם בשלש חגים, **ואין חוב אלא לאנשים זכרים.** והענין לעלות ברגליהם **להמשיך כח ברגלים העליונים שהם נה"י** בשלושה רגלים, ולכן לא נאמר בשלשה מועדים, אלא שלשה רגלים, לרמז כי ענין הארת שלשה חגים אלו **על ידי רגלים העליונים נה"י** המאירים במלכות, שהוא עזרת ישראל. והאמת כי עזרת נשים היא שיעור קומתה בבחינת יסוד דמלכות שבה, ועזרת ישראל הוא שיעור קומתה, כנגד נה"י דז"א, אלא שעתה בחגים, היא פנים בפנים כנגד נה"י. וזה סוד ולא יראו פני ריקם, ולכן כל חובת מצוה זו תלויה ברגלים, כי לטעם זה החיגר וסומא פטורין, כנזכר בגמרא דיליף מג' רגלים, כנזכר פרק קמא דחגיגה. גם קטן שיכול לעלות ברגליו מחנכים אותו, שהוא בחינת ז"א בהיותו יעקב קטן, צורת ו' לבד, גם אז צריך למשוך מרגלי זו הארה מרגלי אותה הבחינה, ועם כל זה עדיין הם החצירות ועזרות בתי בראי, כי על שם יכולת הנשמה לעלות, כנזכר בויקהל קצ"ב, על פסוק מי יעלה ומי יקום במקום קדשו, דא עזרת ישראל.
161

ליקוטי תורה, פרשת ויחי – ויפוזו זרועי ידיו. דע כי ענין יציאת עשר טיפין מיוסף הוא, כי כל טיפה בסוד עשר כנזכר בתיקונים, ועשר היא הטיפה היורה כחץ מהקשת, וזו ותשב באיתן קשתו, לכן הקשת בג' גוונין, בסוד ג' יודי"ן שבשם. ונחלקה העשר לעשר, כדי שיוכלו לסבול עשרה הרוגי מלכות, **ובאה ממקום האצבעות ולא מהברית עצמו, כי לולי כן היתה הרעה רבה**, וזה בשביל יעקב הנראה אליו, וזהו מידי אביר יעקב. והנה אביר יעקב אותיות רבי עקיבא, וזו מידי אביר יעקב, שאמרו חז"ל משמת רבי עקבא, בטלו זרועות עולם, שהוא היה זרוע שמאל דז"א והבן זה.
162

בגדי ישע, הגהות וביאורים על עץ חיים, ש"ח פ"ג די"ב ע"א – נ"ב עיין להרב מוהרח"ו עצמו זיע"א בעץ החיים זה שער ל"א שער פרצופי זו"ן פרק ב' דק"ו ע"ג, **שאמר בפירוש שיצאו מציפורני ידיו**, יעוין שם, שורה ט' על פסוק ויפוזו זרועי ידיו, שיצאו טיפי זרע מיוסף מידיו, היינו מעשר אצבעות ידיו וכו', יעוין שם. ורז"ל דרשו במדרש רבה להפך כי יצאו עשרה טיפין מעשרה ציפורני רגליו, בסוד נעץ ציפורניו בקרקע, ואנחנו עניים מדעת, אין אנחנו רואים היום לא זה ולא זה, כי הטיפות יוצאות מבין היסוד, ולא ראינו ולא שמענו מאנשי אמת אם מא יצא להם מן הזרע מרגליו או ידיו, וכי נאמר נשתנו סדרי בראשית חס וחלילה, ואם כן איך יתיישבו דברי תורה הקדושה, שאמר בפירוש - ויפוזו זרועי ידיו, ודברי רז"ל חמורים משל תורה, שאמרו מרגליו, ונכון היה להניחו בצריך עיון. אבל נאמר גרגיר לכבוד קבה"ו, ואם יתיישב יתיישב. והוא שידוע מכמה מקומות ממהרח"ו, ושם בדף ל"ג ע"ב פרק ג' דנקודות יע"ש. והרב החסיד בהקדמת רחובות הנהר דל"ו ע"א, שהאבי"ע מלבישים לא"ק מטיבורו דיליה ולתתא, ובודאי יבא הכתר לתפארת, והחב"ד לג' פרקין עליונים דנה"י, והחג"ת לפרקים אמצעיים, והנה"י לפרקים תחתונים, וכמו כן הז"א לאימא, והנוקבא לז"א, וכן כל הפרצופים כידוע. ועל זה יבא על נכון הכל בעזרת השם יתברך, **שהוא מהידים, היינו חג"ת המלבישים לפרקין אמצעיים, והוא רגלים, כי הכל בחינת נה"י של פרצוף העליון**, כמו שמבואר לעיל והוא יסוד ויהיה, סוד מה שאמרו רז"ל מי רגלים, כי היסוד קורים לו רגלים, כי שם הם הרגלים הנזכרים עד כאן. כי אין להאריך במקום שאמרו לקצר, ואם שגיתי אתי תלין משוגתי. ועיין מבוא שערים דף יו"ד ע"א מה שכתב הרב צמח בזה, ואפשר כיוונתי לדעת עליון, יעוין שם.
163

מבוא שערים ש"ב ח"א פ"ה ד"ד ע"א, הגהה לצמח (ב) – צריך ליתן טעם, למה בפסוק נזכר ידיו, ובכל הדרושים מבארו על רגליו. ואולי שהוא שם בהשאלה, שכל סוף דבר נקרא רגל, כמו רגלי חסידיו ישמור, ודא

לעצמי אני מזהיר ומזכיר, כי[164] עמך כולם צדיקים, את[165] חומרת כל עבירה ועברה שאדם עובר, שהוא גורם שיוצא מז"א בחינת נשמה בלי ציור בנוקבא, והוא דוגמה דאותה בחינה של הקרי הנזכר בפרקין.

ואלו עשרה ההבלים שנרמזו בסוד ויפוזו זרועי ידיו, **שהוא סוד עשרה טפין דאזדריקו מבין הצפרנים** של הרגלים דיוסף הצדיק במעשה[166] אשת פוטיפר **כנזכר** בתיקוני[167] הזוהר **בתיקון ס"ט**

איתתא, כנזכר בזוהר וארא קי"ג. גם שולי חביות, דהיינו סיפה, נקרא רגלים, כמשמע מדף צ"ה, כי המות יונקים משמרי יין שבסוף החביות, וזהו רגליה יורדות מות. באופן שסוף הזרועות, שהם הידים, מכוונים אל הרגלים, להיותם בסוף. גם הרגלים נקראים הזווג, כמו שכתב הרב ז"ל על פסוק - רד אל ביתך ורחץ רגליך, ומפיבושת לא עשה כו', ואת רגליו, וכאלה רבות בדרושים, באופן כי הפסוק שאומר ויפוזו ידיו, והרב אומר רגליו, לרמוז אל הענין. ועוד שהיה לו לומר ויפוזו ידי זרועותיו או ידיו לבד. אלא שבשבניים שייך כל דרשות הרב ז"ל. וגם בזוהר אר לך ביארו צדק יקראהו לרגלו דא שרה, הרי כי הסוף נקרא רגלים, והמלכים שמתו הם משושה קצוות כנודע, ובכללם הזרועות והרגלים. אחר כך מצאתי בספר ליקוטים דף י"א וז"ל - שהירכים שהם הרגלים הם ידים שניות, בערך הראשונות, והם טמאות, ר"ל ידים שניות הם יד שמאל ורגל שמאל, שהם מצד הגבורה, וכבר נודע שעשרה הרוגי מלוכה הם מן הגבורות, ולזה הוצרך בפסוק להזכיר יד, ולדרוש רגל.
164

ישעיהו ס' כ"א – ועמך כלם צדיקים לעולם יירשו ארץ נצר מטעי מעשה ידי להתפאר.
165

ע"ח ח"ב שמ"ב פ"ט דקי"א ע"ג – אמנם נודע כי כל עבירה הנעשית למטה, גורמת כנגדו למעלה, וצריך להבין מה גורם למעלה. והענין בקיצור כי כאשר ז"א מתאוה לנוקבא, כמו שכתוב שאג ישאג על נוהו, ולא מצאה למעלה בעולם אצילות, כי הלכה בגלות למטה בבריאה, **אז אותו נשמה יוצאת מתאות הזכר** בלי ציור נקבה, ותיכף אז מזדמנת שפחה בישא, בסוד ושפחה כי תירש גברתה, לוקחת אותה הנשמה, **והבן היטב ותראה חומר העבירה** מה גורם למעלה.
166

גמרא סוטה דל"ו ע"ב – אמר רב חנא בר ביזנא, אמר רבי שמעון חסידא, יוסף שקידש שם שמים בסתר, הוסיפו עליו אות אחת משמו של הקדוש ברוך הוא. יהודה שקידש שם שמים בפרהסיא, נקרא כולו על שמו של הקדוש ברוך הוא. יוסף מאי היא דכתיב - ויהי כהיום הזה ויבא הביתה לעשות מלאכתו, אמר רבי יוחנן, מלמד ששניהם לדבר עבירה נתכוונו, ויבא הביתה לעשות מלאכתו, רב ושמואל, חד אמר לעשות מלאכתו ממש, וחד אמר לעשות צרכיו נכנס. ואין איש מאנשי הבית וגו', אפשר בית גדול כביתו של אותו רשע לא היה בו איש, תנא דבי רבי ישמעאל, אותו היום יום חגם היה, והלכו כולן לבית עבודת כוכבים שלהם, והיא אמרה להן חולה היא, אמרה אין לי יום שניזקק לי יוסף כיום הזה. ותתפשהו בבגדו לאמר וגו', באותה שעה באתה דיוקנו של אביו, ונראתה לו בחלון, אמר לו יוסף עתידין אחיך שיכתבו על אבני אפוד ואתה ביניהם, רצונך שימחה שמך מביניהם, ותקרא רועה זונות, דכתיב - ורועה זונות יאבד הון, מיד - ותשב באיתן קשתו, אמר רבי יוחנן משום רבי מאיר, ששבה קשתו לאיתנו, ויפוזו זרועי ידיו, **נעץ ידיו בקרקע, ויצאה שכבת זרעו מבין ציפורני ידיו.** מידי אביר יעקב, מי גרם לו שיחקק על אבני אפוד, אלא אביר יעקב, משם רועה אבן ישראל, משם זכה ונעשה רועה, שנאמר - רועה ישראל האזינה נוהג כצאן יוסף.
167

תיקוני הזוהר, תיקון ס"ט דקי"י ע"א עם תרגום וביאור – **ובהאי** ובשאות אות י' שלא תיקן שת, **חב יוסף** חטא יוסף במעשה של אשת פוטיפר, **הדא הוא דכתיב** וזה שכתוב - **ותשב באיתן קשתו** שנתישב בחוזק קשתו שהוא אות הברית הנקרא קשת, אבל עם כל זאת **ויפוזו זרועי ידיו, מאי ויפוזו** נה פירוש המלה ויפוזו, **דאזדריקת טיפה** שנזרקה ונתפזרה הטיפה **דאיהי** שהיא כעין אות י', **בין עשר אצבעאן** בין עשר אצבעות רגליו. ר"ל כי קישוי הברית בא מחמת חמימות כח הזרע הבא הנמשך מן הדעת, וכאשר רוצה האדם לבטל את הקישוי והחמימות, צריך לנעוץ צפורני אצבעות רגליו בקרקע, עד שיתבטל הקישוי, והטיפה חוזרת למקומה. וכן יצא בחינת הבל וחמימות הזרע מבין צפורני עשר אצבעות רגליו של יוסף הצדיק, **ואתפליגת לעשר ניצוצין** והבל חמימות טיפה זאת נחלקה לעשרה

דק"י ע"א, **כנודע** [168] [169] [170] **כי** אלו השבעה תחתונות שיצא להם הבל מציפורני הרגליים של יוסף הצדיק, **הם עצמם בבזזינת** ביטול **המלכים, כי** [171] **הנה** עוד [172] אחת מהסיבות **לביטול המלכים היה**

ניצוצות, **דאזדריקו מקשת דאיהו ברית** ונזרקו מהקשת שהוא הברית, **ובאן אתר אזדריקו** ובאיזה מקום נזרקו עשרה ניצוצות אלו, הם נזרקו **בעשרה הרוגי מלכות** שהם רבי עקיבא וחבריו, ר"ל טיפות אלו נתגלגלו בעשרה הרוגי מלכות והתלבשו בנשמתם, ונהרגו על ידי המלכות הרשעה, ושם נתקנו בחינת הניצוצות דיוסף.
168

הגהות וביאורים (א) – כתב הרב שמואל בן סיד, משם רבו רבי יוסף טבול, שקיבל מהרב זלה"ה כי אף על פי שהפסוק אומר ויפזו זרועי ידיו, (עיין לקמן שער ל"ז פרק ב' דכתב דיוצאות מהידים) דמשמע שמן הידים היתה היציאה, הכוונה הוא לומר שמה שנפזוו, הם עשר טפין דהו"ג הנקראים ידים, כי בכל יד חמש אצבעות, אבל לא חש הכתב לומר מהיכן יצאו, ופשיטה דמהרגלים יצאו.
169

כרם שלמה ש"ח פ"ג אות ד' – מה שכתב כי הם עצמם בחינת המלכים וכו', ר"ל כי אלו השבעה תחתונות שיצא להם הארה מצפרני רגליו דא"ק, הם עצמם בחינת המלכים הנזכרים במקום אחר שנתבטלו. והם דומין לטיפי הזרע של יוסף הצדיק.
170

בית לחם יהודה ש"ח פ"ג דכ"ד ע"ג – כי הם עצמם בחינת [ביטול] המלכים. כך צריך לגרוס, וכן הגהה בע"ח כתב יד, ובאוצרות חיים. כלומר כי זריקת הטפין דיוסף הם עצמם ענין ביטול המלכים, שהרי כל עיקר ביטול המלכים הוא היה מסיבת שלא נתקנו דכרא ונוקבא כחדא, אם כן זהו עצמו סוד טפי הזרע דיוסף, שלא היו מדכרא ונוקבא כחדא.
171

כרם שלמה ש"ח פ"ג אות ד' – כי ביטול המלכים, סיבת ביטולם היתה מפני שלא היו זכר ונקב כחדא, אלא היו נקבות לחוד, כי המלכויות של הספירות לבד יצאו, והם מן בחינת המלכות דא"ק, והם דומין לטיפי הזרע של יוסף, ולכל הקרי של בעלמא. כי כמו שטיפי הזרע היוצאין על ידי הקרי הם זכר בלתי נקבה, שאינם שנים כחדא דכרא ונוקבא, כך הוא ענין המלכים גם הם שאינם שנים כחדא דכרא ונוקבא. ואף על פי שאינם דומים זה לזה, כי טיפי הקרי הם דכר בלי נוקבא, ואלו טיפי המלכים הם נקבות בלתי זכר, זה הפך זה, על כל פנים כל מקום שאינם שנים זכר ונקבה אינם מתקיימים, או זכר לחוד בלתי נקבה, או נקבה לחוד בלתי זכר. ולזה כתב כאן כי **הנה ביטול המלכים היה לפי שלא נתקן עדיין דכר ונוקבא**, ור"ל שהיו חסרים בחינת זכר כנודע, ולא היו שנים כחדא דכרא ונוקבא. **וזהו עצמו סוד טיפי הזרע של יוסף**, ר"ל שהם דומים לזה הקרי של יוסף, שגם הם לא היו שנים כחדא דכרא ונוקבא, אלא זכר בלתי נקבה, וזה שסיים **שיצאו בלתי נקבה, אלא מזכר לחוד**.
172

ט"ז סיבות למקרה המלכים

א. השבע מלכים יצאו מבחינת מלכויות, נפש, עגולים. ע"ח ש"ח פ"א, ע"ח ש"ט פ"ח, מבוא שערים ש"ב ח"א פ"ג.

ב. הג"ר יצאו בצורת סגולתא, וכל אחת כלולה מעשר, ומתפשטים בסוד קוין שכולם קשורים זה בזה, והז"ת יצאו בבחינת חד סמכא, ונפרדים זה מזה בסוד רשות הרבים, ולא בסוד מיתקלא. ע"ח ש"ט פ"ג, ע"ח ש"ט פ"ה, ע"ח שי"א פ"ה.

ג. כלי הו"ק לא יכלו לסבול יותר אורות מחלקם, והם קיבלו כל אחד חלקו וחלק חברו התחתון ממנו, ולא כן כשהיו הג"ר היו מתבטלים בערכם. ע"ח ש"ח פ"ה, מבוא שערים ש"ב ח"א פ"ו.

ד. האור של העשר ספירות פרצוף שלם, והכלים קטנים, נפרדים, וחסרים. ע"ח ש"ט פ"ה, ע"ח שי"י פ"ה, מבוא שערים ש"ב ח"ב פ"ב.

ה. הג"ר יצאו בגוף אחד, והיה בהם כח לקבל האור, השבע תחתונים יצאו נפרדות וחסרות, ולא יכלו לקבל האור שלהם. מבוא שערים ש"ב ח"ב פ"ג.

לְפִי שֶׁלֹּא נִתַקֵּן עולם הנקודים **עֲדַיִּין כַּזַזְדָא אָדָם,** שהוא חיבור של מ"ה וב"ן **דְּכַר וְנוּקְבָּא,** אלא יצאו בחינת[173] המלכיות של הספירות דנקודים לחוד, והם[174] בחינת טיפת הנקבה בלי זכר, כמו

טיפת הקרי דזכר שיוצאת לחוד בלתי נקבה, וטיפת הזכר בלי נקבה כמו שמבואר בפרקין.

ו. הג"ר אין הדין ניכר בהם, והם רחמים, השבע תחתונים דינים נתגלו בהם, ולא יכלו לסבול אור הרחמים. מבוא שערים ש"ב ח"ב פ"ג.

ז. הנקודים יצאו מבחינת חיצוניות סמ"ג דס"ג וחיצוניות עסמ"ב דב"ן, שהם הענפים, והשורשים נשארו בפנימיות א"ק, ולא היה בכח הענפים לקבל את האור. ע"ח ש"ה פ"א, מבוא שערים ש"ב ח"ב פ"ג.

ח. הג"ר קבלו במקום שבולת הזקן אור האוזן, וגם אורות חוטם פה, והז"ת קבלו אורות החוטם פה משבולת הזקן ועד מקום הטבור. ע"ח ש"ח פ"ב, ע"ח שי"א פ"ה, מבוא שערים ש"ב ח"ב פ"ג.

ט. מלכי הנה"י דינין תקיפין, רצו להתגבר על מלכי החג"ת שהם רחמים. שער ההקדמות הקדמה אחת בטרם שנאצל עולם האצילות דל"ג ע"ג.

י. הג"ר דו"ק נשארו בפנימיות המאציל. מבוא שערים ש"ב ח"א פ"ה.

י"א. הג"ר לא נתקנו כפרצוף, לכן האור שיצא מהם לז"ת לא יכלו לקבלו. ע"ח שמ"ז פ"ה, שער ההקדמות דרושי אבי"ע דרוש ג' דע"ג ע"ג.

י"ב. לא היתה אהבה בין ספירה לספירה, וכל ספירה היתה יראה מהספירה שמעליה ומהספירה שמתחתיה. ע"ח שי"א פ"ה, שער ההקדמות הקדמה אחת בטרם שנאצל עולם האצילות דל"ב ע"ג.

י"ג. הסיגים מעורבים בכלים, והם גורמים פירוד. מבוא שערים ש"ב ח"ב פ"ג.

י"ד. לא נכנס האור על ידי התלבשותו בנה"י דישסו"ת בסוד כ"ל צמ"א, אלא באופן ישיר, ורק בתיקון התלבשו האורות בנה"י דישסו"ת. שער ההקדמות דרוש ה' בזמן העיבור השני דמוחין דל"ח ע"ב.

ט"ו. לא נתכללו אחד עם השני, וכל אחד מהמלכים היה בחינה בפני עצמה. ע"ח ש"ט פ"ג, מבוא שערים ש"ב ח"ב פ"ג.

ט"ז. תכלית כוונת המאציל היתה להוציא ולעשות בחינת קליפות לצורך הנבראים, כדי לתת שכר לצדיקים, ועונש לרשעים. ע"ח שי"א פ"ה.
[173]

ע"ח ש"ט פ"ח דמ"ז ע"א – ודע כי באצילות המלכים לא יצאו בזו"ן **רק השבעה מלכיות,** שבב' בחינות החיצונה והתיכונה, והם המלכות דנה"י חג"ת, **ולכן נקרא המלכים נקודות, כי נקודה היא מלכות** כנזכר לעיל. (ולכן) ולא די בזה, אלא שאפילו אלו לא היו מלובשים זה תוך זה, ומקושרים יחד, גם לא היו נחלקים לקוין, כל הרחמים לקו ימין, וכל הגבורות לקו שמאל, והמכריעים לקו אמצעי. אמנם היו כל אחד ואחד נחלקין בפני עצמו, לכן מתו, אך עתה שנתלבשו זה בתוך זה, וכן היה על דרך קוין, לכן נתקיימו, ושים מעייני דעתך בזה. ודע שהמלכים יצאו תחלה בחינת העגולים שבהם לבדם, **שהיא בחינת ז' מלכיות שבהם, ולכן נקרא מלכים, שהם בחינת ב"ן של מלכות,** והם בחינת נפש לבד, ויצאו הששה נקודות שבז"א (נ"א שבזו"ן) שהם השבעה מלכיות מלכיות שיש בזו"ן, **כי הששה מלכות הם בז"א, והשביעית הם מלכות שבמלכות, ולכן לא נתקיימו.**
[174]

לקוטי תורה למהרח"ו, וירא דל"א ע"א – וידוע כי סיבת שבירת המלכים היתה משום שלא היתה בחינת נוקבא, שלא היו זו"ן עד שבא הדר מלך השמיני, בהיה בו תיקון זו"ן ונתקים. לכן אמרו בנות לוט, ואיש אין בארץ לבא עלינו, כלומר אף דאיכא דכורא לא יש לבא עלינו, כי אלו אין להם בחינת נוקבא, ואין לנו תיקון אלא עם אבינו, שהוא אחור דמ"ה, דהיינו מלך השמיני, חסד עילאה, שיש בו תיקון זו"ן. וגם אבינו שהוא אחור שלו יש לו תיקון זו"ן, ממנו אנו יכולין להבנות. ואז ותהרין שתי בנות לוט מאביהן, והצעירה קראו ב"ן עמ"י, שעולה עק"ב, משום ששם במקום לאה, שהוא נגד הבריאה, שהם ב' אלהי"ם דאו"א דבריאה, שנקרא אלהי"ם, כי כן עולה אלהי"ם כמו הכסא.

יש לשאול, אם[175] יצאו עשרה הטיפין מיוסף הצדיק, מה קרה עם העשרה טיפין האלו. אמרו[176] רז"ל שראוי היה יוסף לצאת ממנו י"ב שבטים. ויצאו[177] רק שנים, שהם אפרים ומנשה. מבואר שעשרה הטיפין האלו נולדו[178] לבנימין אחיו של יוסף, וכולם[179] נקראו על שמו של יוסף. כי הוא כדוגמתו, רק[180] שיוסף הוא בחינת אור ישר, ובנימין אור חוזר.

ידוע הכלל[181] של הרב ז"ל, שאין לנו רשות לדבר במקום גבוה כמו א"ק, וסומך הוא על המשכיל שיבין ראשית דבר מאחריתו, **וזהו** גם כאן בא"ק עַצְבּו שהוא שורש ודוגמה לסוד טִיפֵּי הזֶּרַע שֶׁל יוסף, שֶׁיָּצְאוּ

175

ראש דוד לחיד"א, פרשת ויגש – ואפנה על ימי"ן מאמרם ז"ל, בסוטה דף ל"ו לכו ונלכה הגלג"ל ונחדש שם. כפי קצורנו נמשך בהקדמתנו והקדמות אחרות בס"ד, וז"ל - תניא, היה ראוי יוסף לצאת ממנו שנים עשר שבטים, כדרך שיצאו מיעקב אביו, שנאמר - אלה תולדות יעקב יוסף. אלא שיצא שכבת זרעו מבין צפרני ידיו. ואף על פי כן יצאו מבנימין אחיו. וכלן נקראו על שמו. בלע, שנבלע בין האומות. ובכר, בכור לאמו היה..

176

גמרא סוטא דל"ו ע"ב – תניא היה ראוי יוסף לצאת ממנו י"ב שבטים, כדרך שיצאו מיעקב אביו, שנאמר - אלה תולדות יעקב יוסף, אלא שיצא שכבת זרעו מבין ציפורני ידיו. ואף על פי כן יצאו מבנימין אחיו, וכולן נקראו על שמו, שנאמר - ובני בנימין בלע ובכר ואשבל וגו'.

177

בראשית מ"א נ"א-נ"ב – ויקרא יוסף את שם הבכור מנשה כי נשני אלהי"ם את כל עמלי ואת כל בית אבי. ואת שם השני קרא אפרים כי הפרני אלהי"ם בארץ עניי.

178

בראשית מ"ו כ"א – ובני בנימן בלע ובכר ואשבל גרא ונעמן אחי וראש מפים וחפים וארד.

179

גמרא סוטא דל"ו ע"ב – בלע, שנבלע בין האומות. ובכר, בכור לאמו היה. ואשבל, ששבאו אל. גרא, שגר באכסניות. ונעמן, שנעים ביותר, אחי וראש, אחי הוא, וראשי הוא. מופים וחופים, הוא לא ראה בחופתי, ואני לא ראיתי בחופתו. וארד, שירד לבין אומות העולם.

180

ע"ח ח"ב שט"ל דרוש ט"ו מ"ב דע"ט ע"א – כלל העולה מכל הנזכר לעיל, כי שני יסודות הם מז"א לנוקבא, בסוד אור ישר, וממלכות לתפארת בסוד אור חוזר. ובזה תבין מאמר רבי חזקיה פרשת ויצא דקנ"ה ע"א - אבל תא חזי, כזא דמלא בכל זמנא צדיק מעלמא תתאה, נפיק ועייל ביה, עייל ומניה נפיק, כו'. הסוד כי הלא תחלה הנקבה משפעת בעת הזווג מ"נ, בסוד אור חוזר, בסוד יסוד אחד, ולכן התחיל ואמר צדיק מעלמא תתאי נפיק, שהוא בסוד אור חוזר, ואחר כך עייל בסוד אור הישר, מ"ד. הרי שבבנימין עם היותו בעלמא דנוקבא, עם כל זה עלמא דדכורא איהו, ולא בעלמא דכרודא תחת מלכות רחל, גם כי נולד ממנה. ואלו השנים הם יוסף ובנימין, **אור ישר יוסף, אור חוזר בנימין**. לכן יוסף הוא יעקב, אור ישר. ובנימין אור חוזר, בצאת נפשה כי מתה, כי היא נפש הנקבה אך מצד שנסתלק לעילא, אביו קרא לו בנימין, בן ימין, ולא בן שמאל, **גם הוא אור חוזר**. והטעם שאחר כך חוזר לירד בסוד אור ישר, וזה סוד - שמש בנימין במקום יוסף כד אתאביד, כנזכר פרשת ויצא דף קנ"ג ע"ב.

פרי עץ חיים, שער הלולב פרק ב' – וכבר ידעת, **כי היסוד הוא עולה עד למעלה, בסוד יוסף, ויורד עד למטה בסוד בנימין**, כנזכר בהיכלות דפרשת פקודי. ולכן הלולב גדול מכולם, מן ההדס והערבה, כי היא עולה עד המוח, ליטול משם טפה זרעית, בסוד משכיל לאיתן האזרחי, כנזכר בסבא דמשפטים.

181

ע"ח ש"א ענף ב' מ"ת די"ב ע"ד – והנה על ידי הצמצום הזה הנזכר לעיל, אשר נעשה האדם הנזכר לעיל, היה בו בחינת עצמות וכלים, כי צמצום האור גורם מציאות הווית הכלים כמו שנבאר לקמן בע"ה, **ואין לנו רשות לדבר יותר במקום גבוה כזה, והמשכיל יבין ראשית דבר מאחריתו**, כמו שנבאר בע"ה בדרושים אחרים הבאים לפנינו.

182

בלתי נקבה, אלא מזכר לבזוד[183] ולכן[184] הרב ז"ל עושה גזרה שווה, בין המקרה של יוסף הצדיק שקרה בעולם התחתון, לבין בבחינת יוסף דא"ק, והוא כי **צריך לדעת** כי באדם התחתון נרמז בו כללות העולמות מראש עד סוף, ומקרה המלכים ותיקונם, וכן יוסף הצדיק שהוא בחינת פרצוף היסוד בכללות, לכן נעשה בו אותו מקרה של יציאת עשרה טיפין מציפורני הרגלים, כמו שקרה שיצאו עשרה טיפין מציפורני רגלי א"ק. **וה"ם**[185]♦ [186] בחינת ההבלים האלו שיצאו מציפורני הרגלים דא"ק, ועשרה הטיפין שיצאו מיוסף **ה"ם עשרה**[187] לבושין[188] דנשמות עשרת

ע"ח ח"ב ש"ן פ"ה דקט"ו ע"ד – אמנם אלו עשרה הרוגי מלוכה, הם עשרה טפין דאזדריקו מצפרני יוסף, כנזכר בתקון ס"ח בדף ק"ח. והענין כמו שמבואר אצלינו כי אלו העשרה טפין הם עשרה לבושי נשמותיהן, ולא נשמותיהן ממש, נמצא כי אותן לבושים הנקרא גופין דיל'הון, חלוקא דרבנן, הם טוב ורע, ונודע כי עץ הדעת הוא שיריים שלא נתבררו מאותן המלכים, שהם סוד ש"ך ניצוצין דאזדרקו ממחשבה עיל'אה, רצה לומר **כי טעם למיתת המלכים היה משום שלא היה זכר ונקבה כנודע אצלינו, ונמצא כי אותן המלכים הם שנמשכו מלעילא ממוח מחשבה עליונה בלי נוקבא**, כנודע מכמה דרושים, וזה היה קודם התיקון, קודם דאתתקן עתיקא קדישא כעין זכר ונקבה, כי לזה מתו.
183

בית לחם יהודה ש"ח פ"ג דכ"ד ע"ג – אלא מזכר לחוד. וגם הכא בנידון דידן היו מזכר לחוד, כי א"ק הוא דכורא לחוד, וכמבואר בפרק ה' דשער נ' שכתב שם וז"ל - ונמצא כי אותם המלכים הם שנמשכו מלעילא, ממוח מחשבה עליונה בלא נוקבא, כנודע מכמה דרושים, יעו"ש ביאורו בדברינו דהתם.
184

כרם שלמה ש"ח פ"ג אות ד' – ועכשיו עת להננה לחזור לעיל, ולפרש מה שכתב הרב ז"ל כאן **ויפוזו זרועי ידיו** וכו', **כי הם עצמם בחינת המלכים**, כפשיטה שחוזר על הסמוך לה, ולא על המלכים דאצילות שאנחנו מדברים עליהם עכשיו, כי מובן מדבריו שאלו העשרה טיפין הם עצמם בחינת המלכים. אלא **ידוע כי כל אדם הוא רמוז בו כל כללות העולמות מראש עד סוף, וכל מה שנעשה בעולם**, דהיינו באלו המלכים ובתיקונם, הוא נעשה גם כן באדם, כמו שכתב הרב ז"ל כל זה בכל מקום. **וכן יוסף הצדיק ע"ה היה רמוז בו כל בחינת העולמות ומעשיהם, והוא בחינת פרצוף היסוד בכללות**, וכלול בו הכל, וכל מה שנעשה במלכים ובתיקונם. ולכן היו בו בחינת מלכים, כמו שהיו בכללות העולמות שנשברו השבעה מלכים בסוד ש"ך ניצוצין. **ושבירת המלכים שהיו ביוסף הצדיק, הם אלו העשרה טיפין שיצאו ממנו, ואחר כך נתתקנו בעשרה הרוגי מלוכה**, וזה מה שכתב כאן שהם סוד עשרה טיפין דאזדריקו מבין הצפרנים. ואם תאמר ולמה נגרם גרם אחד, והוא הראיית דיוקנא דאבוה כמו שכתוב בתיקונים - ואזדריקו לבטלה. לכן אמר **מוכרח הם להזדריק**, והטעם כי הם עצמן בחינת המלכים, ר"ל המלכים דכללות נשמת יוסף הצדיק, והם דפרטות המלכים דעולמות שאנחנו מדברים עליהם, **ודי בזה**. ואחר כך נתתקנו על ידי עשרה הרוגי מלוכה, ולכן קבלו עליהם את הדין העשרה הרוגי מלוכה, כדי לעלות ולהתתקן במחשבה, שהוא האצילות.
185

איפה שלימה, שער הנקודים פ"ג ד"ז ע"ג (ג) – והם עשרה הרוגי מלוכה וכו'. עיין בשער ט"ל פרק א' שכתב שעשרה הרוגי מלוכה הם עשרת השבטים, ולפי זה קשה, והלא עשרת השבטים קדמו ליוסף, ואיך כאן אומר שיצאו בבחינת עשרה טיפין דאזדריקו מיוסף. ועיין אמת ליעקב מערכת דל"ת סוף אות מ"ג מה שתירץ בזה, שהיו"ד טיפין הם עשרה לבושין של נשמות עשרה הרוגי מלוכה, ולא נשמותם ממש, כמו שכתוב בשער קיצור אבי"ע פרק ה', ובשער הגלגולים הקדמה כ"ו, יעו"ש.
186

בית לחם יהודה ש"ח פ"ג דכ"ד ע"ג – והם הם עשרה הרוגי מלוכה. כלומר ואין להקשות כי בחינת השבעה מלכים כבר נעשה מהם לפי שעה עולם הנקודים, ואחר כך מתו, אבל הטפין דיוסף לא נברא מהם כלום. לכן אמר והם הם עשרה הרוגי מלוכה, כלומר שגם שם נאצלו מהם עשרה הרוגי מלוכה, כי עשרה טפין דיוסף, הם היו מלבושי הנשמות של עשרה הרוגי מלכות, כמבואר בפרק ה' דשער נו"ן, ובשער הגלגולים הקדמה כ"ו, יעו"ש.
187

הרוגי מלוכה שמסרו[189] גופם למלכות הרשעה, כדי[190] שנפשם תלקט ותברר בירורים מתוך הקליפות דעולם העשיה, ויעלו[191] הניצוצות למ"ן, כמבואר בסידור[192] הטהור לרבינו הרש"ש, **והבן מלת מלוכה** שהם

שמותם של עשרה הרוגי מלכות הם: רבי ישמעאל בן אלישע כהן גדול, רבן שמעון בן גמליאל הזקן, רבי חנינא בן תרדיון, רבי עקיבא, רבי יהודה בן בבא, רבי חוצפית המתורגמן, רבי ישבב הסופר, רבי יהודה בן דמא, רבי אלעזר בן שמוע, ורבי חנינא בן חכינאי.
188

אמת ליעקב, מערכת ד' אות מ"ג דכ"ב ע"ב – הרוגי מלכות, והם עשרה הרוגי מלוכה. הנה בזמן חורבן בית שני גברו מאד העונות, ולא די שלא היה כח בבני אדם לברר ניצוצות אלו על ידי תפילה, ולהעלותם בבחינת מ"ן, אלא אפילו המ"ן דבינה ירדו למטה וחזרו להתערב בקליפות. וזה סוד ובפשעכם שולחה אמכם, ובזה היה העולם נאבד חס ושלום. עד שהוצרך הקדוש ברוך הוא לתקן את העולם, והוא על ידי עשרה הרוגי מלוכה. ותחילה צריך לדעת דשלש בחינות יש בעליית מ"ן. **האחד** היא בחינת המ"ן בעצמם, ובחינה זו כבר נתבאר במקומו בערך מ"ן. **השני** הוא עצמות כלי בית הרחם כדי לקבל טיפת הזכר, ובתוך כלי זה יש גם כן מ"ן שלה, וכלי זה נעשה על ידי ידים עליונים דבינה, שהם חו"ג שלה, והם עשרה אצבעות, וזה סוד ה' אותיות מנצפ"ך שהם כפולות, וזה סוד שארז"ל על תמר שמיעכה באצבע, והבן זה. **שלישי** הוא ענין ההוא רוחא דשביק בגווה בעלה, כנזכר, דאין כח במ"ן כדי להעלות ולהתברר שם מעצמן, רק על ידי ההוא רוחא הנזכר, והוא הוי"ה דההי"ן ב"ן, ועל ידי שם זה הוא המעלה מ"ן לבעלה. והנה אז בחורבן בית שני לא היה כח להעלות מ"ן הנזכר אם לא **בבחינה רביעית**, והוא שהוצרכו עשרה חסידים ההם ליהרג, ולמסור עצמם על קידוש השם בפועל, ואחר שנהרגו היה כח בנשמות לברר מ"ן מהמלכות, להעלותן מ"ן בכל זווג. וכך שהיה להם כח לאלו להעלות מ"ן הנזכר הוא. דהנה י"ב שבטים הם שורש לכל הנשמות כולם, שהם עצמם בחינת המ"ן, ואלו עשרה הרוגי מלוכה הם השבטים כנזכר, לכן יש בהם כח להעלות המ"ן שהם מציאות הנשמות עצמם. והנה אמר בזוהר הקדוש - גופא דיליהן אתמסר לסטרא אחרא, ונשמתהון למלכא קדישה. והענין דהעלאת מ"ן דנוקבא דז"א מתתא מהקליפות למעלה בנוקבא, אינו אלא על ידי גופין דילהון ממש שנהרגו, וזה סוד וגופא דילהון אתמסרו למלכא חייבא, פירוש דסוד הקליפה שהם הסטרא אחרא שבהן נאחזין המ"ן דנוקבא, והם מכונים בשם סטרא אחרא ממש, והנה גופם של עשרת הרוגי מלכות נמסר אז בידם דסטרא אחרא, והרגום כדי שיהיה בהם כח להעלות מ"ן דנוקבא בזכותן, דהגופים הם מקבלים צער ההריגה. ודע דגופות שלהם היו מזוככים כל כך עד שהיו ראוים בערך נשמות של בני אדם אחרים, דזהו מעשה הצדיקים לזכך גופם ולעשותן צורה. ודע דגופות שלהם היו מבחינת הקרבנות, וזה סוד ומהכא רוח דקרבנין, דכמו שהקרבן הוא מעלה ומקרב העולמות זה לזה, כן אלו הצדיקים עשרה הרוגי מלוכה, הם מעלין בגופם ממש את המ"ן דנוקבא למעלה, ומאז ואילך עד ימות המשיח הם המעלין המ"ן דנוקבא למעלה. שער מד ומ"ן פרק א'.
(א"ה קל למבין במה שכתב דעשרת הרוגי מלוכה הם העשרה שבטים, והלא במערכת המ"ם אות ל"ז כתב דעשרה הרוגי המלכות הם הם העשרה טיפין זרע של יוסף, שיצאו ממנו, יע"ש. וכיצד יתקיימו ב' כתובים הללו, שוב ראיתי בשער קיצור אבי"ע פרק ה' שכתב וז"ל - ואלו העשרה טיפין **הם עשרה לבושי נשמתיהון של עשרה הרוגי מלוכה**, ולא נשמתהון ממש, יע"ש, ודוק. ובזה לא קשיא מידי, והרי הוא כמבואר, ועיין בשער הכללים פרק א', שכתב דמסרו גופם למלך, והיו מ"ן למלכות, ונפשות עלו למ"ן לאו"א וצריך ישוב על מה שמבואר כאן).**
מבוא שערים ש"ב ח"א פ"ה ד"י ע"א הגהה לצמח – בספר עב"י דף פ"ז וז"ל - כי אלו עשרה טיפין הם לבושי נשמותיהם, ולא נשמותיהם ממש. ובדף קל"ו כתיב - כי הארה יוצא מן הצפרנים, בסוד - ויפוזו זרועי ידיו.
189

ע"ח שער הכללים פ"א ד"ה ד"ה ע"ג – וזה סוד עשרה הרוגי מלוכה שהיו בזמן החורבן, והעונות גרמו, שאז גברה הקליפה, ולא היה כח להעלות מ"ן, שהם הניצוצין ההם, והיה העולם שומם ומתמוטט, **לכן מסרו גופם למלכות,** והיו מ"ן למלכות, ונפשותם העלו מ"ן לאו"א, אותן הניצוצין שבתוך הקליפות.
שער הכוונות, דרושי תפילת השחר, דרוש א' – ואמנם הניצוצות אשר נפלו בעולם העשיה, אינם דומים לאותם שנפלו ביצירה ובבריאה, לפי שבעשיה הקליפות עצומות וחזקות וגדולות, ואין כח להוציא אותם

מלשון המלכיות שיצאו מבחינת המלכויות דשם ב"ן, **כי** העשרה הבלים שיצאו מהציפורניים דרגלי א"ק **הם**
ממש כעין[193] **אלו השבעה מלכים** דנקודים דמיתו, **שנשברו כליהם וגופם** וירדו עם
הרפ"ח ניצוצין דילהון לבי"ע[194], כלי פנימי דשבעה תחתונים לבריאה, כלי אמצעי ליצירה, וכלי חיצון לעשיה, ועל ידי

הנצוצות משם, **אלא בכח עשרה הרוגי מלוכה,** כמבואר אצלינו במאמר הזוהר פרשת פקודי דף רנ"ד ע"ב
בענין גופין ורוחין דילהון דאתמסרו בידא דמלכות חייבא כו', וע"ש. ושם נתבאר אצלינו כי הגופין עצמן
דילהון נעשו בחינת מ"ן אל המלכות, **והם המלקטים את הנצוצות הנשמות שבעשיה,** כי אי אפשר ללוקטן
בשום אופן אחר, זולתי על ידי אותם הנשמות של עשרה הרוגי מלוכה, וכל זה הוא בעשיה, מה שאין כן בשאר
העולמות. וזהו הטעם שהוצרכו ליהרג אותם עשרה אבירי ישראל, כדי שיוכלו ללקוט אותם הניצוצות
שבעשיה, מיום שנהרגו עד ביאת המשיח, כמו שכתוב אצלינו שם, וזהו מה שאנו רומזים ואומרים - א"ל
נקמות הוי"ה א"ל נקמות הופיע, שינקום נקמת אותם עשרה הרוגי מלוכה, ועל ידי הזכירה הזאת, הם
מתגברים ולוקטים הניצוצות של הנשמות הנתונות תוך הקליפה דעשיה.
190

שער הגלגולים הקדמה ל"ה – גם טעם עשרה הרוגי מלכות, רבי עקיבא וחביריו, שמעתי ממורי זלה"ה, כי,
על ידי שנהרגו על קדוש השם, **זכו הם ללקט ולברר** כל הנצוצות של הנשמות, אשר למטה ממדרגתם,
הנתונים בעמקי הקליפות, ועל ידם מוצאים ומובררים, והם מעלים אותם אל הקדושה להשתלם ולהתקן.
191

עוד יוסף חי, פרשת מקץ סימן י"ד – באומרו אל נקמות הוי"ה, יכוין לשאל מהשם יתברך שינקום נקמת
עשרה הרוגי מלכות, ועל ידי הזכרה זאת מתעוררין גופין קדישין דילהון, לברר וללקט הנשמות וניצוצי
הקדושה שנשארו בקליפות דעשיה, ויכוין ראשי תיבות **נפשנו חכתה להוי"ה נח"ל,** וסופי תיבות כי גמל עלי
שם יל"י המעלה נצוצין דעשיה.
192

תרשים ג – י.
193

כרם שלמה ש"ח פ"ג אות ד' – ומה שכתב כי הם עצמם בחינת המלכים וכו'. ר"ל כי אלו השבעה מלכים
שיצא להם הארה מצפרני רגליו דא"ק, הם עצמם בחינת המלכים הנזכרים במקום אחר שנתבטלו. והם דומין
לטיפי הזרע של יוסף הצדיק
194

ע"ח ש"ט פ"ז מ"ב דמ"ו ע"ב - והנה כאשר יצאו כל האצילות מבחינת ב"ן לבד, והיה כולל עתיק, וא"א,
ואו"א, וזו"ן. ואז יצאו תחלה כל הכלים שלהם זה תחת זה עד סיום עולם האצילות, ואחר כך יצאו אורות דב"ן
כל פרטי אצילות, ויצא תחלה כתר דעתיק דאצילות, שבו נכללין כל האורות, ונתקיים, ואחר כך יצאה חכמה
דעתיק בכלי שלו, ובו היו כלולים כל שאר האורות ונתקיים, ואחר כך יצאה בינה דעתיק, ובו כלולין כל שאר
האורות ונתקים, ואחר כך יצאו שבעה תחתונות דעתיק, (נ"א דדעת) הדעת למטה כל אחד כלול בכלי שלו,
ובו כלולים כל שאר האורות, והיה נשבר, וירד **פנימיות הכלי לבריאה, וחיצוניות הכלי ירד ביצירה,**
וחיצוניות של חיצוניות בעשייה, ואחר כך האור ההוא נשאר בלי כלי, ושאר האורות ירדו בכלי השני של
השבעה תחתונות, וגם הוא נשבר על דרך הנזכר לעיל, (נ"א נשאר ע"ד הנ"ל) והאור שלו נשאר בלי לבוש,
ושאר האורות ירדו לכלי שלמטה ממנו, וכן על דרך זה עד שנגמרו שבעה תחתונות שלו, ואחר כך נכנס הכתר
דאריך אנפין בכלי שלו............
נהר שלום דכ"ד ע"ד – והנה ידוע כי מיתת המלכים היתה בזו"ן דפרטות, ר"ל בזו"ן דעתיק, ובזו"ן דא"א,
ובזו"ן דאבא, ובזו"ן דאימא, ובזו"ן דז"א, ובזו"ן דנוקבא, וכל פרצוף מאלו הפרצופים כלול מכל הפרצופים
הנזכרים. וזה היה בפרט האחרון דפרטי פרטות, וכמבואר לעיל בהקדמה, וזה היה בפנימיות וחיצוניות
דפנימיות, ובחיצוניות ופנימיות דחיצוניות, דפנים ודאחור. **והכלים עם הרפ"ח ניצוצות דמלכים דעתיק נפלו**
לעתיק דבי"ע, ודא"א לא"א דבי"ע, ודאו"א לאו"א דבי"ע, ודזו"ן לזו"ן דבי"ע. באופן זה כי הכלים
הפנימיים דמלכים הנזכרים נפלו לפרצופי הבריאה. והכלים האמצעיים ליצירה. וכלי החיצוניים שלהם

ישראל הקדושים, ובעזרת נשמות עשרה הרוגי המלכות, מתבררים[195] בחינות אלו עד ביאת המשיח במהרה בימינו אמן, ובתורה הקדושה הם[196] רמוזים בסוד שבעת מלכי אדום שמלכו ומתו, עד שבה המלך השמיני הדר עם אישתו מהיטבאל, ומלך, ולא מת. בסוד[197] ברית המילה ביום השמיני. **וְהַסִבָּה**[198] שמתו המלכים דנקודים **הָיָה גַּם כֵּן** כמו שקרה ליוסף הצדיק, שיצאו הטיפין דזכר בלי נקבה, גם כאן נמשכו ונזרקו לכל עבר ש״ך ניצוצין מהמחשבה העליונה דא״ק, מהזכר בלתי נקבה, כדוגמת יוסף הצדיק, **וּלְפִי שֶׁהָיוּ** אותם ניצוצין **בלתי תיקון דכרא וְנוּקְבָא** לכן מתו אותם המלכים דנקודים, **עַד שֶׁבָּא** זמן התיקון, ובה **הַדָּר** שהוא **הַמֶּלֶךְ שְׁמִינִי**

לעשיה. ונתבאר בשער השמות ובכמה מקומות, כי כדי לברור הכלים ושארית הרפ״ח דכל פרט, יורדים כל הפרצופים העליונים דאצילות בימי החול בסוד גלות השכינה, ומתלבשים בפרצופים שכנגדם למטה בבי״ע. עתיק דאצילות בעתיק דבי״ע, וא״א בא״א, ואו״א באו״א, וזו״ן בזו״ן. כלים פנימים שלהם בבריאה, ואמצעיים ביצירה, וחיצונים בעשיה. ובי״ע הנזכר מתלבשים בבי״ע דחול, וזה לצורך בירורי כלים ואורות דמלכים דזו״ן דעתיק, וא״א, ואו״א, וזו״ן דאצילות שנפלו לבי״ע על סדר הנזכר. **כי הכלים הפנימים של מלכי עתיק, וא״א, ואו״א, וזו״ן דאצילות נפלו לבריאה. וכלים האמצעיים של המלכים הנזכרים ליצירה. וכלים החיצוניים שלהם לעשיה**, כנודע. ועל כן בימי החול יורדים הכלים דפרצופים העליונים דאצילות על דרך הנז״ל, לברר בחינותיהם שנשארו בבי״ע.

רחובות הנהר ד״ב ע״ב – ובהגיע האור לגבול האצילות, אירע בהם ענין ביטול המלכים, ונפלו הכלים פנימי אמצעי וחיצון עם אורות דרפ״ח, **לבי״ע התחתונים** דאותה הספירה.

195

ע״ח שי״ט פ״ג מ״ת דצ״ג ע״ג – והנה אלו המלכים עדיין לא נגמרו להתברר עד ימות המשיח, כי אז יובררו לגמרי, והסיגים יתבטלו, בסוד בלע המות לנצח, והטוב שבהם יתברר ויתחבר עם הקדושה, אשר בהמשך זמן זה מתברר מעט מעט בכל יום, ובביאת המשיח יושלמו להתברר.

196

בראשית ל״ו פסוקים ל״א-ל״ט – ואלה המלכים אשר מלכו בארץ אדום לפני מלך מלך לבני ישראל. **וימלך** באדום בלע בן בעור ושם עירו דנהבה. **וימת** בלע וימלך תחתיו יובב בן זרח מבצרה. **וימת** יובב **וימלך** תחתיו חשם מארץ התימני. **וימת** חשם **וימלך** תחתיו הדד בן בדד המכה את מדין בשדה מואב ושם עירו עוית. **וימת** הדד **וימלך** תחתיו שמלה ממשרקה. **וימת** שמלה **וימלך** תחתיו שאול מרחבות הנהר. **וימת** שאול **וימלך** תחתיו בעל חנן בן עכבור. **וימת** בעל חנן בן עכבור **וימלך תחתיו הדר** ושם עירו פעו ושם אשתו מהיטבאל בת מטרד בת מי זהב.

197

שער הפסוקים, פרשת תזריע דל״ב ע״ד – וביום השמיני ימול וגו', **(מזולתו)** טעם היות המילה לשמונה ימים, להורות על שבעה מלכין קדמאין, דלא אתקיימו עד בא השמיני, ואתגלי חסד עילאה בפום אמה, ואתבסמת נוקבא. ולפיכך מילה ופריעה, כי היכי דלתגלי חסד עילאה עד היסוד בה, ומבסם לה לנוקבא. **(עד כאן מזולתו).**

198

כרם שלמה ש״ח פ״ג אות ד' – וכן ממה שכתב **והסיבה היה גם כן** וכו', **גם כן** דייקא, מכל אלו משמע שהם דומין זה לזה, והוא כמו שהיו אצל יוסף הצדיק טיפי זכר בלתי נקבה, כך המלכים האלו היו טיפי זכר בלתי נקבה, ולא כמשמע ממקום אחר שהיו נקבה בלתי זכר. אלא הדבר מפורש בשער נ', שער קיצור אבי״ע פרק ה', כי המלכים האלו הם ש״ך ניצוצין דאזדרקו ממחשבה עליונה. וז״ל שם - רצה לומר כי טעם למיתת המלכים היה, משום שלא היה זכר ונקבה כנודע אצלינו, ונמצא כי אותן המלכים הם **שנמשכו מלעילא ממוח מחשבה עליונה בלי נוקבא** כנודע מכמה דרושים, וזה היה קודם התיקון, קודם דאתתקן עתיקא קדישא כעין זכר ונקבה, **כי לזה מתו.** והנה אלו הבחינות הם טיפת קרי הנקרא ניצוצין, והם ש״ך, וזה שאמר וזריק לון לש״ך עיבר, והבן זה סוד נפלא, עד כאן לשונו שם מה שצריך לעניינינו. הרי הדבר מפורש בהדייא מה שדומין לטיפת הקרי שהם דכר בלתי נוקבא, מפני שנמשכו ממחשבה עילאה, שהוא סוד המוח, שהוא בחינת זכר, שהוא חכמה, ולכן הם דומים ממש לטיפי הקרי של יוסף הצדיק, שהם זכר בלתי נקבה.

ושם עירו **פעו**[199], ויצא עם אישתו מהיטבאל, ואז[200] נתחבר הזכר עם הנקבה, שהם בחינת מ"ה עם בחינת ב"ן, והם ביררו הטוב מהרע, **ואו נתקנו** המלכים דמיתו. הרב ז"ל מביא ראיה לבחינת ההבל היוצא דרך הציפרני הרגלים מהגמרא הקדושה, בגמרא לא מוזכר בחינת הרגלים, וגם לא מוזכר בגמרא בחינת יציאת הזרע דרך צפורני הרגלים, עם כל זאת הרמב"ם[201] ושלחן[202] ערוך פוסקים הלכה למעשה, שצריך לנעוץ ציפרני רגליו בקרקע, עד שימות הגיד. **וזהו**[203] **גם כן סוד**[205] **מה שכתוב בגמרא**[206] **במסכת שבועות** ל"ג **בפ"ג צ"ל** פרק ב'

199

פעו רומז ליוסף, והוא כי פעו גימטריא קנ"ו, שהוא גימטריא יוסף.

200

ע"ח ש"י פ"ג מ"ת דמ"ט ע"א – וזה סוד הכתוב ושם אשתו מהיטבאל בת מטרד, כי הנה בשם זה יש כללות מ"ה (ובן) וי"ט, שהוא המלוי של ארבע אותיות הראשונים שבו, כי אדם הוא שם מ"ה, והנקבה י"ט, בהיותה כלולה עמו כי אז נוקבא נקרא מילוי שם מ"ה, גימטריא י"ט, כמו ענין אדם וחוה, כי אדם שם מ"ה, וכאשר היתה הנוקבא עמו היתה נקרא חו"ה, שהוא גימטריא י"ט, שהם בחינת מילוי דשם מ"ה, כי כל בחינת מילוי הוא גימטריא (נ"א בחי') אלהי"ם, שהיא בחינת הנוקבא, שהוא דינין. ובזה תבין למה בחינת הנוקבא היא תמיד בחינת דינין, והוא לפי ששרשה הוא בחינת המלכים שמתו, שעל ידי כך נקרא מלכים, מלשון מלכות. ואמנם כאשר נפרדת מעליו ונעשה בחינה לעצמה, ואז שניהן בסוד **בעל ואשתו, דכורא לחוד, ונוקבא לחוד**, אז נקרא מהיטבאל, כי שם זה נחלק למ"ה יטבאל, כי **מ"ה הוא דכורא** כנודע, **ויטבא"ל גימטריא ב"ן, שהוא נוקבא**, בהיותה לעצמה הוי"ה דההי"ן, המתבסם עמו עם זה, דכורא ונוקבא, ולכן נקרא בשם טוב, להורות שיצא מהם הרע והוברר מהם הטוב, וזה שכתוב ואתבסמו דא בדא כו'.

201

הרמב"ם, ספר קדושה, הלכות איסורי ביאה פ"ד הלכה י"א – היה משמש עם הטהורה ואמרה לו נטמאתי, לא יפרוש מיד והוא בקישויו, שהנאה לו ביציאתו כביאתו, ואם פירש והוא בקישויו חייב כרת כמו שבעל נדה, והוא הדין בשאר עריות. אלא כיצד יעשה, **נועץ צפרני רגליו בקרקע**, ושוההא ואינו מזדעזע, עד שימות האבר, ואחר כך נשמט ממנה.

202

שולחן ערוך, יורה דעה סימן קפ"ה סעיף ד' – היה משמש עם הטהורה ואמרה לו נטמאתי, ופירש מיד, חייב כרת, שיציאתו הנאה לו כביאתו. כיצד יעשה, **נועץ צפרני רגליו בארץ**, ושוהה בלא דישה, עד שימות האבר, ופירש באבר מת.

203

איפה שלימה, שער הנקודים פ"ג ד"ז ע"ג (ד) – וזהו גם כן מה שכתוב במסכת שבועות וכו'. היא שם בדף י"ח, ואף על פי דלא אמרינן התם בגמרא אלא שנועץ צפרניו בקרקע, עד שימות הגיד, ופירש רש"י ז"ל כלומר יעמיד עצמו בלא דישה וכו', יעו"ש. נמצא שלא אמר הש"ס שהזרע יוצא משם. אפשר דקשיא להרב ז"ל קושיית רש"י ז"ל, דלמה ליה למנקט נועץ צפרניו בקרקע, אי לאי לאשמועינן שעיקר הזרע הוא נמשך בתוך נצח הוד, ומנצח והוד נמשך ליסוד, ועל ידי שנועץ צפרניו בקרקע, חוזר הזרע למקום שיצא משם, לתוך נצח הוד, ויוצא ההבל והחמימות שלו מצפרני הרגלים, ולזה קורא רז"ל הכא לאור הצפרנים בשם הבלים.

204

בית לחם יהודה ש"י פ"ג דכ"ד ע"ג – וזהו גם כן מה שכתוב במסכת שבועות פרק ב' די"ח ע"א. כך צריך לגרוס. מביא עוד ראיה שהבל החימום הוא יוצא מדרך הצפרנים, ממאי דאמרינן בגמרא היכי עביד, אמר רב הונא משמיה דרבא, נועץ עשר צפרניו בקרקע עד שימות, וטוביה. ופירש רש"י ז"ל נועץ צפרניו. כלומר יעמיד עצמו בלא דישה עד שימות האבר, ואשריו, כלומר זו היא הטובה לו, עד כן לשונו. דאי כפירוש רש"י ז"ל אמאי נקטו חז"ל לשון נועץ צפרניו, אם לא לומר שהחימום הוא נמשך ויוצא ממקום הקר, ולפי שהקרקע קרה, ינעוץ צפרניו בקרקע, והחמום יוצא מהצפרנים, וממהר הקשוי להתבטל.

205

כרם שלמה ש"י פ"ג אות ד' – וממה שכתב כאן הרב ז"ל **וזהו גם כן סוד מה שכתוב בשבועות**, כוונתו לומר שאם אתה רוצה **לפרש המאמר על פי הסוד**, כך פרושו, **מי שאמרה לו אשתו בשעת תשמיש**

דף י״ח ע״א **מִי שֶׁאָמְרָה לוֹ אִשְׁתּוֹ בְּשָׁעַת** ר״ל באמצע ה**תַּשְׁמִישׁ נִטְמֵאתִי**, מה יעשה, הרי הנאה לו ביציאתו כביאתו, לכן **יִנְעוֹץ צִפּוֹרְנָיו בַּקַּרְקַע וְהַזֶּרַע**[207] ר״ל ההבל החמימות **יוֹצֵא דֶרֶךְ צִפּוֹרְנֵי רַגְלַיִם,** [דל״ז ע״ג 74] **וּפֵירוּשׁ בְּאֵבֶר מֵת.**

הרב ז״ל ביאר כי הכח״ב דנקודים קבלו הבלים דרך הטבור והיסוד דא״ק, והשבעה תחתונות לא קבלו הבלים לצורך כליהם, כאן הרב ז״ל מבאר[208] היטב מי קיבל את ההבלים שיצאו דרך עשרה הציפורניים דא״ק. **וְהִנֵּה**[209] **הַבֵּלִים הָרְאוּיִין לְשִׁבְעָה הַמְּלָכִים אֵלּוּ, הֵם שִׁבְעָה** הבלים שקבלו אותם שבעה הנקודות התחתונות דעולם הנקודים, **וְיָצְאוּ**[210] הבלים אלו **דֶּרֶךְ צִפּוֹרְנֵי**[211] **הָרַגְלַיִם** דא״ק, כמו שיצאו עשרה טפין מרגלי יוסף הצדיק במקרה עם אשת פוטיפרע. **וְאַף**[212] **עַל פִּי שֶׁהַצִּפּוֹרְנַיִים הֵם עֲשָׂרָה, וְהַנְּקוּדוֹת**

נטמאתי, ר״ל שכבר בטיפות אלו של זרע, שהם לצורך התשמיש דכרא ונוקבא יש בה טומאה, שהם הסיגים, אם כן צריך בירור בירור אל המחשבה העליונה על ידי עלית מ״ן, והוא מתחילה צריך להם ירידה, כדי שיפרשו הסיגים מהם, וזהו **ינעוץ צפורניו בקרקע והזרע יוצא דרך צפורני הרגלים, ויפרוש באבר מת,** שהם מיתת המלכים, שהיא הירידה שלהם כדי שיתבררו על ידי פרישת הסיגים שהם המות מהם. ויחזרו אל הקדושה מבוררים. ודי בזה, וה׳ יכפר, וה׳ יאיר עינינו באור תורתו אמן כן יהי רצון.
206

גמרא שבועות די״ח ע״א – היה משמש עם הטהורה, ואמרה לו נטמאתי, ופירש מיד חייב, זו היא מצות שבנדה כו׳. אמר מר פירש מיד חייב, היכי עביד, אמר רב הונא משמיה דרבא, נועץ עשר צפרניו בקרקע עד שימות.
207

בית לחם יהודה ש״ח פ״ג דכ״ד ע״ג – והזרע יוצא דרך צפרני רגלים. רז״ל קאמר לה, ולא הש״ס. כלומר והחימום יוצא דרך צפרני רגלים רז״ל קאמר לה, ולא הש״ס. כלומר והחימום יוצא דרך צפרני רגלים, כי אין דרך הזרע לצאת מהאצבעות, ועוד כי בעילת הנדה, אפילו ביאה ריקנית בלא זרע אסורה, ועיקר האיסור הוא החמום והקישוי.
208

כרם שלמה ש״ח פ״ג אות ה׳ – עכשיו חוזר לעיל שכתב - אבל אור השבעה תחתונות שלא לקחו רק מן הגוף ולמטה וכו׳, לכן גם כן לא יש להם הבלים להאיר להם, אבל נרמזו בסוד ויפוזו וכו׳, מבין הציפרניים וכו׳. ועכשיו חזר לפרש היטב מה ר״ל נרמזו בסוד ויפוזו זרועי ידיו.
209

כרם שלמה ש״ח פ״ג אות ה׳ – והנה הבלים הראויין למלכים אלו שבעה. פירוש, להשבעה תחתונות שלא יש להם הבלים מורגשים, כמו לכתר ולאו״א, שיוצא להם מן הטבור ומן היסוד הבלים מורגשים ממש. לאלו השבעה יצאו דרך צפורני רגלים, פירוש שיוצא להם מן הצפרנים של הרגלים דא״ק, כמו שיצא עשרה טפין מצפורני רגלי יוסף הצדיק אשר נרמזו בפסוק ויפוזו זרועי ידיו.
210

איפה שלימה, שער הנקודים פ״ג ד״ז ע״ג (ה) – דרך הצפרנים של הרגלים וכו׳. הנה מה שהפסוק אומר ידיו, ורז״ל מפרשו על הרגלים, כבר ישב זה רבי שמיאל בן סיד ז״ל שכוונת הכתוב לומר שמה שנפוזו הם יו״ד טיפין שהם על בחינת חו״ג, הנקראים ידים, ולא חש הכתוב לומר מהיכן יצאו, ופשיטא דמהרגלים יצאו, יעו״ש. וגם מה דהכא, ובמבוא שערים דף ד׳ ע״א, ובשער הגלגולים הקדמה כ״ו, מפרש הפסוק על הרגלים, ולקמן בשער ל״א פרק ב׳, ובשער ט׳ פרק ט׳ מפרשו על הידים, יעו״ש. הכל יתורץ בתירוץ זה, שהכוונה היא על החו״ג שהם בחינת ידים, כמו שכתב רבי שמואל בן סיד ז״ל.
211

הנוסח באוצרות חיים – הציפורנים של הרגלים.
212

שֶׁנִּשְׁבְּרוּ אֵינָן אֶלָּא שִׁבְעָה תַּחְתּוֹנוֹת לְבַד כַּנִּזְכָּר לְעֵיל, אם כן למה יצאו עשרה הבלים, הרי שבעה הבלים היו מספיקים לשבעה נקודות, אלא הג' הבלים האחרים יצאו כדי להאיר למוחין המתלבשים תוך זו"ן לפני השבירה, כמו שהולך ומפרש ♦ יש **כביכול** סתירה בדברי הרב ז"ל מי הם שקבלו את ג' ההבלים הנותרים, בפרקין הרב ז"ל מבאר כי המוחין שהתלבשו בזו"ן לפני מקרה המלכים, שהם האחוריים דא"א והאחוריים דנה"י של הכתר הם ג' הבחינות שקבלו את ג' ההבלים הנותרים שיצאו דרך הציפורניים דא"ק, לעומת זאת בפרק[213] א' דשער טנת"א מבאר הרב ז"ל כי מי שקבל ההבלים הם שבעה התחתונות, האחוריים דא"א והאחוריים דישסו"ת שבהם[214] גם היתה בחינה של ירידת האחוריים. **עם כל זאת** יש בעיה לפי הסוגיה דשער טנת"א, כי מתוך עשרה אצבעות הרגלים יוצאים עשרה הבלים לאחוריים דא"א, וישסו"ת, ושבעה הנקודות התחתונות, והבעיה היא כי בחינות אלו הם ביחד י"א בחינות, ולכן איך עשרה הבלים מאירים לי"א בחינות. את הסוגיה הזאת אפשר להבין לפי דרוש[215] הדעת. לפי דרוש הדעת חסד הוא אבא, גבורה היא אימא, תפארת הוא ישסו"ת שהם ב' בחינות הספירה אחת והיא התפארת, והנה י' הם שבעה תחתונות דנקודים. יוצא[216] לפי דרוש הדעת שעשרה הבלים מאירים בי"א בחינות, כי[217] בחינת התפארת היא ישסו"ת. ופשוט הוא שגם הנה"י דאחוריים של הכתר שבהם היה קצת פגם, שהתלבשו תוך זו"ן בסוד המוחין גם הם קבלו הארה מהציפורניים דא"ק, רק שהרב ז"ל בפרקין מזכיר את אחורי הנה"י דכתר, ובשער טנת"א לא מזכיר אותם, וכל זה בבחינת[218] דברי תורה עניים במקומם ועשירים במקום אחר. **בעומק העניין** גם כאן בפרקין שהרב כותב כי יש ב'

בית לחם יהודה ש"ח פ"ח דכ"ד ע"ג – ואף על פי שהצפרנים הם עשרה והנקודות שנשברו הם שבעה לבד. כלומר ואמאי הוצרכו עשרה הבלים לשבעה לבד.
213

ע"ח ש"ה פ"ה מ"א דכ"א ע"ג – וכתר שבהם לוקח האורות והכלים מבחינת אזן הנכללת גם שם כנודע, וחו"ב לוקחים מחוטם ופה ושיעור מועט מאזן, אך שבעה תחתונות לוקחים מעט מחוטם ופה ואינם לוקחים כלל מאזן, ומהארת היוצא דרך פי הטבור והאמה. הנה מהטבור לקח כתר, ומהיסוד לוקחים או"א. **ושבעה תחתונות עם ארבע אחורים דאו"א וישסו"ת לוקחים מעשר אצבעות הרגלים,** בסוד נעץ צפורניו בקרקע.
214

ע"ח ש"ט פ"א מ"ת ד"מ ע"א – ובעת צאת המלכים אלו לא מתו אלא שהיו קיימים, היו מעמידין לאו"א פנים בפנים, אפילו שיצאו למטה, והיו מועילין למ"ן שלהם. אמנם יען שנשברו ומתו, לכן גם או"א האחוריים שלהם המעמדת אותם פנים בפנים ירדו למטה, ואז חזרו להם אחור באחור, כי כבר אין להם מי שיעלה להם מ"ן, ומקיים חזרתן פנים בפנים. והנה פשוט הוא שלא נגמרו אחוריים דאו"א לירד עד כלות שבירת ז' כלים, שכל בחינת שבירת מלך אחד היה גורם קצת ירידת מאחוריים דאו"א, וזהו ביאור העניין. הנה כאשר נעריך מציאות השבעה מלכים אלו לו בארבעה פרצופים של חכמה ובינה, **ישראל סבא ותבונה** כנ"ל, נמצא כי עד שליש ספירת תפארת שהוא המלך הרביעי אז נגמרו אחוריים דאו"א עלאין, וכאשר נשברו כל השבעה מלכים, אז ירדו גם אחוריים דישראל סבא ותבונה.
215

נהר שלום, דרוש הדעת דמ"א ע"ב – ונתחיל מן הראשון, הנה ספירת הכתר היא נשמת האצילות, ונחלק לג' מוחין חב"ד, שהם נר"ן, ג' חלקי הנשמה. כיצד עתיק ונוקבא חו"ב, והם נשמה ורוח, ואריך ונוקבא הם זו"ן שבכתר, ונקרא דעת, ונפש, ושלשתם ג' חלקי הנשמה. אחר כך ספירת חו"ב הם רוח דאצילות, ונחלקים לג' מוחין חב"ד, שהם נר"ן, ג' חלקי הרוח. כיצד או"א חו"ב, והם נשמה ורוח, **והדעת שהוא זו"ן שהם ישסו"ת,** נקרא נפש, ושלשתם שלשה חלקי הרוח. ואחר כך ספירת הדעת היא נפש דאצילות, ונחלק לשלשה מוחין חב"ד, שהם נר"ן, ג' חלקי הנפש. כיצד זו"ן חו"ב, והם נשמה ורוח, והדעת של הדעת שהוא זו"ן שבהם, הם יעקב ולאה, ונקראים נפש, ושלשתם הם ג' חלקי הנפש.
216

תרשים ג – י"א.
217

תרשים ג – י"ב.
218

גמרא ירושלמי, ראש השנה פ"ג הלכה ה' – דברי תורה עניים במקומן ועשירים במקום אחר.

מיני אחוריים דאו"א, הכוונה[219] היא כי בכל מקום[220] אבא הוא בחינת או"א עילאין, ואימא היא בחינת ישסו"ת, לכן כאן הרב ז"ל רומז על ההאחוריים דנה"י דכתר, ואחורי או"א שהם בעצם או"א עילאין, וישסו"ת. **והסיבה**[221] **שגם בחינות**

219

תרשים ג — י"ג.
220

מבוא פתחים דס"ט ע"א – כפי האמת **אבא הוא כללות או"א עילאין,** י' שבשם. **ואימא היא כללות ישסו"ת,** ה' הראשונה שבשם.

ע"ח ש"כ פ"ה מ"ב דצ"ח ע"א – אמנם לפעמים לוקח כולם על ידי **בינה הכללית,** שהם בחינת ישראל סבא ותבונה, ולפעמים עולה יותר ולוקח כולם ממקום **החכמה הכללית,** שהם או"א עילאין, ולפעמים עולה יותר ולוקח כולם ממקום הכתר הכללית, שהוא א"א ונוקבא.

רחובות הנהר ד"ז ע"ג – ונמצא כי אבא נתקן ונעשה משבעה תחתונות שהם זו"ן דחכמה דב"ן, והם מ"ה דב"ן, ומאבא וז"א דבינה דמ"ה, והם מ"ה דמ"ה, ונתחברו אבא דבינה דמ"ה עם ז"א דחכמה דב"ן, ונכללו אלו באלו והלבישו לצד ימין דא"א, מהגרון עד החזה מכל צדדיו, כנגד ב' חסדים וחצי הסתומים דיסוד דעתיק, **ושתי בחינות אלו נקראים או"א עילאין, ובכללות נקרא אבא עילאה.** וכן נתחברו ז"א דבינה דמ"ה, עם מלכות דחכמה דב"ן, ונכללו אלו באלו, והלבישו לצד ימין דא"א מהחזה עד הטיבור מכל צדדיו, כנגד ב' חסדים וחצי המגולים דיסוד דעתיק, ושתי בחינות אלו נקראים או"א תתאין, ובכללות נקרא יש"ס וגם נקראים ישראל סבא ותבונה, ואימא נתקנה ונעשית מו"ח שהם זו"ן דבינה דב"ן, והם ב"ן דב"ן, ומאימא, ונוקראת דז"א דבינה דמ"ה, והם ב"ן דמ"ה, ונתחברו אימא דבינה דמ"ה עם ז"א דבינה דב"ן, ונכללו אלו באלו, והלבישו לצד שמאל דא"א, מהגרון עד החזה מכל צדדיו, כנגד ב' גבורות וחצי המגולים הסתום דיסוד דעתיק, **וב' בחינות אלו נקראים ישסו"ת עילאין, ובכללות נקראים אימא עילאה.**

נהר שלום די"ח ע"ד - והנה נודע כי תפלת שחרית דחול היא בכלים הפנימים דכל העולמות, ובה נמשכים ב' צלמי המוחין **דבינות דכלים הפנימים דישסו"ת** בלחש, ושני צלמי המוחין דחכמות דכלים הפנימיים דישסו"ת בחזרה לפרצופי בינות וחכמות דכלים הפנימיים דזו"ן. וכן תפלת מנחה של אותו היום היא בכלים האמצעיים דכל העולמות ובה נמשכים ב' צלמי המוחין דבינות דכלים האמצעיים דישסו"ת בלחש, ושני צלמי המוחין דחכמות דכלים האמצעיים דישסו"ת בחזרה לפרצופי בינות וחכמות דכלים האמצעיים דזו"ן, וזה מלבד הו"ק דמוחין דגדלות דכלים הפנימים דבינה ודחכמה דתבונה שחוזרים להכנס בלחש ובחזרה דמנחה לפרצופי בינות וחכמות דכלים הפנימיים דזו"ן. ואם הוא יום ראש חודש בו נמשכים עוד ב' צלמי המוחין דכתרים דישסו"ת בלחש וחזרה דמוסף לפרצופי הכתרים דזו"ן. וביום שבת קודש נמשכים בב' צלמי המוחין דזו"ן

דאו"א עילאין בלחש דשחרית לפרצופי נה"י דחכמות הכוללים דזו"ן וב' צלמי המוחין דחג"ת דאו"א עילאין, בחזרה לפרצופי חג"ת דחכמות דזו"ן, וב' צלמי המוחין דחב"ד דאו"א עילאין, בלחש דמוסף לפרצוף חב"ד דחכמות דזו"ן, וב' צלמי המוחין דכתרים דאו"א עילאין, בחזרה לפרצופי הכתרים דחכמות דזו"ן. ושני צלמי המוחין דנה"י דמוחא סתימאה דא"א, (בלחש דמנחה ובב' צלמי המוחין דחג"ת דמוחא סתימא דא"א, ספר כתב יד) ובהם כלולים נה"י דגולגלתא דא"א, בחזרה דמנחה לפרצופי נה"י וחג"ת דכתר דזו"ן.
221

ע"ח ש"ח פ"ו מ"ת דט"ל ע"ג – והנה מוחין אלו שהם חו"ג הם נמשכין **לאו"א עם הכלים דנה"י דא"א, דוגמת מוחין דז"א שבאים עם נה"י דאו"א, וגם נה"י אלו ירדו למטה, ובערך שבאו מא"א.** נמצא כי זה נקרא חסרון בא"א עצמו. וכבר ביארנו הטעם כי מה שגרם לו ענין זה הוא לסבת **לקיחתו אור האזן בסופו לא בתחלה.** ואמנם בערך שכבר לקחו או"א לא יקרא חסרון זה חסרון דא"א, אלא חסרון דאו"א עצמן.

מבוא שערים ש"ו ח"ב פ"א דנ"ו ע"א – והענין יותר מבואר הוא מזה, כי הנה נתבאר כי מהמלכים האלו, נתבררו הבחינות הראויות לעתיק ולא"א ולאו"א דאצילות, ואמנם מהאחוריים שלהם, היה קצת שבירה בהם, אך לא מיתה ממש שהיא הקליפה, זולתי המעטת אור. ועל ידי כן אותם האחוריים נפלו למטה ממקומם בקדושה עצמה, ואין בהם סיגים ממש שהם מיתה. אכן בחלק זו"ן דאצילות אף על פי שכל בחינות המלכיות שבכל ספירה מהם נתבררו מאלו המלכים של שם ב"ן הנזכר לעיל, הנה נשאר בהם קצת ניצוצות שלא נתבררו, והם מעורבים תוך הקליפות והסיגים, ולכן באלו שייך מיתה ממש. ונמצא כי כל הקליפות אינם נאחזות רק בזו"ן לבד, ולא מאימא ולמעלה....... ועיקר הדבר, איך היו שבעה ונעשו י"א. הוא, כי ארבע

אלו של האחוריים דנה"י דכתר והאחוריים דאו"י צריכים האה מההבלים שיצאו מהצינורים דא"ק היא כי הם התלבשו תוך זו"ן בסוד המוחין, והם נעשו עצם מעצמם, ובשר מבשרם של זו"ן, וכאשר זו"ן נפלו לבי"ע, נפלו יחד איתם חלקי המוחין שקבלו מהכתר ואו"א, שהם חלקי נשמה, חיה ויחידה דזו"ן, **והמשל לזה הוא** חלב האם, כל עוד הוא נמצא תוך גוף האם נקרא על שמה, וכאשר התינוק יונק את החלב מהאם, חלב זה מגדל את התינוק, והופך[222] חלק ממנו. **מכל זה יוצא** שאין שום סתירה בין הסוגיא בפרקין לסוגיא בשער טנת"א, כי מדובר בב' הסוגיות במוחין דא"א ואו"א שנתלבשו בזו"ן וירדו איתם לבי"ע, ולא מדובר בבחינת הכתר ואו"א הנמצאים בגבול עולם האצילות, ומקבלים הבלים דרך הטבור ופי היסוד, שהם אורות גדולים ועצומים בערך להבלים היוצאים דרך צפורני רגלי א"ק. **הָעִנְיָן**[223] **הוּא**

כִּי גַּם יֵשׁ עוד **ב' מִינֵי אֲזֹרֵיִם דְּאו"א שֶׁנִּשְׁבְּרוּ** כאשר אבא הוא בחינת או"א עילאין, ואימא היא בחינת ישסו"ת, **הֲרֵי הֵם תִּשְׁעָה בְּזֹזֹינוּת** האחת היא שבעה הבחינות התחתונות דנקודים, ואחת או"א, והבחינה **הָעֲשִׂירִית הוּא**[224] **כִּי**[225] **גַּם בֶּן** הנה"י דאחוריים של **הַכֶּתֶר הָיָה בּוֹ קְצָת פְּגָם, כְּמוֹ שֶׁיִּתְבָּאֵר לְקַמָּן בְּעֵ"ה, וְהוּא בְּזֹזֹינוּת** אחורי **הַנֵּה"י שֶׁלוֹ**[226] **שֶׁנִּכְנְסוּ** תוך

אחוריים נשברו מן חו"ב וישסו"ת, ונתחברו למעלה משבעה מלכים אלו עמהם, והיו י"א. ואל תתמה איך מחו"ב כו' היו קליפות, **כי זהו מבחינות שמתלבשת בזו"ן למטה**, להיות להם מוחין, **ובאותה הבחינה נחשבת כזו"ן ממש**, וכמו שנעשו ראש לז"א, כן נעשו סיגיהם ראש אל שבעה מלכים, והיו י"א סמני הקטורת, כי כיון שירדו למקום זו"ן בעת שבירתם, אם כן יחשבו כזו"ן ממש, כמבואר בסוד הקדיש.
222

ע"ח ח"ב שכ"ה דרוש ו' די"ב ע"א – ועתה נבאר צ' דצלם שנעשית מנה"י הראשונים דתבונה השלישית שהיא השנית. והנה האורות שהם המוחין דז"א מתלבשין בתוכם, והלבוש נגרר אחר הרוחניות וטפל לו, ולכן הכל נחשב ומתיחס לגוף הז"א, ולא אל התבונה, **והלבוש מסתלק מטבעו הראשון שהיה של תבונה, ונעשה טבע הז"א עצמו**, וחוזרין להיות גופא דז"א ממש, ונקרא **עצם מעצמו ובשר מבשרו**, כי הגוף מתנהג אחר הרוחניות אשר בתוכם.
223

בית לחם יהודה ש"ח פ"ג דכ"ד ע"ג – הענין הוא כי גם יש ב' מיני אחורים דאו"א שנשברו. אחורים דאו"א ונה"י דכתר הנזכרים, הם בחינת האחורים שהיו מתלבשין בסוד מוחין בהשבעה מלכים קודם שנשברו, כמבואר בפרק ו' דלקמן, ובפרק ט' דשער י"א, ובפרק ב' דשער ל"ד סוף כלל ט', ובמבוא שערים דף נ"ו ע"ד, ובשער המצות דנ"ה ע"ב. ולפי שהיו מתלבשין בשבעה מלכים נעשו עצם מעצמם, ובשר מבשרם, והם הם אשר היו יונקים מצפרני א"ק קודם השבירה כמו השבעה מלכים. וכשנשברו השבעה מלכים וירדו לבי"ע, גם אחוריים הנזכרים ירדו עמהם לבי"ע. אבל אחוריים דאו"א ונה"י דכתר העקרים שלא היו מלובשים בשבעה מלכים, הם נשארו באצילות עצמה, כמו שהאריך בזה הרב יפה שעה בפרק א' דלעיל בד"ה עוד טעם שני, יעו"ש.
224

יפה שעה (א) – כי גם מן הכתר היה בו קצת פגם כו', והוא בחינת נה"י שלו שנכנסו, והיו בסוד מוחין לאו"א, וגם הם נשברו. והרי הם עשר בחינות. ונגד העשרה כלים כו'. בכמה מקומות ומהם הובאו לעיל כתב רז"ל שהם י"א בחינות, שבע תחתונים, וארבע אחוריים דאו"א ודישסו"ת, ואינו מזכיר פגם שבכתר. האמת שהכל אחד, שנה"י דכתר בכלל אחוריים דאבא ואימא ודישסו"ת, וכגוף דאו"א נחשב, כמו שכתב רז"ל לקמן.
225

איפה שלימה, שער הנקודים פ"ג ד"ז ע"ג (ו) – כי גם מן הכתר היה בו קצת פגם וכו'. הנה לעיל בשער טנת"א פרק א' במ"ב, ובמבוא שערים ש"ב ח"א פ"ד ד"ג ע"ד מבואר שלא היה פגם בכתר, יעו"ש. ועיין להרב יפה שעה בפרקין אות א', ובספר שומר אמונים שאלה ג', ובהגהות וביאורים במבוא שערים שם אות ז', שכתבו שהאמת הכל אחד, כי הנה"י דכתר הואיל והם מתלבשים באו"א, נחשבים בכלל או"א, וכגוף או"א דמיון, ולכן אמר שהכתר לא נפגם כלל, כי הנה"י שלו אינם נחשבים מהכתר, וכך כתב בהדיא במבוא שערים ש"ב ח"א פ"ד ד"ז ע"ב, יעו"ש.
226

פרצופי או"א, **והיו בסוד מוחין לאו"א, וגם הם נשברו,** והוא כי לזו"ן תמיד יש מוחין **דנפש ורוח,** ומקבלים את בחינות הנשמה חיה יחידה מכח"ב, וכשנשברו הפנים ואחור דזו"ן היו בתוכם בחינת המוחין שקבלו מאימא הנקראים **נשמה,** ובתוכם המוחין שקבלו מאבא הנקראים **חיה,** ובתוכם המוחין שקבלו מא"א הנקראים **יחידה.**

הרי הם עשרה בחינות שהם האחוריים של הנה"י דכתר, האחוריים דאו"א, ושבעה המלכים עצמם, והם **כנגד עשרה הבלים שיצאו מצפורני רגליו** של א"ק, [227] **וכל** [228] **בזוינת יציאת אלו העשרה הבלים דרך צפורניו** של א"ק, **היו** [229] כולם לסיבת חסרון

איפה שלימה, שער הנקודים פ"ג ד"ז ע"ג (ז) — שנכנסו והיו בסוד מוחין לאו"א וכו'. בע"ח בפ"ג דנקודים, נ"ב מ"ק כאן מקום קושיא, שכתב שיש פגם בנה"י דא"א המתלבשים באו"א, והרי ידענו דאו"א מלבישים חג"ת דא"א, ואולי קודם שמתו היו בנה"י למטה, ואחר התיקון עלו בחג"ת דא"א, או אפשר כי נה"י דא"א הם באחוריים דאו"א ישסו"ת, ואינם אלא כנגד נה"י דא"א, אך או"א עצמם הנקראים פנים, הם למעלה בחג"ת, עד כאן לשונו. וכתב שם השמ"ש וז"ל - נראה לעניות דעתי שאין כאן מקום שאלה כלל, כי בעת השבירה עדיין היו הכח"ב בסוד נקודות, ולא נתפשטו בסוד פרצוף, והיו עומדות הכח"ב בדמות סיגולתא, והחו"ב עומדות אחור באחור, ואחר שנתן הכתר לחכמה על ידי זווג התשעה אורות, חזר ונזדווג הכתר מניה וביה, והמשיך חמשה חסדים וחמשה גבורות, והלבישם בנה"י שלו, ודרך אחורי הנה"י נתנם בראש או"א, ועל ידי זה חזרו פנים בפנים. וכשנתבטלו אחורי או"א, אז נפגמו אחורי נה"י דכתר שהיו מלובשים תוך או"א, באופן שלא נתפשט א"א עד סוף האצילות, ואו"א הלבישו את חג"ת שלו כל אחד אחרי התיקון, עד כאן לשונו. ועיין עוד להרב יפה שעה ז"ל, שהביא מ"ק זה בשם הגהה לאחד מן קדושים, והרבה להקשות על ההגה, ולבסוף הוא תירץ כתירוץ השמ"ש ז"ל, יעו"ש.
227

כרם שלמה ש"ח פ"ג אות ה' — וזהו מה שכתב כאן - וכל בחינת יציאת אלו העשרה הבלים דרך צפורניו, היו כולם לסיבת חסרון קבלתן מאור האוזן העליונה. ר"ל הואיל ולא יכלו לקבל הארת האוזן, לכן לא יצא להם הארה ממשית, כמו שיצאה להכתר מן הטיבור, ולפנים דאו"א מן היסוד. אלא יצאו להם מן הצפורניים שהיא הארה מועטת, וזהו מפני שלא היה בהם כח לקבל הארה גדולה, לסיבת שלא קיבל מתחילה הארת האזן. וזהו מה שסיים **ולכן סיבה זאת גרמה לכל זה,** ר"ל חסרון קבלתן אור האזן גרמה ליציאת אורותיהם דרך הצפורניים, וזה גרמה לביטול המלכים, הואיל ויצא להם הארה מועטת שהם דרך הצפורניים, לכן נתבטלו.
228

בית לחם יהודה ש"ח פ"ג דכ"ד ע"ד — וכל בחינת יציאת אלו היו"ד הבלים דרך צפרניו כולם היו לסיבת חסרון קבלתם מאזן העליונה כנזכר לעיל. כלומר כי מה שהוצרכו ליקח הארה מצפרני א"ק, הכל הוא מסיבת שלא קבלו השבעה מלכים מבחינת האזן, והיה אורם מועט.
229

ע"ח ש"ח פ"ב מ"ת דל"ו ע"ב — והנה עשרה נקודות הם, והג' ראשונים שבהם הם לוקחים אור ממה שנמשך מהסתכלות העין באח"פ, ממקומם עד מקום התחברות בשבולת הזקן כנודע, ואינם מקבלים אותם רק בשבולת הזקן, כי משם מתחילין הן, ולא ממה שבשבולת הזקן ולמעלה (נ"א בשבולת הזקן ולא ממה שבשבולת הזקן ולמעלה ואינם מקבלין רק בשבולת הזקן כי משם מתחילים הן ולא ממה שכנגד העין עד שבולת הזקן). **אבל שבעה נקודות התחתונים, אין לוקחין רק ממה שנמשך מהסתכלות באורות החוטם והפה משבולת הזקן ולמטה,** כנודע כי החוטם מגיע עד החזה, והפה עד הטבור, ולא משבולת הזקן ולמעלה. ונמצא כי לפי זה ג' נקודות לוקחין הארה לצורך הכלים שלהם מן ג' האורות שהם אח"פ בשבולת דוקא, אבל שבעה תחתונות אינן לוקחין רק מב' אורות לבד, שהם חוטם ופה משבולת ולמטה, עד הטבור, כי אור אזן העליונה כבר נגמרה ונסתמה בשבולת הזקן, ולכן גדולה היא הארה ג' נקודות עליונים מן השבעה תחתונות. ולסבה זו ג' מלכים הראשונים לא מתו, לפי שיש להם הארה גדולה, והכלי שלהם מעולה מאד, לפי שנעשה מבחינת אזן העליונה ומהחוטם ופה, כי בהסתכלות העין באורות האזן חוטם פה נעשו הכלים שלהם כנזכר לעיל, כי לקחו כליהם ממקום שעדיין אורות האזן בחינת נשמה נמשכים שם, שהוא עד שבולת הזקן

קבלתן מאור האזן העליונה דא"ק **כנזכר לעיל** כי לא קבלו שבעה הנקודות התחתונות שם הארה מהאוזן דא"ק. **ולכן**[230] **סבה זו** של חיסרון הארה מהאוזן דא"ק **גרמה**[231] **לכל זה** יציאת ההבלים מצפורני א"ק, **ולביטול המלכים.**

כתבו רבותינו המפרשים, כי **מ"ק** הזאת היא לא מדברי הרב ז"ל, אלא[232] לאחד מן הקדושים, תלמידי האר"י זלה"ה, שהיה ממעתיקי השמועות ממעשה[233] הידוע של ת"ר הנירות, והגהה זאת מיוחסת לרב אפרים פנצירי זצ"ל.

כנזכר לעיל. אמנם השבעה מלכים תתאין מתו לפי שכליהם נעשו מהסתכלות עין בחוטם פה לבד, **והיה חסר מהם אור האזן העליונה.**
230

בית לחם יהודה ש"ח פ"ג דכ"ד ע"ד – ולכן סיבת זו. שהוא חסרון האזן.
231

בית לחם יהודה ש"ח פ"ג דכ"ד ע"ד – גרמה לכל זה. ליציאת ההבלים מרגלי א"ק, ולביטול המלכים.
232

כרם שלמה ש"ח פ"ח פ"ג אות ו' – הנה מ"ק זו לא נמצאת בשום מקום, לא במבוא שערים ולא בשער ההקדמות. והרב יפה שעה כאן קרא עליה שזו היא הגה"ה לחד מן הקדושים, ור"ל שאינה מן הרב ז"ל, ולזה הרבה להקשות עליה. ונראה מן השמ"ש גם כן בהג"ה בפרקין באות א' שאינה מן הרב ז"ל, אלא מן אחד התלמידים, מפני שהוא מתרץ תרוץ אחר זולת התירוץ שכתוב כאן.
233

בשנת ה'שמ"ז (1587 למנינם) (שהה הרב חיים ויטאל בבית אחיו משה ויטאל, ולפתע חלה, ושנה שלימה שכב ללא הכרה, הרב יהושע בן־נון אב"ד העיר צפת שהיה גם עשיר, פנה אז אל הרב משה ויטאל אחיו של המהרח"ו בבקשה שיוציא לו את הכתבים בערמה, והוא הוציא לו **ת"ר ניירים** (600 דפים). הרב יהושע בן־נון שכר מאה סופרים, ובמשך שלשה ימים העתיק כל אחד ששה דפים. מיד עם סיום ההעתקה התעורר רבי חיים ויטאל, וחזר לבריאותו. מאז נתפרסמו הכתבים בין חכמי הקבלה בארץ ישראל, מההעתקות אלו סידרו חכמי ארץ ישראל שלשה ספרים, "ספר הדרושים", "ספר הכוונות" ו"ספר הליקוטים". הספרים אינם מסודרים כראוי, כיון שעדיין היו באמצע עריכה, וחלקם היו רק קיצורים ממה שכתב הרב חיים ויטאל לעצמו בחיי האר"י הקדוש.

שם הגדולים, מערכת ח' אות כ"א – מורינו הרב רבי חיים ויטאל, בישראל גדול שמו זצ"ל. והיה תלמיד בפשט מהרב מורינו הרב משה אלשיך זצ"ל. ומרן מורינו הרב יוסף קארו, היה מזהירו בקטנותו של מהרח"ו, משם המלאך הדובר בו על התורה ועל העבודה. והוא בן מורינו הרב יוסף ויטאל קאלאבריס, סופר תפילין. ונשמתו היתה גדולה מאוד ונקיה יותר מכל בני דורו, והיה גלגול הרב המגיד. ומלבד הכתוב בשער הגלגולים, זכיתי וראיתי ספר החזיונות מכתיבת יד מהרח"ו ממש מכל מה שאירע לו מקודם יצירתו עד סוף ימיו, ורבו עניניו ונוראותיו. והוא קיבל מרבינו האר"י זצ"ל חכמת האמת, וכתב אשר שמע מפי רבו בספר עץ חיים כתב יד כמפורסם. ויען אבדורי אבדורי כתבי הקודש על ארבע כנפות הארץ בכמה מני סדרים ונסחאות, אמרתי אעלה בקצר אמיץ להודיע לבני אדם. הנה, רבינו האר"י צוה ששום אחד מתלמידיו לא יכתוב זולת מהמרח"ו. אך הם לחשקם בתעלומות חכמה כמה היו כותבים, ומאלו הקונטרסים משאר תלמידים נתהוו טעיות ונסחאות. **ועוד כי מהרח"ו לא נתן רשות להעתיק מכתביו לשום אחד, וחלה חולי גדול וכבד. ועל ידי ממון לקחו מבני ביתו ת"ר** (600) **ניירים, ונתנום למאה סופרים ונעתיקום המהירות בעוד שלשת ימים, וזו סיבה שנית לטעיות ושנוים.** וזה שלושים שנה ויותר שיצאו לאור שמונה שערים מסודרים מבן מהרח"ו מורינו שמואל, ועליהם יש לסמוך. אך אין בשערים הנזכרים מהדורא בתרא, כי מהרח"ו צוה לגונזה בקברו, ורבנן קדישי אשר בדור על ידי יהודים הוציאוה מקברו ברשותו על ידי שאלת חלום, ובאה ליד מהר"ר יעקב צמח ומהר"ר מאיר פאפיריש כ"ק. ולכן תמצא בספר דרך עץ החיים שסידר מורינו הרב מאיר הנזכר מהקדמות, וזה הספר קורין אותו הכל עץ חיים, חידושים רבים ועמוקים אשר אינם בשער ההקדמות, אשר סידר מורינו הרב שמואל ויטאל הנזכר. כי לא היה ביד מורינו הרב שמואל המהדורא בתרא. ולכן הרוצה ללמוד בספרים היותר

כדי[234] להבין את הקושיא בפרקין, צריך לדעת את מבנה וסדר עמידת הפרצופין דאצילות, והוא[235] כי פרצוף א"א מתלבש בתוך[236] כל פרצופי האצילות, ובתוך[237] פרצוף א"א מתלבשים ז' תחתונות דפרצוף עתיק יומין[238]. את[239] הכתר

מדוייקים, ילמוד שמונה שערים שסידר מורינו הרב שמואל, ודרך עץ החיים שסידר מורינו הרב מאיר פאפיריש הנקרא עץ חיים, שבו המהדורא בתרא. אך לענין המהדורא קמא, לשון שער ההקדמות הוא יותר מיופה ומסודר, ונראה שלשון שער ההקדמות הוא מהדורא אחרת מציעתא. גם ספר מבוא שערים היה עם מהדורא בתרא, כי לא היה ביד מורינו הרב שמואל. וספר אוצרות חיים הוא סידור מורינו הרב יעקב צמח, והוא מובלע הלשון ממש בתוך ספר דרך עץ החיים להרב מאיר פאפיריש הנזכר. ואני הצעיר ראיתי בארץ מצרים השמונה שערים מכתב יד מהרח"ו עצמו, רק דמהרח"ו סידר שער הפסוקים ומצות שער אחד, ושער אחד אשר נמצא מטהרת יד הקודש האר"י זצ"ל עצמו. גם בסוף כל שער יש קונטרס מאשר שמע מהרח"ו משאר החברים ששמעו מהרב, וזה עשאו קונטרס מיוחד בסוף כל שער. ובנו מורינו הרב שמואל לקח השער אשר נמצא מכתב יד האר"י, וגם הקונטרס שבסוף כל שער הנזכר, וסידר ועירב הכל כאחד, והלך בסדר הרב אביו, רק שחילק שער הפסוקים ושער המצות לשנים, והיו שמונה שערים. גם ראיתי מכתב יד מהרח"ו כמה חיבורים בכל חכמה, וספר עץ הדעת טוב, דרשות על כל התורה ממנו על דרך פרד"ס. גם חידושים על הש"ס והתוספות מכתב ידו.

אגרות הרב שלמה שלומל, אגרת שניה – וזיכני הקב"ה לכל החיבורים שחיבר איש האלהי"ם, הקדוש רבן של כל ישראל, מוהר"ר יצחק לוריא ז"ל, ביתר שאת וביתר עז ממה שיש ביד שום חכם מחכמי ארץ ישראל, וזכיתי אני אותם על ידי אשתי שלקחתי בארץ ישראל, כי היא ירשה אותם מאביה כמוהר"ר ישראל, אשר כל ימיו יגע אחריהם יגיעות רבות, והוציא עליהם יותר מב' מאות טליר, עד שהשיג אותם על השלימות, **והם ת"ר ניירות גדולים**, ואני זכיתי בהם עתה תהלה לא"ל, ואני משתעשע בהם מדי יום ביום. ונתנני השם יתברך לחן ולחסד בעיני כל חכמי צפת תוב"ב. והנה רבי ומורי אשר אני יושב לפניו ולומד ממנו תורה, בפרט חכמת הקבלה, הוא החכם השלם והעניו הגדול כמהר"ר מסעוד סגי נהור מפיס נר"ו, ומפורסם הוא לעיני כל ישראל ברוב קדושתו, ועוצם ידיעתו ובקיאותו בכל התורה, השם יתברך ישמרהו ויחייהו.

כנסת ישראל אות יו"ד דש"ן ע"ג – הרב רבי ישראל סרוק, או סרוג. מגדולי ותלמידי הרב רבי יצחק לוריא (האר"י ז"ל), ושל הרב רבי חיים ויטאל מחכמי צפת, האמצע המאה השלישית לשישי. יגע יגיעות הרבה והוציא הוצאות גדולות לפי ערכו, להשיג את כל כתבי האר"י בחכמת הקבלה, **כתובים על ת"ר ניירות גדולים**. ואחרי אשר השתלם בחכמה זאת, יצא לחוץ לארץ להפיץ מעינות קבלת האר"י במדינות אירופה, במקום קבלת הרב רבי משה קורדובירו אשר פשטה שם.
234

כרם שלמה ש"ח פ"ג אות ו' – והוא כי ידוע אצלינו כי הראש של א"א הוא מגולה, ואו"א הם מלבישים להחג"ת שלו מן הגרון עד הטיבור, והזו"ן הם מלבישים להנה"י שלו.
235

תרשים ג — י"ד.
236

ע"ח שער הכללים פ"ט ד"ח ע"ג – והנה כבר ידעת כי א"א הוא **נשמה לכל האצילות, ומתפשט ומתלבש בכולו**, וכבר ביארנו כי או"א הם עד חצי תפארת דא"א, וזו"ן משם ולמטה.
ע"ח שי"ח פ"ב מ"ת דפ"ו ע"ב – והוא, כי הנה נודע **כי א"א מתפשט עד סיום אצילות ממש**, ומהראוי היה שאו"א יהיו למעלה במקום חו"ב דא"א, כי הרי הם חו"ב, אבל לא כך היה, אלא שהלבישו את חו"ג דא"א, וכן מהראוי היה בחינתו ו"ק, מחסד עד יסוד, ילביש ו"ק דא"א, ולא כך היה, אלא שאינו מלביש רק מחצי תפארת דא"א ולמטה כנזכר לעיל, ואמנם נוקבא דז"א נשארה במקומה הראשון, והוא שהיא מלבשת את המלכות דא"א.
237

ע"ח שי"ג פ"א מ"ת ד"ס ע"א – ונבאר תיקון א"א אשר נתקן אחר עתיק יומין, הנה נתבאר לעיל שנעשה מבחינת חכמה דמ"ה, שהם בחינת נקודות דמ"ה, ומן חמש אחרונות דכתר דב"ן, והוא כולל זכר ונקבה, מ"ה בימינו, וב"ן בשמאלו, כנזכר לעיל. והנה הוא מלביש לעתיק יומין באופן זה, כי הנה ג"ר דעתיק אי אפשר שיתלבשו תוך א"א, וגם אי אפשר לקבל אורם, ולכן נשארין מגולים, והם עומדין לבחינת מקיף אל א"א.

דא"א לא מלביש שום פרצוף, והוא עומד גלוי, ורק מהגרון דא"א ולמטה מלבישים פרצופי האצילות את א"א, כאשר[240] פרצופי או"א מלבישים את א"א מהגרון עד החזה דיליה, ופרצופי ישסו"ת מהחזה עד הטבור דא"א, ומהטבור[241] דא"א עד סיום רגליו, שהוא קרקע האצילות מלבישין זו"ן את א"א. **והקדושיה**[242] של בעל ההגהה היא, אם לפי סדר עמידת הפרצופים או"א עומדים במקום מהחג"ת דא"א, איך מבאר כאן הרב ז"ל כי הנה"י דא"א התלבשו בסוד מוחין תוך או"א, הרי או"א וישסו"ת הם למעלה מהנה"י דא"א, והם עומדים ומלבישים את א"א מהגרון דיליה עד מקום הטבור, ומי שמלביש את א"א מהטבור ולמטה הם זו"ן, ולכן איך אומר הרב ז"ל שנשברו הנה"י דכתר המתלבשים תוך או"א בסוד מוחין. ולבעל ההגהה הזאת ב' תרוצים. **התרוץ הראשון**[243] הוא כי לפני השבירה או"א עמדו בנה"י דא"א, ובתיקון נתעלו ועמדו בחג"ת דא"א. **התרוץ השני**[244] הוא ידוע כי ישסו"ת נקראים אחוריים בערך או"א, והם[245] בחינת

והשבעה תחתונות דעתיק לבדם מתלבשין תוך א"א באופן זה, כי כח"ב דא"א מלבישין לחג"ת דעתיק יומין, ושבעה תחתונות דא"א מלבישין לנה"י דעתיק באופן זה, כי הנה ג' פרקין יש בנצח דעתיק, וב' פרקין קדמאין מתלבשים תוך חסד ונצח דא"א, וכן ב' פרקין קדמאין דהוד דעתיק מתלבשין תוך גבורה והוד דא"א, ונשארו פרק תחתון דנצח דעתיק, ופרק תחתון דהוד דעתיק מגולין, בלתי התלבשות, ואלו נשארו בבריאה תחת האצילות, כדי להאיר שם לעולם הבריאה, ואלו הם כדמיון ב' דדי בהמה, שעומדין שם אצל הרגלים.
238

תרשים ג – ט"ו.
239

ע"ח שי"ג פ"ב מ"ק דס"א ע"א – סוד שבעה ספירות (נ"א י"ס) דא"א איך נעשו מהם עשרה פרצופים שלמים, כי כבר בארנו כי **ג"ר דא"א נשאר למעלה בסוד רישא מגולה**, והנה בינה דא"א שהוא בצואר גרון שלו כנודע, ממנו נעשה ב' כתרים לאו"א, וחסד דא"א מתלבש באבא, וגבורה באמא הנקרא בינה, וזה סוד - אני בינה לי גבורה.
240

ע"ח שי"ד פ"ב מ"ת ד"ע ע"ג – נמצא עתה כי **או"א מתחילין להלביש את א"א מן הגרון שבו**, עד סיום היסוד דעתיק שבתוכו, שהוא עד סיום שליש עליון דתפארת דא"א, **והוא עד החזה שלו**, ואבא מלביש הימין, ואמא מלביש השמאל. ואחר כך באים ישראל סבא ותבונה גם הם מלבישין את א"א **מהחזה הנזכר לעיל עד טבור של א"א**, שהוא יותר למטה מעט מן חצי תפארת שלו, ישראל סבא בימין, ותבונה משמאל. ואלו הארבעה פרצופין הן מלבישין לא"א מן הגרון עד הטבור כנזכר לעיל, מכל צדדיו וסביבותיו, ימין ושמאל אחור ופנים.
241

ע"ח שי"ז פ"א מ"ת דפ"ג ע"ג – הנה הכתר דז"א הוא **מהטבור ולמטה**, עד סיום הגוף הנקרא תפארת, שהוא עד רישי ירכין, וג' פרקין דנצח דא"א, מתלבשין בקו ימין דז"א, שהוא חח"ן. וג' פרקין דהוד דא"א, מתלבשין בקו שמאלי דז"א, שהוא בג"ה שבו. ויסוד דאריך אנפין מתלבש בקו האמצעי דז"א, שהוא ד' תחתונות. ונוקבא דז"א יצאה מהחזה דז"א ולמטה, כדמיון הז"א היוצא מא"א ממש, **ונמצא שהז"א מלביש א"א עד סיום רגליו**, מכל צדדיו, ושם גם כן מסתיימין רגלי דזו"ן, **ושם הוא סיום עולם אצילות.**
242

כרם שלמה ש"ח פ"ג אות ו' – ועל זה מקשה כאן על מה שכתב הרב ז"ל כאן וז"ל - כי גם מן הכתר היה בו קצת פגם, כמו שנבאר לקמן בע"ה והוא בחינת נה"י שלו שנכנסו והיו בסוד מוחין לאו"א, וגם הם נשברו וכו'. ועל זה מקשה **והנה ידענו כי או"א מלבישים לחג"ת דא"א**, ואיך אומר הרב ז"ל כאן כי נה"י דא"א נכנסו בסוד מוחין לאו"א, משמע שאו"א מלבישים לנה"י דא"א, ולא לחג"ת.
243

כרם שלמה ש"ח פ"ג אות ו' – ותירץ ההגהה כי קודם שמתו היו בנה"י דא"א, ואחר התיקון עלו והלבישו לחג"ת דא"א, זהו תירוץ אחד.
244

כרם שלמה ש"ח פ"ג אות ו' – ותירוץ שני, כי נה"י דא"א הם הם באחוריים דאו"א, שהם ישסו"ת, ר"ל כי אפילו אחר התיקון, כי מה שאמרנו שאו"א הם בחג"ת דא"א, זהו על בחינת **הפנים דאו"א, שהוא אור"א עילאין**, אבל האחוריים שלהם, ר"ל הישסו"ת, שנעשו מן האחוריים דאו"א, הם מלבישים את הנה"י דא"א.

המלכויות דאו"א, המלבישים את או"א מהטבור דאו"א עד סיום רגליהם, ואו"א נקראים[246] **אבא** ונקראים או"א עילאין, ונקראים חכמה או חכמות. וישסו"ת נקראים **אימא** ונקראים או"א תתאין, ונקראים בינה או בינות. ולפי תרוץ זה נה"י

ופירוש הענין, אף על פי שאמרנו כי הזו"ן הם המלבישים את הנה"י דא"א, ולא ישסו"ת, וזהו קודם התפשטות הישסו"ת בסוד מוחין בתוך זו"ן, אבל אחר ההתפשטות הישסו"ת בסוד מוחין בתוך זו"ן, אז הישסו"ת הם עצמם מלבישים את הנה"י דא"א, ואז הזו"ן הם מלבישים את הישסו"ת אשר מלבישים את הנה"י דא"א. ונמצא כי אפילו אחר התיקון האחריים דאו"א שהם הישסו"ת, הם המלבישים את הנה"י דא"א, והזו"ן מלבישים את הישסו"ת. וזהומה שכתב כאן **שהם הישסו"ת ואינם אלא כנגד נה"י דא"א, אך או"א עצמם הנקרא פנים.** פירוש, כל החלק של או"א וישסו"ת שהוא למעלה מן הנכנסים בזו"ן, נקרא או"א ופנים, הם **למעלה בחג"ת דא"א** ופשוט שזהוא כוונתו של הגהה ז"ל, אף על פי שלא פירש להדייא.
245

ע"ח שי"ד פ"ט מ"ב דע"ד ע"א – ודע כי הבינה היא בחינת תשעה ספירות הראשונים, **והתבונה היא בחינת המלכות של הבינה הנ"ל**, ודע כי כמו שרחל נוקבא דז"א עם שהיא בחינת מלכות שלו, עם כל זה מלבשתו מהחזה ולמטה, **כן תבונה זו שהיא המלכות דבינה, מלבשת את הבינה מהחזה ולמטה בלבד**, ודע כי הבינה יש בה פנימיות וחיצוניות, וכן במלכות שלה הנקרא תבונה, יש בה פנימית וחיצונית.
לקוטי תורה, פרשת שמות דנ"ד ע"א – יאמר מלך מצרים. דע כי מילדות העבריות הם בינה ותבונה, ולפי שלפעמים נכללים בכללים זו בזו, לכן המילדת כתיב חסר, גם שהם בחינת אם ובת, **כי תבונה סוד מלכות דבינה**, לכן יוכבד ומרים אמא וברתא. וכן יוכבד גימטריא מ"ב, והוא אם ע"ה, שהוא סוד אמא עילאה, ומרים סוד תבונה, ובה דינין מתערין. וזה שכתוב בזוהר ומינה דינין מתערים, היינו מבחינת תבונה, ולא כן בינה. לכן הוי"ה בניקוד אלהי"ם, כי היא גופא רחמים, אך תבונה דינים, לכן מרים גימטריא פ"ר דינים.
246

נהר שלום די"ח ע"ד – והנה נודע כי תפלת שחרית דחול היא בכלים הפנימיים דכל העולמות, ובה נמשכים ב' צלמי המוחין **דבינות דכלים הפנימיים דישסו"ת** בלחש, ושני צלמי המוחין דחכמות דכלים הפנימיים דישסו"ת בחזרה לפרצופי בינות וחכמות דזו"ן. וכן תפלת מנחה של אותו היום היא בכלים האמצעיים דכל העולמות ובה נמשכים ב' צלמי המוחין דבינות דכלים האמצעיים דישסו"ת בלחש, ושני המוחין דחכמות דכלים האמצעיים דישסו"ת בחזרה לפרצופי בינות וחכמות דכלים האמצעיים דזו"ן, וזה מלבד הו"ק דמוחין דגדלות דכלים הפנימיים דבינה ודחכמה דתבונה שחוזרים להכנס בלחש ובחזרה דמנחה לפרצופי בינות וחכמות דכלים הפנימיים דזו"ן. ואם הוא יום ראש חודש אז נמשכים עוד ב' צלמי המוחין דכתרים דישסו"ת בלחש וחזרה דמוסף לפרצופי הכתרים דזו"ן. וביום שבת קודש נמשכים ב' צלמי המוחין דנה"י דאו"א עילאין בלחש דשחרית לפרצופי נה"י דחכמות הכוללים דזו"ן וב' צלמי המוחין דחג"ת דאו"א עילאין, בחזרה לפרצופי חג"ת דחכמות דזו"ן, וב' צלמי המוחין דחב"ד דאו"א עילאין, בלחש דמוסף לפרצוף חב"ד דחכמות דזו"ן, וב' צלמי המוחין דכתרים דאו"א עילאין, בחזרה דמוסף לפרצופי הכתרים דחכמות דזו"ן. ושני צלמי המוחין דנה"י דמוחא סתימאה דא"א, (בלחש דמנחה וב' צלמי המוחין דחג"ת דמוחא סתימא דא"א, ספר כתב יד) ובהם כלולים נה"י דגולגלתא דא"א, בחזרה דמנחה לפרצופי נה"י וחג"ת דכתר דזו"ן.
רחובות הנהר ד"ז ע"ג – ונמצא כי אבא נתקן ונעשה משבעה תחתונות שהם זו"ן דחכמה דב', והם מ"ה דב', ומאבא וז"א דבינה דמ"ה, והם מ"ה דמ"ה, ונתחברו אבא דבינה דמ"ה, עם ז"א דחכמה דב', ונכללו אלו באלו והלבישו לצד ימין דא"א מהגרון עד החזה מכל צדדיו, כנגד ב' חסדים וחצי הסתומים דיסוד דעתיק, **ושתי בחינות אלו נקראים או"א עילאין, ובכללות נקראים אבא עילאה**. וכן נתחברו ז"א דבינה דמ"ה, עם מלכות דחכמה דב"ן, ונכללו אלו באלו, והלבישו לצד ימין דא"א, מהחזה עד הטיבור מכל צדדיו, כנגד ב' חסדים וחצי המגולים דיסוד דעתיק, **ושתי בחינות אלו נקראים או"א תתאין, ובכללות נקרא ישראל סבא**, וגם נקרא ישראל סבא ותבונה. ואימא נתקנה ונעשית מו"ק, שהם זו"ן דבינה דב"ן, והם ב"ן דב', ומאימא ונוקבא דז"א דבינה דמ"ה, והם ב"ן דמ"ה, ונתחברו אימא דבינה דמ"ה, עם ז"א דבינה דב"ן, ונכללו אלו באלו והלבישו לצד שמאל דא"א מהגרון עד החזה מכל צדדיו, כנגד ב' גבורות וחצי המגולים שכנגד הסתום דיסוד דעתיק, וב' בחינות אלו נקראים ישסו"ת עילאין, **ובכללות נקראים אימא עילאה, כי בערך או"א עילאין הנז"ל נקראים אלו ישסו"ת עילאין, ובערך מה שאותם או"א נקרא אבא אימא עילאה, גם אלו נקרא אבא אימא עילאה.** וכן נתחברו נוקבא דז"א דבינה דמ"ה, עם נוקבא דז"א דבינה דב"ן, ונכללו אלו באלו, והלבישו לצד

דא"א מתלבשים תוך האחוריים דאו"א, שהם בחינת ישסו"ת, וישסו"ת מתלבשים תוך זו"ן בסוד המוחין, יוצא לפי תירוץ זה, שזו"ן מלבישים את ישסו"ת שמלבישים את הנה"י דא"א, לכן שזו"ן נשברו, נשברו באותו זמן גם האחורים דאו"א תתאין, שהם ישסו"ת, וגם הנה"י דא"א. את הקושיה הזאת והתרוצים לקושיה של בעל ההגהה דוחה מרן[247] הרש"ש והרב יפה שעה, כמבואר בהגהות שלהם. וכללות דברי קודשם הוא, כי ובעת השבירה היו הכח"ב נקודות, ולא התפשטו הספירות בסוד פרצוף, וכל הנקודות עמדו בסוד[248] רשות הרבים, לא מחוברים ומקושרים באהבה וחיבה, ולכן א"א שהוא הכתר לפני התיקון לא התלבש תוך כל עולם האצילות, והנה"י שלו עמדו מעל מקום או"א, ואחר כך

שמאל דא"א מהמחזה עד הטיבור מכל צדדיו, כנגד ב' גבורות וחצי המגולים דיסוד דעתיק, **ושתי בחינות אלו נקראים ישסו"ת תתאין, ובכללות נקרא תבונה.** הרי הם שמונה פרצופים דמ"ה וב' והם ד' זוגות. ולפעמים והוא כשנמשכים מוחין דגדלות לזו"ן נבקע היסוד דעתיק, ומתגלין כל החו"ג, ואז נכללים כל השמונה פרצופים הנזכרים, ונעשים ב' פרצופים מהגרון עד הטיבור, וכל זה הוא אחר הפרט האחרון, ואחר שנכללו אלו באלו, ונתלבשו אלו באלו כנזכר בהקדמה. ואז היה החילוק ועמידתם באופן הנזכר. והנה גם הם נחלקים באופן אחר, והוא כי פנימיות כל השמונה פרצופים הנזכרים בצביונם ודמיונם, **נקראים או"א עילאין, ונקראים חכמה דאצילות,** ונקראים אצילות דאצילות, ונקראים ג"ר, ונקראים פנים, ונקראים נרנח"י דחיה דאצילות, ונקראים עולם הבא, וזיווגם נקראים זיווג שלים, אלא שהוא כלול משלים ודלא שלים, וכללות שניהם נקראים שלים, ומזיווגם נמשכים מוחין לזו"ן על ידי התפילות, והתורה, וברכותיהם, שהם מצות התלויות בפה, וכנגדם באדם הם הקנה והריאה. והנה לפעמים גם הד' פרצופים העליונים הנזכרים לעיל, המלבישים מגרון דאריך אנפין עד החזה כנזכר לעיל, בחיצוניותם ופנימיותם מתכנים בכיניים אלו וכמו שנבאר בע"ה. וחיצוניות כל השמונה פרצופים הנזכרים בצביונם ודמיונם, **נקראים ישסו"ת, ונקרא בינה דאצילות,** ונקרא בריאה דאצילות, ונקרא ו"ק, ונקרא אחור, ונקרא נרנח"י דנשמה דאצילות, ונקרא עולם הזה, וזיווגם נקרא זווג דלא שלים, אלא שהוא כלול משלים ודלא שלים, וכללות שניהם נקרא דלא שלים.
247

כרם שלמה ש"ח פ"ג אות ו' – אבל הרש"ש ז"ל פירש כל זה מדבר קודם התיקון, ובאמת שקודם התיקון היו הנה"י דא"א מתלבשים בסוד מוחין בתוך או"א ולא החג"ת, כי עדיין אין א"א נתפשט עד סוף האצילות כדי שנאמר שהנה"י נהיו למטה מן או"א, והחג"ת הם מתלבשים בתוכם, אלא עדיין הנה"י למעלה, ולכן שפיר שהנה"י בתוך או"א.
248

ע"ח שי"א פ"ה מ"ת דנ"ב ע"ג – עוד שינוי אחר היה בהם אשר בו יתבאר מלת **בלתי תיקון** מה עניינו, והוא כי ג' נקודות הראשונים מלבד מה שיצאו כל אחת מהם כלולה מעשרה, עוד זאת היתה בהם שהיו עשרה שבו מחוברות יחד, ולא נפרדות זו מזו, אמנם שש נקודות דז"א מלבד היותן שש חלקי נקודה אחת, וחסרו מהם הג"ר שבהם. עוד שינוי אחר בהם **שהיו נפרדות זה מזה,** ולא מחוברות, באופן שב' שינוים נמצאו בשבעה תחתונות מן הג"ר, שהם א"א או"א. וזה סדרן בתחלה כאשר היה בלתי תיקון, כי אלו העשרה נקודות כאשר יצאו בראשונה, היו כל העשרה דומין כאלו ביחד, היו פרצוף אחד לבדו, ולא שהיה ממש כך בציור, אלא בדמיון. פירוש, כי הנקודה העליונה היתה אז בחינת כתר, והשניים הם הב' והג' היו בחינת חו"ב, והששה היו בבחינת גוף בעל ששה קצוות. אמנם לא היו ממש מצוירות כמו שהוא עתה אחר התיקון, אמנם בנקודה ראשונה היו בה כללות עשרה בחינות, אלא שהיתה קטנה, וגם כי לא היו העשרה שלה (נ"א לא היה שלם) בסוד פרצוף ממש, רק בסוד כללות. פירוש, כי אז היתה בסוד ג' בחינות שהם עתיק וא"א וחכמה שבו, ששם ג' רישין הנ"ל, ואלו הג' בחינות היו מתפשטין בבחינת קוין בתוך תשעה נקודות האחרות, כמו שהוא עתה, והם היו לבושין אליו, ומלבישין אותו, גם העשרה נקודות שבה היו קשורים כולם זה בזה, בסוד קוין מתפשטין זו בזו. ופירוש ענין הקוין האלו נתבאר למעלה, וכן על דרך זה גם ב' הנקודות של חו"ב, היה כך שכל אחת היתה כלולה מעשרה, וכולן קשורין זה בזה דרך קוין. אבל אלו הששה חלקים נקודות של ז"א יצאו נפרדות זו מזו, שלא כדרך קוין, רק זו על גבי זו, **נפרדות ולא מקושרות יחד,** ואז היו נקראים אלו השש רשות הרבים, **כי לא היה בהם יחוד והתקשרות ואחדות,** רק כדמיון אנשים נפרדין איש לדרכו פנה, ולא היה ביניהם אהבה וחבה, ולכן לא יוכלו לסבול אלו הכלים שלהם בחינת האורות ומתו, כמו שכתוב - חבור עצבים אפרים הנח לו, כי החבור גורם קיום והעמדה, ומשל הדיוט אומר אם תקח עשרה קנים, כל אחת לבדו ישתברו, ואם תקח שלושה לבד ביחד, יתקיימו ולא ישתברו.

75

הכתר[249] הזדווג מיניה וביה, והמשיך את בחינת המוחין לאו"א, ואו"א[250] לזו"ן, בדיוק כמו שנמשכים[251] מוחין לזו"ן אחרי התיקון על ידי ישסו"ת, שמקבלים הם בעצמם מוחין מאו"א עילאין. ואם כן כאשר נשברו הכלים דזו"ן, וירדו

249

מבוא שערים ש"ב ח"ב פ"ב ד"ד ד"ז ע"א – ואמנם גם בכתר, היה בו קצת ביטול כנזכר לעיל, ואינו כל כך גדול כמו באו"א. והענין כי הלא נודע שכל מציאות מוחין, הם באים מלובשים תוך נה"י מלכות של הקודם אליו, כמו שכתוב בש"ד ח"א פ"ה, כי המוחין דז"א באים מלובשים תוך הנה"ם דאימא, בסוד כונן שמים בתבונה. **והנה גם המוחין דאו"א, הנמשכין אליהם מן הכתר**, כנזכר לעיל ח"א פ"ו, גם הם צריכים שיבואו מלובשים תוך נהי"ם של הכתר, בבחינת החיצוניות החיצון שבהם, כמו שהוא בנהי"ם דאימא לז"א, ועיין שם. והנה כיון שאלו החסדים והגבורות של או"א נפלו ונתבטלו, ודאי שגם מלבושם שהוא חיצוניות נהי"ם דכתר גם הוא ירד עמהם ונתבטל, והרי זה הוא גם כן פגם בנקודת הכתר. האמנם בבחינה שכבר נכנסו באו"א, ואינם נחשבים עוד מבחינת הכתר, לכן לפעמים נכנה הכל בבחינת אחוריים דאו"א, ולא נזכר ביטול בכתר לסיבה הנזכר, וזכור זה. אמנם האמת הוא, כי בכל העשרה נקודות היה פגם וביטול, וכנזכר לעיל בח"א פ"ה, שהם סוד עשרה ניצוצות צפרני הרגלים, ועיין שם.

ע"ח ש"ח פ"ד מ"ד דל"ח ע"ג – אבל דע כי כאשר אור הכתר נכנס תחלה בכלי שלו, היו שאר האורות בטלים בו בערכו, שהוא גדול מכולם יחד, ולכן היה בכלי שלו לסובלו, ולסבול תשעה אורות האחרים, ולא נשבר. וכן כאשר יצאה אור החכמה ונכנס בכלי שלו, היו השמונה אורות כלולים בו, וכן בצאת אור הבינה כלולה משבעה אורות, ונכנסים בכלי שלה היו הכלים יכולים לסבול, ולא נשברו, כי כולם הם בטלים בערך או"א, דמיון הבנים שבתחלה עומדים כלולים במוח אביהם בסוד טיפת מוח, וכן בהיות בנים בסוד עיבור במעי אמן, יכולין להיות שם והיא יכולה לסובלם (ונתנה החכמה בבינה בסוד זווג פנים בפנים, והיו כולם בכלי הבינה, כי תחלה היו אחור באחור, **ונזדווג הכתר מניה וביה והמשיך מוחין להם**, ואז חזרו פנים בפנים, וזו"ן ניתנו בה, והיו בה בסוד מ"ן, והיו מעמידין מוחין דאו"א על עמדן, ואחר כך נזדווגו יחד או"א והוציאו שבעה מלכים אלו). ולכן היה בחינת התיקון בג"ר, ולא נשברו כלל, וכאשר היו השבעה תחתונות כלולין במעי אמן, היו שם בבחינת מ"ן המעוררין זווג עליון. אמנם **בצאת משם השבעה תחתונות, שהם השבעה מלכים** שמלכו בארץ אדום, ורצו ליכנס בכלים שלהם, ולא יכלו הכלים לסבול, ונשברו ומתו כמו שנבאר בע"ה.

250

ע"ח שי"א פ"ט דנ"ה ע"ג – ז"א היה בו תחלה בימי המלכים ו"ק, **ובתוכם מוחין דנפש דנה"י דאימא, החיצוניות כשנולד קודם התיקון**, ואחר כך נשברו ונפרדו, והאורות דנה"י עלו למעלה, וו"ק הכלים ירדו למטה בבריאה.

ע"ח ח"ב של"ד פ"ב כלל ט' דמ"ו ע"ג – וזה סוד וכל בשליש עפר הארץ, שהוא הכלי של המלכות הנקרא עפר הארץ, מדדו המאציל כשיעור העטרה, שהוא שליש היסוד. ופסוק זה נאמר בין בבחינה הראשונה של המלכות הנקרא ארץ, בזמן המלכים שמלכו בארץ אדום, שהיתה היא עצמה עטרה כנזכר לעיל, ובין בזמן התיקון שנפרדה המלכות פרצוף בפני עצמה כמו שכתוב, אז נשארה העטרה דבוקה שם ביסוד, ועליה נאמר וכל בשליש עפר הארץ. והנה הסבה שמתחלה יצאה המלכות תחת היסוד בבחינת עטרה ולא במקום אחר, וגם למה היתה דבוקה שם, הטעם הוא כי נודע **כי לעולם אפילו קודם התיקון דנה"י דאימא היו נכנסין תוך גופא דז"א, על דרך שאר הזמנים**. והנה נצח הוד הם סתומים, אך היסוד הוא פתוח תוך ז"א, והוא בקו האמצעי, ויוצאין אז האורות דרך היסוד, ומתקנים שם את המלכות. על כן יש לה שורש שם בסוד העטרה, **וזכור טעם זה לכל הזמנים**, ולכל המדרגות, שהמלכות שלעולם אין דיבוקה והתחלת יציאתה אלא בקו האמצעי, נגד היסוד, או נגד התפארת, או נגד הדעת וכיוצא, וכמו שנבאר בע"ה.

251

ע"ח ש"כ פ"ג מ"ת דצ"ו ע"ג – וסוד הענין הוא כי הנה הז"א הוא הולד הנתון בעיבור במעי אמא שהוא תשעה חדשי העיבור, וכאשר נשלמו תשעה חדשי העיבור, אז נולד ויצא לחוץ. ואמנם יש בחינת לידה בין בז"א עצמו, בין בבחינת המוחין שלו של זמן הגדלות כנזכר לעיל, שהם בחינה רוחניות ונשמות המוחין דז"א, וב' הבחינות שוין, כי כבר נתבאר אצלינו **כי תמיד נכנסין ומתלבשין נה"י דאימא, ומתפשטין תוך ז"א עצמו**, בין בבחינת זמן עיבור, בין בבחינת קטנות שהוא זמן יניקה, ובין בזמן הגדלות הנקרא מוחין דגדלות, שהוא רוחניות המוחין כנזכר לעיל.

לבי"ע, ירדו עימהם המוחין שקבלו מישסו"ת, שבתוכם המוחין דאו"א, ובתוכם המוחין דא"א. אם כן[252] גם לפני השבירה וגם אחרי השבירה, כאשר הפרצוף העליון נותן מוחין לפרצוף שמתחתיו, תמיד זה נעשה על ידי בחינת הנה"י של הפרצוף העליון, וכל זה לצורך הזיווג של הפרצוף התחתון, **וכל זה לצורך המוחין**, סדר העמידת הפרצופים הוא שונה מסדר נתינת המוחין. **לא גורסים מ"ק.**[253] יש[254] **כאן מקום לקושיא, שכתב** הרב ז"ל **שיש** גם **פגם בנה"י דא"א** שהוא בחינת הכתר **המתלבשים באבא ואמא** בסוד מוחין, **וזה לא יתכן, כי הנה ידענו כי אבא ואמא מלבישין** את **זזג"ת דא"א**, ולא את הנה"י דא"א, אז איך נפגמו הנה"י דא"א אם הם לא מתלבשים תוך או"א. לבעל ההגהה יש ב' תרוצים, **התרוץ הראשון, ואולי קודם שמתו** המלכים **היו** או"א **בנה"י** דא"א, והתלבשו נה"י דא"א תוך או"א **למטה** במקום הנה"י דיליה, **הבעיה עם תרוץ** זה היכן עומדים זו"ן, אין לבעל ההגהה תשובה, **ואזור התיקון** המלכים **עלו**

ע"ח ח"ב שכ"ו פ"ג דט"ז ע"ב - ואמנם כבר ידעת **כי המוחין דז"א הם כפולים, שהם נה"י דאבא תוך נה"י דאמא**, והנה יסוד דאמא מגיע עד שליש תפארת דז"א, ויסוד אבא מגיע עד סוף יסוד דז"א, נמצא כי כל קו ימין ושמאל נעשה מנצח הוד דאמא, ומנצח הוד דאבא, אך הקו האמצעי אינו נעשה בז"א מיסוד דאמא רק עד שליש העליון דתפארת שלו, ושאר ב' שלישים התפארת וכן היסוד שלו, לא נעשו רק על ידי יסוד אבא.
252

כרם שלמה ש"ח פ"ג אות ו' – נמצא כי גם קודם התיקון, שהוא בעת השבירה, היו אחורי או"א מתלבשים בתוך זו"ן בסוד מוחין, וכמו שהיו בזו"ן כן, על דרך זה היו באו"א, שהיו אחוריים אחד דחיצוניות, דחיצוניות נה"י דא"א מתלבשים בסוד מוחין בתוך או"א, ואין זה ענין להלבשה האמיתית לההג"ת דא"א, כי אפילו אם תרצה לומר שאו"א הם מלבישים לחג"ת דא"א, זהוא ענין בפני עצמו, **כי קודם לזה כבר נתלבש אחור אחד דחיצוניות נה"י דא"א בסוד מוחין בתוך או"א, לצורך החו"ג שלהם**, להשלים האחוריים דאו"א כדי שיהיה אחור שלם לזה, ואחור שלם לזה, כמו שכתב הרש"ש ז"ל בכאן בהגה"ה שלו.
253

בית לחם יהודה ש"ח פ"ג דכ"ד ע"ד – מ"ק. כאן יש קושיא וכו'. ליכא קושיא כלל, כמבואר בהגהות השמ"ש, ובהרב יפה שעה ז"ל.
254

יפה שעה (ב) – וכאן כתוב בהגה"ה לחד מן הקדושים ז"ל, יש כאן מקום קושיה כו', והנה ידענו כי או"א מלבישים גם חלק דא"א, ואולי קודם שמתו היו למטה בנה"י, ואחר התיקון עלו בחג"ת דא"א. וליתא, דלפי דבריו נמצא שאו"א לאחר התיקון נתעלו, שעלו למעלה ממקומם שהיה קודם התיקון, וזה הפך דברי רז"ל בפירוש שכתב בפרק ב' משער רפ"ח ז"ל - ומהראוי היה שאו"א יהיו למעלה במקום חו"ב דא"א, כי הרי הם חו"ב, אבל לא כך היה, אלא שהלבישו את חו"ג דא"א יע"ש. הרי שאדרבא לאחר התיקון בערך מקום מושבם ועמידתם, ירדו או"א ממעלתם הראשון, ולא עלו כלל. ומה שכתב עוד, או אפשר כי נה"י דא"א הם באחורים דאו"א, והם ישסו"ת, ואינם אלא כנגד נה"י דא"א, אך או"א עצמן נקרא פנים, והם למעלה בחג"ת. גם את זה ליתא כלל, שישראל סבא ותבונה אינם מלבישים את א"א לאחר כל התיקונים שנעשו בתיקון העולמות, אלא מן החזה עד הטיבור, כנודע מכל דברי רז"ל המלאים. אבל אעיקרא קושיא ליתא כלל, דכי אמרינו שאו"א מלבישים חג"ת דא"א, היינו לאחר התיקון, בהתקן כל העולמות וכל הפרצופים והמידות. וכאן רז"ל אינו מדבר אלא קודם תיקון כל העולמות, בעת יציאת הנקודים ברצון המאציל העליון, ונודע סדר יציאתם, כי היו כח"ב כעין סגולתא. כתר למעלה, ולמטה, הימנו חכמה מצד ימין, ובינה מצד שמאל, וז' תחתונות זה למטה מזה. ולא ג"ר שהם כח"ב, ולא הז' תחתונות, היה להם קשר זה עם זה, כי כולם יצאו נפרדים, ואפילו החו"ב דנקודים היו אז בסוד אחור באחור, נפרדים זה מזה, ואין צריך לומר שהיה פירוד ביניהם לבין הכתר. וכל זאת מבואר בכל דברי רז"ל הבאים לקמן, ובפרט בספר מבוא שערים. ואחר כך כדי להוליד האורות לז' תחתונות, המשיך הכתר מוחין מלובשין בנה"י שלו לחו"ב, ועל ידי נה"י דכתר ומוחין שבתוכו. חזרו חו"ב פנים בפנים, והולידו האורות לז' תחתונים, והיו חו"ב עומדין כך פנים בפנים, עד עת השבירה והמיתה דמלכים, כמו שכתב רז"ל. ועל אותו נה"י דכתר שנמשך אז לחו"ב, הוא שמדבר כאן רז"ל, ואין זה צריך לפנים.

או"א **בזהז"ת דא"א,** והלבישו או"א את א"א מהגרון עד הטבור • **התרוץ השני, או אפשר כי נה"י דא"א הם** מלבישים **באזזוריים דאו"א** שהם הנה"י דאו"א, **שהם** נקראים גם כן **ישראל סבא ותבונה,** לפי שישסו"ת שהם המלכויות דאו"א מלבישים את התנה"י דאו"א, שהוא מן החזה דא"א ולמטה עד סיום רגלי או"א, וכאשר ישסו"ת מתלבשים תוך זו"ן בסוד המוחין, **וזו"ן אינם אלא נג"ד נה"י דא"א** ר"ל מלבישים את הנה"י דא"א, יוצא שישסו"ת הם הם המלבישים את א"א, וכאשר נשברו הכלים דזו"ן, וירדו לבי"ע, נשברו האחוריים דאו"א שהם ישסו"ת, והנה"י דא"א, **אך או"א** עילאין **עצמן הנקראים פנים,** נשארו **למעלה בזהז"ת**[255] דא"א ולא נשברו •

דרוש זה הוא המשך מ"ת שבפרקין, והוא מספר אוצרות חיים.

ונחזור לעיל[256] לבאר את בחינת ההבלים והאורות היוצאים מן הטבור והיסוד דא"ק, לצורך הכתר ואו"א דנקודים, וגם את ההבלים שיצאו מעשרה הציפורנים דרגלי א"ק, **כי**[257] **הנה** בא+רנו שהנקודות נחלקים[258] **לשלשה חלקים**[259] שהטעמים נחלקים לשלשה חלקים, **האחד** הטעמים[260] שמעל

255

השמ"ש [א] – נ"ב נראה לעניות דעתי שאין כאן מקום שאלה כלל, כי כעת השבירה עדיין היו הכח"ב בסוד נקודות, ולא נתפשטו בסוד פרצוף, והיו עומדות הכח"ב כדמות סגולתא, והחו"ב עומדות אחור באחור. ואחר שנתן הכתר לחכמה על ידי זיווג התשעה אורות, חזר ונזדווג הכתר מיניה וביה, והמשיך חמשה חסדים וחמשה גבורות, והלבישם בנה"י שלו, ודרך אחורי הנה"י נתנם בראש או"א, ועל ידי זה חזרו פנים בפנים. וכשנתבטלו אחורי או"א, אז נפגמו אחור הנה"י דכתר שהיו מלובשים תוך או"א, באופן שלא נתפשט א"א עד סוף האצילות, ואו"א הלבישו את החג"ת שלו, כי אם אחרי התיקון כו'.

256

כרם שלמה ש"ח פ"ג אות ז' – מה שכתב **ונחזור לעיל,** ר"ל כי לעיל ביארנו כי מן הטיבור של א"ק, ומן היסוד שלו יוצא הבלים ואורות לצורך הכתר ולצורך או"א, ועל זה חוזר, ורוצה לפרש איך יוצא מהם הארה לצורך הכתר ולצורך או"א. ולמה אלא ממקום זה לכתר, וממקום זה לאו"א. ועוד שאין מקום מוצא ג' הבלים, כי אם ב' מקומות, שהם הטיבור והיסוד, ואיך מקבלים מהם ג' פרצופים, שהם הכתר ואו"א, ולזה הולך ומפרש אותם.

257

כרם שלמה ש"ח פ"ג אות ז' – ומה שכתב כי הנה ביארנו שהנקודות נחלקים לג' חלקים וכו'. ר"ל כי לעיל ביארנו כי הטעמים נחלקים לג' חלקים, שהם למעלה על גבי האותיות, ובאמצע האותיות, ותחת האותיות. וגם בנקודות ביארנו שגם הם נחלקים לג' חלקים, שהם למעלה, ובאמצע, ותחת האותיות.

258

ע"ח ש"ח פ"א מ"ת דל"ד ע"ג – כי הנה הנקודות הם תשעה, שהם קמץ, ופתח, צירי, סגול, שבא, חולם, שורק, חירק, קיבוץ. אמנם גם כן יש בהם בחינת עליונות, שהם ניקוד חולם, ואמצע כגון שורק, וכל השאר הם תחתונים, שמקומם הם תחת האותיות.

ע"ח ש"ח פ"ו מ"ת דט"ל ע"ג – וזה טעם הספר תורה שיש לו בחינת כתיבת אותיות ותגין, וחסרים ממנו טעמים ונקודות, כי כבר ידעת כי ספר תורה הוא בחינת היסוד דאבא, וכבר נודע בזוהר בהרבה מקומות, דבמחשבה איתברירו כלהו, ולכן הספר תורה (נ"א ולשון ס"ת) מורה על זה הנזכר לעיל, ועל ידי מה שהשליח ציבור קורא הפרשה בתורה בטעמים ונקודות, לתקן מה שחסר ממנו, לכן תמצא כי הטעמים יש בהם הוראה בהוצאת הבל הפה, כי יש ניגון פרטי לכל טעם בפני עצמו, בהוצאתן מהפה ולחוץ, וכן הנקודות יש להם הברת כמו אֲ אֶ אֱ אֻ או. אבל (נ"א כי) התגין אין להם שום תנועה ונדנוד בעת קריאת האותיות, והטעם כי

האותיות, והם ההבל היוצא דרך האוזנים דא"ק, **השני** הטעמים[261] שבאמצע האותיות, והוא ההבל היוצא מהחוטם דא"ק, **והשלישי** הטעמים[262] שמתחת לאותיות, והוא ההבל היוצא מפה דא"ק, הנקרא עולם העקודים• הניקוד[263] ל"ג **הָעֶלְיוֹנִים** צ"ל העליון שעַל **הָאוֹתִיוֹת** ל"ג שהיא **כמו** צ"ל שהיא **נקודת הַזוֹולם** כי יש רק[264] נקודה אחת מעל לאותיות, **והניקוד שבָּאמצע** האותיות ל"ג **כמו** צ"ל שהיא **נקודת הַשׁוּרק** כי יש רק נקודה אחת באמצע האותיות (דגש ורפה הם לא בחינת ניקוד), וניקוד השורק נקרא גם מלאפו"ם[265] כמבואר בפרקין, **והנקודות**

בחינת הטעמים והנקודות הם מורים **בזמן שהָאוֹרוֹת בתוך הכלים**, ולכן הם נרגשין ונדנדים בעת קריאת האותיות, יען כי על ידי הנקודות והקריאה הם מאירין בתוך כליהם, שהם האותיות. אבל התגין מורים על זמן היות האורות על גבי האותיות, וחוץ להם, שאז אין לאותיות שום נדנוד ותנועה, כי רוחניותם נסתלק מתוכם (מן הכלים הנקודים), אמנם עומדין עליהם מרחוק להאיר להם הארה מועטת, כדמיון התגין העומדים זקופים על האותיות, לא בתוכן. עוד יש שינוי אחר כי הטעמים והנקודות **יש מהם הרבה שעומדין תוך הָאוֹתִיות** כגון דגש, ורפה, ופסק ומקף בטעמים, ושורק בנקודות, **ויש מהם שעוֹמדים תחת הָאוֹתִיות**, אבל התגין כל בחינתם אינם על גבי האותיות אלא תמיד מבחוץ להם, אמנם עם כל זאת עומדים אצלם להאיר להם, אף על פי שאינם בתוכם, כמו שיתבאר.
259

ע"ח ש"ח פ"א מ"ת דל"ד ע"א – והנה כבר ביארנו כי בשם ס"ג יש טנת"א, והטעמים נחלקים לג' חלוקות, שהם אח"פ.

ע"ח ש"ה פ"א מ"ת ד"כ ע"א – ונודע כי לעולם הטעמים והנקודות נחלקים לג' חלקים, כי יש בחינת טעמים ונקודות למעלה על גבי האותיות, וכן יש למטה מן האותיות, וכן יש באמצעית האות.
260

ע"ח ש"ה פ"א מ"ת ד"כ ע"ד – והנה אזן גימטריא נ"ח, שהוא שם ס"ג חסר ה' אחרונה, כי מכאן מתחיל השם ס"ג כנ"ל, וענין זה יתבאר בע"ה. והנה האורות אלו **הם בחינת טעמים של שם ס"ג עליונים, אשר הם למעלה על הָאוֹתִיוֹת כנ"ל**. והנה עדיין באלו האורות לא נתגלה בהם בחינת כלי כלל וכלל. גם דע כי עשר ספירות אלו יצאו מקושרים בתכלית התקשרות, ולא ניכר מהן רק שכולן בחינת ה' אחת, כי אות ה' כשתתחבר עם אזן גימטריה ס"ג.
261

ע"ח ש"ה פ"ב מ"ת דכ"א ע"א – אחר כך **באו הטעמים האמצעיים, והם בחינת אור היוצא מחוטם דא"ק**, וחוטם גימטריא ס"ג, גם מכאן נמשך ויוצא אור דרך ב' נקבי החוטם ימין ושמאל, ימין מקיף, ושמאל פנימי, על דרך הנזכר באזן, ונמשכו ביושר עד החזה של זה הא"ק, וזהו עיקר האור.
262

ע"ח ש"ו פ"א מ"ת דכ"ד ע"ב – אחר כך באו **הטעמים התחתונים שמתחת האותיות, והם בחינת אורות היוצאים דרך הפה של א"ק** משם ולחוץ, והנה בכאן נתחברו האורות חיבור גמור, כי הרי הם יוצאים דרך צינור אחד לבד.
263

כרם שלמה ש"ח פ"ג אות ז' – והנה הנקודות העליונים אינם אלא אחת, שהוא החולם, והנקודות שבאמצע גם כן אינם אלא אחת, שהוא השורק, ושאר השבעה נקודות שהם קמץ ופתח וצירי וסגול ושבא וחירק וקיבוץ, הם למטה מן האותיות.
264

מבוא שערים ש"ב ח"א פ"ה ד"ד ע"א – ונבאר עתה סדרן, כי הנה עשרה נקודות אלו, כבר נתבאר לעיל פרק א', כי הם הם הנקודים של ס"ג, והנה תשעה נקודים הם, מן הקמץ ועד השורוק, ולא נמצא בכולן נקודה שתהיה על האות רק אות אחת, **והוא נקודות החולם**. גם נקודה **אחת לבד באמצע, והיא נקודת שורק** בוא"ו. ושאר הנקודים הם למטה מהאותיות.
265

מלאפו"ם הוא השורוק לפי בני אשכנז, והוא מלשון מלא פום, ר"ל פה (שהוא היסוד) מלא.

תזזתוני"ם ר"ל שמתחת לאותיות **כמו שאר הנְקֻדות,** שהם קמץ, פתח, צירי, סגול, שבא, חירק, קבוץ. **[266]וְהִנֵה**[267] **נְקֻדת הַחוֹלם** [דל"ז ע"ד 74] **הוּא** בתפארת דא"ק, והוא **הַהֶבֶל הַיוֹצֵא מִן הַטַבּוּר** דא"ק **אֲשֶׁר שֶׁם עוֹמֵד הַכֶּתֶר** דנקודים, והוא[268] בשליש התחתון דתפארת דא"ק **כנִזְכר לעֵיל, לְפִי שֶׁהַכֶּתֶר אִיהוּ** דנקודים הוא נעשה מהחוֹלם שנמצא **עַל הַתִּפְאֶרֶת** דא"ק **כנוֹדַע, כִי עִיקָר חוֹלם בְּתִפְאֶרֶת דא"ק** וכן[269] בכל פרצוף ופרצוף, וכן[270] בסידור הטהור למרן הרש"ש. **ולכן**[271] ההבל היוצא מהטבור הנמצא בשליש התחתון דתפארת דא"ק, מאיר לכתר דנקודות הנמצא ממקום הטבור דא"ק ולמטה **ומחייה אותו,** והכתר[272] דנקודים הוא בניקוד קמץ. **אמנם**[273] נקודת החולם הנמצאת בטבור

266

כרם שלמה ש"ח פ"ג אות ז' — ומה שכתב והנה נקודת החולם וכו', עומד הכתר. ר"ל כי נקודת הקמץ הוא בכתר דא"ק וכו', עד שנגיע שנקודת החולם הוא בהתפארת דא"ק, והטיבור דא"ק הוא מכלל התפארת שלו, כי הוא שלישי שלישי של התפארת. ונודע כי עולם הנקודים הוא יושבת מהטיבור דא"ק ולמטה, וכתב לעיל כי סדר התחלקותם הוא כי הכתר מקומו מן הטיבור דא"ק עד סיום התפארת שלו, ואם כן נמצא כי ההבל היוצא מן הטיבור דא"ק שיש בו חולם, הוא לוקח אותו הכתר דנקודים, אשר שם יושב כנגד הטיבור. נמצא כי מה שכתב לעיל כי מן הטיבור דא"ק יוצא הבל, לוקח אותו הכתר דנקודים, אשר שם יושב כנגד הטיבור, וזהו מה שכתב הכא **והנה נקודת החולם,** פירוש הוא החולם דא"ק אשר הוא בספירת התפארת שלו, וזהו **הוא ההבל היוצא מן הטיבור.** פירוש, אשר היא חלק אחד מן התפארת הזו דא"ק, **אשר שם עומד הכתר הנזכר לעיל,** פירוש הכתר דנקודים, שם עומד כנגד הטיבור. נמצא כי הכתר נעשה מן החולם שעל התפארת, אבל אינו עיקר החולם בהכתר, כי בהכתר יש ניקוד קמץ כנודע, אלא ניקוד החולם של התפארת של הפרצוף העליון, נעשה כתר של פרצוף התחתון. כמו הכא שהחולם שעל התפארת של א"ק, נעשה הכתר דנקודים.

267

בית לחם יהודה ש"ח פ"ג דכ"ד ע"ד — והנה נקודת חולם הוא ההבל היוצא מן הטבור אשר שם עומד הכתר כנזכר לעיל, לפי שהכתר איהו חולם הוא על התפארת. רצונו ליתן טעם דאמאי הבל הטבור נקרא חולם, והלא הוא יוצא מאמצע התפארת דא"ק, הנקרא ו', ואם כן ראוי להקרא שורק ולא חולם. לזה אמר אשר שם הכתר דנקודים, ונודע כי הכתר הוא חולם על התפארת, כי בחינת הכתר דכל פרצוף הוא עומר בקו האמצעי על גבי התפארת דאותו פרצוף עצמו, כעין החולם שעל גבי אות **הו',** ולפי שכל עיקר הבל הטבור הוא לצורך הכתר דנקודים שנקרא חולם, לכן גם ההבל עצמו נקרא חולם.

268

תרשים ג — ט"ז.

269

תרשים ג — י"ז.

270

תרשים ג — י"ח.

271

מבוא שערים ש"ב ח"א פ"ה ד"ו ע"א — והנה נקודת החולם היא בתפארת כנודע, תיקון ע' דף קכ"ה ע"א. ונמצא כי תפארת דא"ק ממנו יוצא נקודת החולם אל כתר הנקודות דרך הטיבור. ונודע כי חולם כתר על אתוון. כנזכר בתיקונין דף ה' ע"א, הרי כי החולם עיקרו בתפארת דא"ק, אמנם נעשה כתר אל נקודות, והבן זה.

272

ע"ח ש"ח פ"א מ"ת דל"ד ע"ד — עוד טעם שני, לפי שנודע כי השבעה נקודות תחתונים הם שבעה מלכים שמתו, אבל הראשונים לא מתו, ונודע כי בחינת המיתה היא שבירת הכלי, לכן השבעה נקודות אחרות נשארו בלא כלי, רק אור לבדו, שהוא בחינת הנקודות. אבל הראשונים לא מתו, ונשארו (נ"א נשארו) עם הכלים שלהם, הנה האורות נעלמים ומתלבשים תוך הכלים, ונקרא על שם הכלים, שהם הכ"ב אותיות, הרמוזין

דא"ק **נַעֲשֶׂה כתר** ל**שָׁ**אר ה**נְּקֻוֹדוֹת** שבעולם הנקודים, כי ניקוד החולם בתפארת דא"ק, ותפארת דא"ק הוא מעל כל עולם הנקודים, לכן החולם דא"ק הוא מעל כל הנקודות דעולם הנקודים, **וֹזֶֹה**[274] **שֶׁכָּתוּב**[275] **בֹ**תיקוני הזוהר **תִּקֻוּן ה' כי זוולם כתר בָּאֹתווֹן כֹנֹוֹדַע,** ר"ל כי מן החולם שנמצא בתפארת דא"ק, נעשה כתר של עולם הנקודים, ועולם הנקודים בכללותו נקרא אותיות דכללות א"ק, כי[276] כאן בסוגיה זו דטנת"א בחינת האותיות הם עולם הנקודים, כי הטעמים בכתר דא"ק, הנקודות בחכמה דא"ק, התגין בבינה דא"ק, והאותיות בזו"ן דא"ק, ועולם הנקודים עומד כנגד זו"ן דא"ק, לכן קורא הוא לעולם הנקודים אותיות. **וֹנֹיֹקֻוֹדֹ**[277] **שֹׁוּרֹק בֹּוֹא"ו** כזה ּ **שֶׁנֹּקָרֹא**[278] גם כן **מְלֹאֹפֹּום** מלשון פה מלא, כי מבטא ניקוד השורק דומה מאוד למבטא ניקוד

בקמץ ופתח כנזכר. **והנה הקמץ מורה על הכתר,** כנודע והכתר הוא טעמים, והפתח מורה על החכמה, והם הנקודות, ולכן נקראים אלו ב' נקודות קמץ ופתח, כי הם מורים על ענין הנ"ל. והוא שכל זמן שעדיין לא יצאו רק הטעמים דס"ג, שהם בחינת אורות אח"פ, עדיין היו האורות **סתומים וקמוצים,** וכשבאו בחינת הנקודות שהם חכמה שהוא פתח, והוא בחינת העין כנזכר לעיל, אז הם נפתחו בפתיחו דעיינין, כנזכר בתיקונים, וזהו ענין נקודות פתח, אבל בתחלה (היו) בבחינת הטעמים, **שהם כתר, הוא קמץ כי האורות,** היו קמוצים וסתומים.
273

בית לחם יהודה ש"ח פ"ג דכ"ד ע"ד – אמנם נעשה כתר לנקודות. פירוש, שהחולם נעשה כתר לשאר הנקודות, שהם קמץ ופתח וכו', כי כולם הם למטה מן האותיות, או באמצע האותיות, והוא למעלה מהם.
274

כרם שלמה ש"ח פ"ג אות ז' – ומה שכתב, וזה מה שכתוב בתיקון ה' כי חולם כתר באתוון. פירוש, החולם שהוא בכתר, אינו בכתר דא"ק, אלא בכתר דנקודים, שהם האותיות דכללות העולמות וא"ק. כי הטעמים בכתר, והנקודות בחכמה, ותגין בבינה, והאותיות בזו"ן דא"ק, והזו"ן הם הם עולם האצילות. ולזה הנקודים נקראים אתוון, שהם חלק האותיות דכללות.
275

תיקוני הזוהר, תקון ה' ד"ה ע"א תרגום והסבר – **והאי את דאיהי א' חל"ם דאיהי באמצעיתא** ואות א' זו שבנקודת חולם, שהוא באמצע, כלומר בתפארת, **איהי כתר עלאה** היא סוד הכתר העליון, כי החולם הוא כעין כתר על האותיות, **דאסחר על רישא דעמודא דאמצעיתא** שמסובב ומקיף על ראש העמוד האמצעי, שהוא התפארת, ר"ל החולם הוא בתפארת של הפרצוף העליון, והוא הכתר העליון לפרצוף התחתון הנקרא, ו"ק ונקרא תפארת. וכן כאן בפרקין, כי מן החולם שהוא בחינת תפארת דא"ק, נעשה כתר של עולם הנקודים, וכל עולם הנקודים נקרא ו"ק ונקרא תפארת, בערך א"ק.
276

ע"ח ש"ה פ"א מ"ב ד"כ ע"ד – ודע כי ד' בחינות כוללים כל ארבע עולמות, והם ע"ב ס"ג מ"ה ב"ן, והם עצמם נקראו טנת"א, וכל אחד כולל ארבעתן. ע"ב יש בו ע"ב וטעמים. ס"ג ונקודות. מ"ה ותגין. ב"ן ואותיות. וכולם נקרא ע"ב טעמים. וכן בס"ג. וכן במ"ה. וכן בב"ן. גם דע כי ע"ב הוא כתר וטעמים. ס"ג הוא חכמה ונקודות. מ"ה הוא בינה ותגין. **וב"ן שבעה תחתונות ואותיות.**
ע"ח ש"ו פ"ב מ"ב דכ"ה ע"א – ולכן נמצא עתה ד' בחינות דרך כללות, ונאמר כי הנה ע"ב טעמים בכתר, וס"ג נקודות בחכמה, ומ"ה תגין בבינה, **וב"ן אותיות בתפארת (נ"א בשבעה תחתונות).**
ע"ח שי"ב פ"א מ"ת דנ"ו ע"א – ודע כי בזוהר אמרו שהטעמים בכתר, ונקודות בחכמה, ותגין בבינה, **ואותיות בשבעה תחתונות** דאצילות, שהם נקראו זו"נ.
277

כרם שלמה ש"ח פ"ג אות ז' – ומה שכתב וניקוד שורק בוא"ו שנקרא מלאפום. עכשיו בא לפרש ההבל היוצא מן היסוד לצורך או"א, ומפני שיש ניקוד הקיבוץ שגם כן נקרא שורק, ומבטא שלהם שוה, לכן לאפוקי הקיבוץ כתב שזה השורוק בוא"ו, ולא שורק סתם, אלא אות וא"ו, ובתוכה נקודה כזה **וֹ.**
278

הקיבוץ, רק שמבטא השורק הוא יותר מלא במבטאו, ולכן נקרא פה מלא, **שהוא** ר"ל ניקוד השורק **באמצע** האותיות, **והוא**[279] **ההבל היוצא מן היסוד** דא"ק לפרצופי או"א, **ונחלק**[280] ניקוד השורק **לשנים, כי הנה נקודת השורק שהוא** כזה ז' הוא בעצם ב' אותיות, אות ו' ואות י' **באמצע** אות ו', ואות י' היא הנקודה שבאמצע אות ו', **והנה** בחינת אות י' **של שורק הוא** מאיר לפרצוף **אבא** שהוא בחינת החכמה, **הנקרא** אות י' **ראשונה של השם** הוי"ה ב"ה. **והאות וא"ו של** השורק הוא מאיר אל פרצוף **אימא** שהיא בחינת הבינה, ואות[281] ו' דשורק שניתן לאימא הוא כדי **להוציא ולהוליד השישה קצוות** דז"א, **וזהו בזוינת אות הוא"ו זו שלקוזות אימא**, וזהו הטעם הראשון לחלוקת השורק לאו"א. **עם כל זה** לא מבואר בפרקין אם אבא מקבל את בחינת אות י' ואת בחינת אות ו' תחילה, ואחר כך נותן את אות ו' לאימא, כמו שמבואר בכל מקום, כי[282] תמיד אבא מקבל את חלקו,

---

כרם שלמה ש"ח פ"ג אות ז' – ומה שכתב **שנקרא מלאפום.** ר"ל במבטא של שורק הוא יותר מלא מבטאו מן הקיבוץ כנודע, כי הפה ימלא במבטאו, ולזה נקרא מלאפום, שהוא הפה מלשון **פום** ממלל רברבן.
279

כרם שלמה ש"ח פ"ג אות ז' – ומה שכתב הוא ההבל היוצא מן היסוד לאו"א. ר"ל, כבר כתבנו למעלה כי מן היסוד יוצא הבל אחד גם כן, ובא לפרשו כאן למי זה ההבל, לזה אמר הוא לצורך כאו"א. ואם תאמר איך חולקים אותו או"א, ואיך מספיק להם לצורך שניהם, לזה כתב **ונחלק לב' כי הנה נקודת השורק הוא ו' י' באמצע.** פירוש, אות ו' וניקוד אחד בצורת י' באמצע הו' כזה ז, והואיל והשורק הוא שני חלקים, אות ו' ואות י', לכן י' של השורוק הוא לאבא, הנקרא י' ראשונה של השם, ר"ל הואיל ואבא שהוא חכמה הוא רמוז באות י' של שם ההוי"ה ב"ה, לכן ההבל שנוטל מן כמינו, שהוא אות י' של השורק, שמו כשם רבו. ואימא נוטלת אות הו' של השורק. ואם תאמר והלא אימא היא רמוזה באות ה' של ההוי"ה, אם כן איך נוטלת אות ו' שאינו ממינה, לזה כתב היא נוטלת אות ו' כדי שיהיה בה יכולת להוציא ז"א שכולל ו' קצוות דוקא כנודע, ואינו כולל עשר ספירות. והוא"ו זו הוא ו' של ז"א, שניתנו באימא להוציא את הז"א לחוץ ולהוליד אותו. ולכן אבא לוקח הניקוד של השורק שהוא אות י', ואימא לוקחת אות ו'. וזהו טעם אחד.
280

בית לחם יהודה ש"ח פ"ג דכ"ד ע"ד – ונחלק לשנים. כי ניקוד החולם אינו מוכרח להיות בו אות ו', כי יש הרבה תיבות שמנוקדים בחולם, ואין בהם אות ו', כעין משה ואהרן. אבל ניקוד השורק אי אפשר להיות בלא ו', ולכן הוא נחלק לשנים, כי גם אות הו' הוא בחינת הבל בפני עצמה.
281

מבוא שערים ש"ב ח"א פ"ה ד"ד ע"ב – גם הענין, כי היא בחינת הו' של ז"א, שהוא ו' קצוות לבד, שניתנו באימא להוציאם לחוץ, ולכן היא לוקחת ו' זו.
282

ע"ח ש"ח פ"ד דל"ח ע"ג – אבל דע, כי כאשר אור הכתר נכנס תחלה בכלי שלו היו שאר האורות בטלים בו בערכו, שהוא גדול מכולם יחד, ולכן היה יכולת בכלי שלו לסובלו, ולסבול תשעה אורות האחרים, ולא נשבר. וכן כאשר יצאה אור החכמה ונכנס בכלי שלו, היו השמונה אורות כלולים בו. וכן בצאת אור הבינה כלולה משבעה אורות, ונכנסים בכלי שלה, היו הכלים יכולים לסבול, ולא נשברו כי כולם הם בטלים בערך או"א, דמיון הבנים שבתחלה עומדים כלולים במוח אביהם בסוד טיפת מוח, וכן בהיות בנים בסוד עיבור במעי אמן, יכולין להיות שם והיא יכולה לסובלם. (**ונתנה החכמה בבינה בסוד זווג פנים בפנים והיו כולם בכלי הבינה,** כי תחלה היו אחור באחור, ונזדווג הכתר מניה וביה, והמשיך מוחין להם ואז חזרו פנים בפנים, **וזו"ן ניתנו בה,** והיו בה בסוד מ"ן, והיו מעמידין מוחין דאו"א על עמדן, ואחר כך נזדווגו יחד או"א והוציאו שבעה מלכים אלו).

ע"ח ש"ז פ"ב מ"ק דל"א ע"א – ואמנם אחרי הפכו כלי של חכמה פניו נגד הכתר, ועלה שם האור שלו, הנה אחר כך **חזר והפך פניו למטה נגד הבינה, ונתן לה את השמונה (נ"א השבעה)** אורות.

וחלק התחתונים, ונותן לאימא חלקה וחלקי הזו"ן, **יש רמז לדבר זה גם כאן**, והוא בסדור[283] למרן הרש"ש, בכוונות דראש השנה, בכוונות של ברוך **אתה**, וכותב מרן הרש"ש בכוונה - (כבר מבואר בע"ח סוף פרק ג' דשער הנקודים) להמשיך מיסוד דא"ק מאור החדש הנמשך מפנימיות מזווג דע"ב וס"ג דחו"ב דא"ק, **נקודת שורק שהם וי"ו יו"ד כזה ו לאבא, ולהמשיך מאבא לאימא אות ו' שבשורק להיות לה כח להוציא הזי"א, שהוא ו' התליה.** לפי זאת הכוונה, אבא מקבל את כל בחינת השורק, לוקח לעצמו את בחינת אות י', ונותן לאימא את בחינת אות ו', או את הארת אות ו'.

ויכול להיות שהכוונה בסידור שופכת אור לקושיה זאת, והשם יאיר עינינו בתורתו הקדושה אמן◆

הרב ז"ל מביא[284] טעם שני מדוע אבא לקח את אות י' שבשורק, ואימא אות ו' שבשורק, **הבעיה היא** כי בפירקין כתב הרב ז"ל כי אבא שהוא חכמה לקח אות י', שהיא בחינת י' שבשם הוי"ה ב"ה, אם כן אימא היתה צריכה לקחת אות ה' שבשם הוי"ה, כי כל מין צריך ללכת אל מינו. ומבאר כאן הרב ז"ל על פי אחת מסוגיות הטנת"א כי אבא הוא בחינת נקודות, ואימא היא בחינת אותיות. **וגם**[285] **טעם**[286] **אזר** לפי[287] הסוגיה דטנת"א, **כי הנקודה** של השורק **שהיא כעין** אות י' **שבשורק היא**[288] **יותר עליונה** מאות ו' שבשורק, **וממנו** ר"ל מאות י' **יונק אבא דנקודים, והוא"ו של השורק שהוא אות ו', ממנה יונקת אימא דנקודים, כנודע**[289] **כי**[290] בחינת הטעמים דטנת"א הם בכתר, **והנקודות** דטנת"א הם

283

תרשים ג – י"ט.

284

כרם שלמה ש"ח פ"ג אות ז' – ועוד יש טעם שני, מפני שבטעם הראשון יש קושייא, למה אבא נוטל מינו שהוא י' שבשם, ואימא אינה נוטלת מינה. לכן אמר טעם שני, שכל אחד נוטל מינו, כי הנקודות מן החכמה, והאותיות מן הבינה. ובהשורק הזה יש שני מינים, נקודות ואותיות, כי הניקוד שבתוך הוא"ו של השורוק הוא בחינת נקודות, והוא"ו של השורק הוא בחינת אותיות, ולכן כל אחד נוטל מינו. כי אבא שהוא בחינת הנקודות נוטל **נקודות** שהוא ניקוד הי' של השורק, ואימא שהיא בחינת האותיות נוטלת **האותיות**, שהוא אות ו' של השורק.

285

מבוא שערים ש"ב ח"א פ"ה ד"ד ע"ב – ואמנם משורק וא"ו ויסוד דא"ק, יוצא הבל ואל לאו"א דנקדים, כי הנקודה שהיא כעין יו"ד שבשורק, היא יותר עליונה, כי היא נקודה, וממנה יונק אבא דנקדים. וגם כי צורתה יו"ד, וחכמה היא י' דשמא קדישא. והו' של השורק. שהיא אות, ממנה יונקת אימא דנקדות. כנודע, כי נקודות חכמה, ואתוון בינה.

286

בית לחם יהודה ש"ח פ"ג דכ"ד ע"ד – וגם טעם אחר כי הנקודה שהיא כעין יו"ד שבשורק וכו'. הלשון מסורס, וכאלו אמר כי הנקודה של השורק שהיא כעין יו"ד.

287

ע"ח ש"ה פ"ד מ"ב דכ"ב ע"ג – הנה כתר דאבא הם טעמים, ותשעה ספירות אחרות הם נקודות. וכתר דאמא הם תגין, **ותשעה ספירות אחרות הם אותיות.**
ע"ח ש"ה פ"ה מ"ב דכ"ג ע"א – אך הענין דע כי הטעמים הם מן הכתר, ונקודות מן החכמה, ותגין מג"ר דבינה, **ואותיות משבעה תחתונות שבה.**

288

בית לחם יהודה ש"ח פ"ג דכ"ד ע"ד – היא יותר עליונה. מאות הו', כי הנקודות הם בחכמה, והאותיות הם בבינה.

289

איפה שלימה, שער הנקודים פ"ג ד"ז ע"ד (ח) – כי נקודות חכמה ואתוון בינה וכו'. עיין לעיל בפרק א' שכתב שהתגין הם מן בינה, והאותיות ז' תחתונות וכו'. ואפשר לתרץ במה שכתב רז"ל בשער טנת"א ריש פרק ד', ובשער כ' סוף פרק י' וז"ל - כי כתר דאבא הוא טעמים, ותשעה ספירות אחרונות הם נקודות, וכתר דאימא

83

בזזכמה, והתגין דטנת"א הם בג"ר דבינה, ואתוון רברבן דטנת"א, ר"ל[291] האותיות הגדולות שבספר התורה הם בבינה. ולצורך[292] שבעה[293] נקודות תזזתונות העומדות מתחת לאותיות, והם קמץ פתח צירי סגול שבא חירק קובוץ, עם שלושה בזזינות העליונות, שהם אזזת היא האחוריים דנה"י של הכתר, והאחת הם שני בחינות אזזוריים דאו"א, הרי הם סך הכל עשרה הבלים, ואלו ההבלים שיצאו דרך צפורני הרגלים.[294] ואין[295] כוונתינו לומר שאלו ההבלים הם הנקודות עצמן שהם הספירות דעולם הנקודים, בחינת גוף ונשמה דיליה, הרי עיקר עולם הנקודים יצא דרך העינים דא"ק, רק[296] שמכל אלו ההבלים יצא אור אל עשרה הנקודות, שיצאו דרך העין דא"ק כנזכר לעיל, וזכור[297] זה.

הם תגין, ותשעה ספירות אחרות הם אותיות, יעו"ש, ובזה יתיישב הכל. ומה שכתב בשער טנת"א כי התגין ג"ר דבינה ואותיות ז' תחתונות דבינה וכו', יעו"ש. יובן על דרך מה שכתב הרב בדרוש הדעת, שחו"ב חו"ג דכתר נקראים חב"ד, והתרין עטרין ודעת נקראים חג"ת וכו'. אם כן מה שכתב כי כתר דאימא הם תגין, הוא בערך שקורא כללות החו"ב חו"ג דכתר, כתר והתרין עטרין ודעת חב"ד. ומה שכתב הג"ר דאימא תגין וכו', הוא בערך מה שקורא חו"ב חו"ג דכתר חב"ד, והתרין עטרין ודעת חג"ת.
290

בית לחם יהודה ש"ח פ"ג דכ"ד ע"ד – כי נקודות חכמה ואתוון בינה. היינו ז' תחתונות דבינה, שהם אתוון רברבן, כי הג"ר שבה הם תגין ולא אותיות, כמבואר בפרק ה' דטנת"א, יעו"ש.
291

תרשים ג – כ.
292

כרם שלמה ש"ח פ"ג אות ח' – ולצורך השבעה תחתונות שהם הזו"ן דאצילות, עם האחוריים דנה"י דכתר, ועם הב' אחוריים דאו"א, שהם שלושה, וסך הכל עשרה בחינות, יצא להם הבלים ואורות דרך עשרה צפורני הרגלים. וכדי שלא תטעה שאלו העשרה בחינות, שהם הזו"ן והאחוריים והנה"י דכתר הם יצאו מעשרה צפורני הרגלים, לכן כתב - **ואין כוונתינו לומר שאלו הם הנקודות עצמם**, רק שמכל אלו הבלים יצא אור אל עשרה נקודות שיצאו דרך העין. פירוש, כי עיקר הנקודים יצאו דרך העין, ונתפשטו מהטיבור ולמטה, ויצא להם הבלים ואורות מן הטיבור, והיסוד, ומעשרה צפורני הרגלים כדי להאיר להם מן האור החדש שנתפשט בפנימיות א"ק, מן הטיבור ולמטה, וממנו יוצאים ההבלים האלו להאיר להנקודות, שיצאו מן אור העין.
293

בית לחם יהודה ש"ח פ"ג דכ"ד ע"ד – ושבעה נקודות תחתונות. כלומר תחת האותיות, והם קמץ, ופתח, וצירי, וסגול, ושבא, וחירק, וקובוץ.
294

איפה שלימה, שער הנקודים פ"ג ד"ז ע"ד (ט) – ואין כוונתינו וכו'. עיין בשער ההקדמות די"ט ע"ד, שכתב מהרח"ו זלה"ה וז"ל - ונראה לי כי כי מן אורות העין נעשו העגולים של הנקודים, ומן אור החדש דרך הטבור, ויסוד, וצפרני הרגלים יוצא יושר דנקודים כנזכר לעיל, זולת יושר שמן המצח. והעגולים והיושר שניהם נשברו, עד כאן לשונו. ולפי זה תהיה הכוונה כפשוטה, שאלו הם השבעה נקודות עצמם, אלא שהם דיושר, ולא דעגולים.
295

בית לחם יהודה ש"ח פ"ג דכ"ד ע"ד – ואין כוונתינו לומר שאלו הם הנקודות עצמם. פירוש, שאין כוונתינו לומר שאלו ההבלים היוצאים מהטבור, ומהיסוד, ומיו"ד אצבעות, הם עולם הנקודים עצמם.
296

הרב ז"ל ביאר כי נקודת השורק שהיא ביסוד דא"ק מאירה באו"א, ויש בזה בעיה, כי לעולם מי שמלביש את היסוד של העולם העליון, הוא בחינת הדעת של הפרצוף התחתון, ואיך כאן נמצאים או"א דנקודים במקום היסוד דא"ק. **צריך לדעת**[298] כי יש סוגיות שהיסוד הוא מתחת לנצח והוד, ויש[299] סוגיות שהיסוד הוא למעלה מנצח והוד, ויש[300] סוגיות שכל הנה"י הם מושרשים ויוצאים מאותו גובה[301]. [302]**וְהִנֵּה יֵשׁ בָּזֶה מָקוֹם שְׁאֵלָה, וְהוּא**[303] **כִּי**[304]

בית לחם יהודה ש"ח פ"ג דכ"ד ע"ד – רק שמכל אלו ההבלים יצא אור אל היו"ד נקודות שיצאו דרך העין כנזכר לעיל. ואם תאמר הא ניחא בנקודות הכח"ב שיצא שיצא להם בחינת הבלים מטבור ויסוד דא"ק, כי ההבלים הם יוצאים למעלה מהם, ומהם נאותים כלי הכח"ב, אבל השבעה מלכים עם האחורים דאו"א ונה"י דכתר, המתלבשים בהשבעה מלכים, שמקום עמידתן הם בפרקין אמצעים ותתאין דא"ק, כמו שכתוב בריש פרקין, היאך הם נזונים מאותם ההבלים היוצאים מיו"ד אצבעות דא"ק שלמטה מהם. ויש לומר דכי היכי שבחינת הניקוד הוא תחת האות, ואפילו הכי כל הברת האות שעל גבי הניקוד הוא תלוי בניקוד שתחתיו, ומתנועע אחריו, ואיהו מזנב אבתריה, הכי נמי הכא כי עולה הבל האצבעות באור חוזר למעלה, עד השבעה מלכים, ונזונים ממנו.
297

כלל – וזכור זה, במקום אחר הרב ז"ל כותב הפך פרושו כאן.
298

ע"ח ח"ב שמ"ו פ"ג מ"ק – והראיה לזה ממה שהקשינו עתה, כי המלכות יורדת לעולם שלמטה הימנו, בסוד מיעוט הירח. ועוד כי הנה בזוהר עצמו נתבאר ענין זה, שאינו רק יסוד לבד, כי אמרו שם יוסף הצדיק נטל היכל דספיר כו', ואף על גב דכתיב - ותחת רגליו כמעשה לבנת הספיר, כי הנה הרגלים הם נצח הוד, ולהיות בחינת יסוד מקום צנוע ומכוסה, לא פרסמו הכתוב, רק בדרך רמז ביאר מקומו, **שהוא תחת רגליו, כי היסוד למטה מנצח הוד**, וזה היסוד הוא כמעשה לבנת הספיר.
299

ע"ח ח"ב שכ"ה דרוש ג' מ"ב ד"ח ע"ג – וכבר ידעת כי יסוד עצמו דתבונה, הוא למעלה בין ראשי פרקין העליונים דנצח הוד שלה, ויותר למעלה מעט.
300

שער ההקדמות, דרוש י"ו בעניין ירידת החסדים והגבורות והתפשטותם תוך ז"א דס"ג ע"ב – הנה היסוד עצמו דאימא, בפרק עליון בראשיתו, מחובר בפרקין עילאין עם ראשי ב' פרקין דנצח והוד דאימא, כנראה בחוש העין, כי בתחתית הגוף הנקרא תפארת מקום המותנים, **משם צומחין ויוצאים הנה"י, ושלשתם מחוברים יחד שם.**
301

תרשים ג – כ"א.
302

יפה שעה (ג) – והנה יש בזה מקום שאלה, והוא, כי לעולם היסוד הוא בחינת הדעת, כי הנה מצינו שהיסוד דאימא, הוא הדעת של ז"א, וכן היסוד של הא"ק, הוא הדעת של הנקודים. ואם כן, איך יונקים או"א מהיסוד היוצא מהההבל היוצא מיסוד א"ק כנזכר. והתשובה היא, כי בחינת היסוד לעולם הוא גבוה, למעלה מב' פרקין ראשונים דנצח והוד, כנראה כו'. ואם כן מוכרח הוא שיהיה הדעת גבוה למעלה מחו"ב, וכן היה הענין כאן עד והבן זה, עד כאן לשונו. והנה דברי רז"ל אלה, צריך עיון רב לעניות דעתי, שנמצא לפי דבריו שדעת דנקודים עומד ונתעלה למעלה מחו"ב דנקודים, וקושיא, שהרי הדעת הוא הראשון שבשבעה תחתונות, והוא המלך הראשון מן הנשברים כנודע, והוא אחד מבניהם דחו"ב, לפי מה שכתב רז"ל לעיל בפרק א' ז"ל - אמנם הענין הוא, כי מאלו הב' נקודות ראשונות שהם כתר חכמה של הנקודים כנודע, מהם נעשו כלים אל השאר, והם אשר הולידו והמציאו כלים לספירות אשר תחתיהם, עיון שם. הרי שהדעת נולד ויצא מחו"ב, ובן שלהם, עלה יעלה למעלה מהם, ועוד שלקמן בפרק א' משער השבירה, כתב רז"ל ז"ל - והנה אחר שיצא הדעת ונכנס בכלי שלו, העלה מ"ן, והמשיך חו"ג באו"א, יע"ש. ואם הוא למעלה מהם מושבו, איך מעלה מ"ן. ועוד אם הדעת דנקודים הוא המלביש יסוד דא"ק, היה לו להלבישו מתחילתו ועד סופו. והיה לו לקחת לעצמו אורות היוצאים מפי היסוד דא"ק, כיון שהוא מלביש עליו. ואם נאמר שלא הלביש דעת דנקודים, אלא קצתו העליון, והאורות יוצאים מפי היסוד שהוא קצתו התחתון, ולמה עשה כן, היה לו להלבישו מקצתו התחתון ויקח האורות לעצמו,

וגם שלא היה עולה למעלה מחו"ב אביהם, וכך יפה לו. ויש לומר שהאמת הוא שאין דעת דנקודים יכול להלביש כל היסוד דא"ק, וראיה מפורשת מיסוד דאבא המתלבש תוך גופא דז"א, שאין דעת דז"א מתלבש בכל היסוד דאבא שבתוכו, אלא בחינת הדעת בראשו, מלובש תוך יסוד דאבא, ויסוד דאבא מתפשט בכל גופא דז"א ומסתיים בסוף התפארת דז"א, ועטרת היסוד דאבא מסתיים ביסוד דז"א, כמו שכתב רז"ל בשער פרצופי זו"ן פרק ג' יעוין שם. ואם דעת דז"א לאחר התיקון אינו כשיעור יסוד דאבא, כל שכן וקל וחומר דעת דנקודים וביסוד דא"ק. הילכך הוכרח להלביש קצתו. והטעם שהלבישו קצתו העליון. נראה לעניות דעתי, במה שיש עוד להבין בדברי רז"ל, שבכמה מקומות כתב שהיסוד אין בו בחינת כלי, ומהם בפרק ו' בשער חיצוניות ופנימיות יע"ש, ועוד לו בשער מוחין דצלם דעת פרק ה' ז"ל - הטעם שאין אנו מונין בחינת הכתר, ומונין בחינת הדעת, נראה שהם אחד עשרה, ובספר יצירה אמר עשר ולא אחד עשר, עשר ולא תשעא, הטעם הוא כי הדעת הוא בחינת נשמה בלי כלי, וכן בכל כללות האצילות עתיק יומין הוא בחינת נשמה לכל האצילות, ואין בו בחינת כלי כלל, יע"ש שהאריך. לכן אין אנו מונין הדעת בכלל העשר ספירות, יע"ש. וקשה טובא, איך אפשר שהדעת אין בו בחינת כלי כלל, והרי כל דברי רז"ל בשער השבירה מורים היפך, שהרי כתב רז"ל כי ראש המלכים שנשברו הוא הדעת, וכשנשבר האור שלו עלה למעלה, והכלי שלו ירד לבי"ע, ואם אין לו בחינת כלי מעיקרא, מה נשבר, ומה ירד לבי"ע. וכן בשער השמות כתב רז"ל, ג' שמות דג' הדעת. ונראה שמתישב הכל במה שכתב רבינו ז"ל שם פרק ח' ז"ל - כתבנו במקום אחר כי הכתר אין בו אלהי"ם, שהוא בחינת חיצוניות דז"א, רק אהי"ה שהוא חיצוניות דאימא לבד, ובתוכו המוחין של בחינת הכתר כו', ואמנם חיצוניות הכתר נטלה הדעת דז"א כו', ולכן הדעת משלים למנין עשר ספירות במקום הכתר, וזה בבחינת החיצוניות, יע"ש. נמצינו למדין, כי כלי הדעת הם לעולם כלים דחיצוניות הכתר. ומה שכתב רבינו ז"ל - שהדעת אין בו בחינת כלי, היינו שאין בו מצד עצמותו, וכלים שהוא לוקח מחיצוניות הכתר אף על פי שבערך האורות דדעת הם בחינת כלים, כשהוא מתלבש בתוך הו"ק בערך הו"ק, הכלים דדעת הם נשמה אליהם, כמו שכתב רבינו ז"ל שהוא עתיק כעתיק, וגם עתיק כמה כלים יש כתובו כנודע, שהוא לקח כתר דמ"ה, והמש ראשונות דכתר דב"ן, וכמה אחרים, וכל זה לבירור הכלים שלו, ואף על פי שהם כלים בערכו, בערך כל האצילות נעשה עתיק עם כליו בחינת נשמה להם, ומתלבש בתוכם, וכן הדעת. באופן שכשיצא הדעת לא יצא אלא בחיצוניות כלי הכתר, ואף על פי שכל עצמם הו"ק דנקודים לא היו אלא ששה חלקי נקודה, וג"ר שלהם לא יצאו כלל, מכל מקום הדעת יצא, וכלים שלו היו כלים מחיצוניות הכתר, כי אין לו כלים אחרים כאמור. נמצא היות לדעת בחינת כתר, לכן כשיצא הדעת ומצא מקום פנוי, כי היה כתר דנקודים למעלה, וחכמה לצד ימין תחתיו. ובינה לשמאל, וקו אמצעי פנוי, אף על פי שהוא בן לחו"ב, עלה למעלה מהם, מסיבת היותו בחינת כתר, רצה לקרב עצמו לכתר דנקודים, כי מקום יש בראש, ולהכי הלביש מקצתו העליון ביסוד דא"ק, ולא הגיע עד סוף קצתו התחתון כאמור, והאור יוצא מפי היסוד, לכן נטלוהו או"א. זאת מצינו שדרכם של החו"ג לעלות לעולם יותר מחו"ב, אף על פי שהוא יוצא מבין חו"ב הוא בניהם, כי כן החסדים אחר שמתגלים ויוצאים מתוך פי היסוד דאימא שבתוך גוף התפארת דז"א, ויורדים במרוצה עד היסוד דז"א, וחוזרים ועולים, ושני חצאי שלישי מחסד התפארת עולה עד הכתר להגדילו, וחצאי שני חסדים דחסד ודגבורה, עולים עד חו"ב, כמו שכתב רז"ל בשער דרושי הצלם דרוש ג', יע"ש. וכן הגבורות שמתפשטים בנוקבא, אחר שיורדים עד היסוד שבה, חוזרים ועולים עד הכתר, כמו שכתבו רז"ל בשער תיקון הנוקבא פרק ה', יע"ש, באופן כי זה דרכו של הדעת להעלות יותר למעלה מחו"ב שלו, גם אתה אל תתמה אם דעת דנקודים עלה יותר למעלה מחו"ב דנקודים.

303

כרם שלמה ש"ח פ"ג אות ט' – מה שכתב כי לעולם היסוד הוא מקום הדעת. ר"ל כלל זה ידוע, כי כל דעת של פרצוף תחתון, נעשה מן היסוד של פרצוף העליון, שהוא מתלבש בו. וזהו מה שכתב **כי לעולם** וכו'. פירוש, הואיל ופרצוף התחתון הוא מלביש לנה"י של פרצוף העליון, וממילא יבואו החכמה כנגד פרק העליון דנצח, והבינה כנגד פרק עליון דהוד, והדעת כנגד פרק עליון דיסוד. וזהו מה שכתב **לעולם** מפני שכתב לעיל פרק ב' דשער זה, כי לעולם כי כל פרצוף תחתון יונק מנה"י של פרצוף העליון, ומלבישו. ולכן יבוא הדעת של בתחתון כנגד היסוד של העליון.

304

בית לחם יהודה ש"ח פ"ג דכ"ד ע"ד – כי לעולם היסוד הוא בחינת הדעת. רצונו להכריח מזה שבחינת היסוד דא"ק הוא למטה מחו"ב דנקודים, המלבישין על תרין פרקין עלאין דנצח דהוד דא"ק, מדמצינו שיסוד

הכלל[305] ש**לעולם היסוד** של הפרצוף העליון **הוא** תמיד **בבחינת הדעת** של הפרצוף התחתון, ומתלבש בו[306], ר"ל הדעת של הפרצוף התחתון מתלבש בשליש הראשון של היסוד העליון של הפרצוף העליון. **זאת[307] ועוד** כי ביאר הרב ז"ל בפרקין, כי ג' פרקין ראשונים דנה"י דא"י מתלבשים בחב"ד דנקודים, וזה הפך הסוגיה בכאן,

כי[308] הרי מצינו[309] שכאשר ז"א מקבל את המוחין שלו, הוא מקבלם על ידי נה"י דאו"א, שהם בעצם נה"י

דאימא הוא מלובש בדעת דז"א, ומקום הדעת דז"א הוא למטה מהמוחין דחו"ב שבו, אם כן נמי הכי, וכמבואר בשער הקדמות דף י"ט ע"ד וז"ל - ואם כן גם פה הוא כן, כי היסוד דא"ק הוא דעת של עולם הנקודים, והנה הדעת הוא למטה מאו"א (דנקודים), ואם כן איך הבל היוצא מיסוד דא"ק ניתן לאו"א. ולא עוד אלא שאין הבל זה יוצא אלא מסוף היסוד, עד כאן לשונו.
305

כלל – בחינת היסוד של כל פרצוף עליון, הוא תמיד בחינת הדעת של הפרצוף שמתחתיו, ומתלבש היסוד של הפרצוף העליון תוך הדעת של הפרצוף שמתחתיו.
306

תרשים ג – כ"ב.
307

ע"ח ש"ח פ"ג מ"ת דל"ו ע"ד – והנה הכתר מן הנקודות, מקומו הוא מן הטבור דא"ק עד סיום הגוף, **וחב"ד הם בג' פרקין קדמאין דנה"י דא"ק**, וחג"ת בג' פרקין אמצעין, ונה"י בג' פרקין תתאין, על דרך הנזכר לקמן בזו"ן המלביש לא"א, כנזכר במקומו.

שער הכוונות, דרושי חזרת העמידה, דרוש א' – ואמנם יש בזה מקום שאלה, והוא כי מבשרנו נחזה אלו"ה שהיסוד של הנקבה אינו ארוך, והוא מסתיים למעלה בין תרין פרקין קדמאין דנצח והוד שלה. והנה ב' פרקין קדמאין דנצח הוד דאימא מתלבשין בחו"ב דז"א, ואם כן היסוד דאימא היה ראוי להתלבש בדעת שלו בלבד, המכוון בין חו"ב שלו, ואם כן איך ירד יותר למטה ונשתלשל עד החזה דז"א, שהוא באמצע תרין פרקין תנינין דנצח הוד דאימא. אבל הענין הזה יובן בסוד והאם רובצת על האפרוחים כו', כי אימא עילאה בהתלבשותה תוך ז"א להיות לו בחינת מוחין כנודע, הנה היא רובצת עליו בסוד רביעה וכריעה, ואיננה זקופה. ובהיותה רובצת, יושפל היסוד שבה למטה, עד כנגד אמצע התרין פרקין אמצעיים דתרין שוקיים דילה, ואז מגיע היסוד שלה עד החזה דז"א. **אבל צריך שתדע כי דבר זה אינו נוהג תמיד**, אלא דוקא כאשר אימא עלאה רובצת על תרין אפרוחים שהם זו"ן, וכמו שאמר הכתוב - והאם רובצת על האפרוחים, תרין, ואז היא רובצת ואינה זקופה. והטעם הוא כדי שתגיע להאיר עד מקום תחתון, שהיא הנקבה. אבל בהיותה על בן אחד, ולא על שניהם, אז איננה רובצת, אבל נשארת זקופה, **ואז היסוד שלה אינו מגיע רק עד הדעת בלבד**.
308

כרם שלמה ש"ח פ"ג אות ט' – ומביא ראיה מן הדבר הידוע והפשוט אצלינו, שהוא פרצוף הז"א המלביש לנה"י דאימא ויונק ממנה, שהדעת שלו כנגד היסוד דאימא או אבא, ולכן הביא ראייה מן ז"א. וזה שכתב **כי הרי מצינו שהיסוד דאימא הוא דעת דז"א**, והוא הדין לכל הפרצופים, ולא בז"א בלבד.
309

ע"ח ח"ב שכ"ה דרוש ג' מ"ב ד"ח ע"ב – אמנם הצלם הנזכר לעיל, שהוא הפרצוף העשר ספירות של המוחין כנזכר לעיל, כולו הוא מתלבש בנה"י לבדם של התבונה הנזכר לעיל, שהוא **צ' דצלם**, והבן היטב כל מה שביארנו והוא באופן זה. כי קו ימין של פרצוף זה שהוא חח"ן, מתלבש בג' פרקין של נצח של תבונה זו. וקו שמאל שהוא בג"ה, מתלבש בג' פרקין דהוד דתבונה. וקו אמצעי שהוא דת"י מתלבש בב' פרקין של יסוד דתבונה, שהם ב' פרקין לבד, יסוד ועטרה, ושם עומדין סתומים כל הקו אמצעי של הפרצוף דצלם. ונבאר ענין אלו הנה"י של תבונה, כי הנה חיצוניותן לבד הוא אשר בו מתלבש הצלם והמוחין הנ"ל, כי אור פנימי אינו נשאר כאן, כי אין כח בז"א לקבלו, והנה הוא מסתלק משם ומתקבץ בחציו ראשון של התבונה, ושם נשאר. נמצא כי נה"י של תבונה בלתי חיותם, ואמנם חיצונותם ממש הם היורדין תוך ז"א הם בעצמם, וזה סוד - אדם כי ימות באהל, ודרשו רז"ל אין התורה מתקיימת כו', והוא ז"א הנקרא תורה, אינה מתקיימת אלא על ידי מ"י שהיא תבונה, שממיתה עצמה ממש חיצוניותיה שבה הנשאר בלתי אור פנימי, שהם חיותם, וזהו לצורך ז"א, לתת לו מוחין שהם קיומם. אמנם הצלם הזה המתלבש בנה"י דתבונה, היה להם עתה חיותם ופנימותן, ואחר

שנסתלק פנימיותם העיקר שלהם נשארו כמתים בעת הולדת הצלם, כמבואר על פסוק - וראיתן על האבנים. ואחר כך חוזרים להחיות על ידי הצלם הנעשה להם חיות ופנימית בהשאלה, כי הלא אינו רק פנימית לצורך ז"א עצמו, גם נקרא בלשון מיתה על שיורדת ממקומה להתלבש בז"א, דוגמה - וימת מלך מצרים, שהורידוהו מגדולתו, ולפי שמתלבשת בזכר נקרא בינה עלמא דדכורא כנודע, וזהו שממית עצמו ולא אמר שממית עצמה לשון נקבה. והנה אחר שנתלבש הצלם הזה בנה"י דתבונה כנזכר לעיל, מתחילין להכנס תוך ז"א עצמו, שהוא בחינת הפרצוף הנזכר לעיל, הנקרא ו"ק כנזכר לעיל, ומתחילין להכנס אחר ב' שנים שהם זמן היניקה, כי אז נשלמו הו"ק שהוא פרצוף הנזכר לעיל. והנה בשנה ג' נכנס פרק תחתון דנצח תבונה, ובתוכו ספירת נצח של הצלם, ונכנס תוך ספירת חכמה דז"א בבחינת פרצוף ו"ק כנזכר לעיל, ועדיין פרק תחתון דהוד תבונה נשאר למעלה, כאדם הכופף רגלו למעלה, תלוי. ובשנה ד' נכנס הוד דצלם, אשר תוך פרק תחתון דהוד תבונה ונכנס בבינה דז"א. ובשנה ה' נכנס חסד דצלם, אשר בפרק אמצעי דנצח תבונה, בחכמה דז"א, ופרק תיתון דנצח תבונה אשר בתוכה נצח דצלם, ירד למטה בחסד דז"א. ובשנה ו' נכנס גבורה דצלם, שבתוך פרק אמצעי דהוד תבונה, בבינה דז"א, ופרק תחתון דהוד תבונה אשר בתוכה הוד דצלם, ירד למטה בגבורה דז"א. **ובשנה ז', אז ביום ראשון של השנה, תכף נכנס עטרה דיסוד תבונה, תוך דעת דז"א, כנודע כי עטרת דתבונה הוא בדעת דז"א**, כנודע כי עטרת יסוד נוקבא מבשרי אחזה אלו"ה שהיא למעלה בין ב' פרקין אמצעים דנ"ה דתבונה, ויותר עליון מעט, ולכן נכנס אחריהן, ולא בין ב' פרקין תחתונים, כי קו אמצעי קצר כנודע. והנה עטרה זו אינה ספירה שלימה. **כי אחר גדלות דז"א לגמרי תהיה מקומה בשליש עליון של תפארת שבז"א לבד, שהוא שליש מדה**, ולכן אינה צריכה שנה שלימה בכניסתה, ותכף היא נכנסת וזה נקרא יום אחד. והנה כבר עתה התחיל להתגלות אור בדעת ז"א, וכיון שכבר דעת הז"א נתגלה בו אור העטרה זו, ויש בו דעת נוסף מעט על שהיה מתחלה, ולכן נקרא עתה פעוט, בסוד הפעוטות ממקח מקח כי הם נקראו פעוטות מבן ו' שנה ויום אחד, שהוא התחלת שנה השביעית ואילך. ואמנם סיבת אמרו רז"ל מקחו מקח במטלטלין לבד, הטעם הוא כי עדיין לא נכנסו רק בחינת ו"ק של הצלם, והו"ק נקרא מטלטלין, יען שהם מטולטלין ומתהפכים מרחמים לדין, ומדין לרחמים, מה שאין כן בג' מוחין ראשונים, עצמן של הצלם. ואחר כך בשנה ז' כולה ויום א' נכנס חכמת הצלם שבתוך פרק עליון דנצח תבונה, בחכמה דז"א, ופרק אמצעי דנצח תבונה יורד למטה בחסד דז"א, ופרק תחתון דנצח תבונה יורד בנצח דז"א, והרי נשלם קו ימין כולו. ובשנה ח' ויום א' נכנס בינה דצלם בתוך פרק עליון של הוד דתבונה בבינה דז"א, ופרק אמצעי דהוד תבונה יורד בגבורה דז"א, ופרק תחתון דהוד תבונה יורד בהוד דז"א, ואז נשלם קו שמאל כולו. **ובשנה ט' ויום א' נכנס דעת דצלם אשר בתוך היסוד דתבונה, ונכנס בדעת דז"א, ועטרת יסוד תבונה נכנס בתפארת דז"א, בשליש ראשון עד החזה שלו**. והרי נשלמו כל הג' קוין דז"א, ימין ושמאל ואמצע. וכבר ידעת כי יסוד עצמו דתבונה הוא למעלה בין ראשי פרקין העליונים דנצח הוד שלה, ויותר למעלה מעט, ולכן נכנס עתה אחר כולם, והרי עתה הוא בן ט' שנים ויום א', כי יום אחד הוא כנגד עטרה דתבונה כנזכר לעיל, והרי הוא עתה שלם בכל המוחין כולם, במקומם האמיתי, כל בחינה במקום הראוי לה על דרך הנזכר לעיל, ונשלם הדעת שלו אשר שם חמישה חסדים כנודע, והנה הוא ראוי עתה לביאה.

ע"ח ח"ב של"א פ"ג מ"ת דל"ג ע"ד – אמנם אורות הדעת דמצד אבא המלובש ביסוד דאבא, מתפשט גם הוא דרך קו האמצעי, **ואמנם להיות יסוד דדכורא ארוך הוא מתפשט יותר למטה ממקום סיום יסוד אמא, והוא יורד ונמשך עד היסוד דז"א**. ואמנם הנצח הוד נתבאר שכל אחד מהם יש בו ג' פרקין, והיסוד אין בו רק ב' פרקין בלבד, והם היסוד וראש העטרה שבו, ואף על פי שמתחלק לג' שלישים, אינם רק ב' פרקין, אלא שמתחלקין לג' שלישים. ובזה תבין מה שכתוב כי תחלה בזמן היניקה לא היו בז"א בקו האמצעי שלו רק תפארת ויסוד בלבד, וכאשר הגדילו המוחין דז"א אחר עיבור ב', אז נתהווה מאלו הב' ונעשה גם בחינת הדעת דז"א, והיה בקו האמצעי דז"א ג' ספירות דת"י..... ונחזור לענין לבאר ענין היסוד של אבא, כי הנה יש בו ב' פרקין, יסוד ועטרה בו, **והנה היסוד ארוך יותר מן העטרה, ולכן היסוד עצמו נחלק לב' חלקים, אחד הוא שורש היסוד, המושרש ומונח בין ב' ראשי הירכיים, שהם נצח הוד**, אשר שם מחוברים יחד שלשתן שהם הנה"י, ומקושרים יחד שלשתן, **ומבחינת חלק זה נעשה יסוד דז"א, דמצד אבא**, כי הוא מחובר עם חו"ב שבריבישי ירכין יחד שהם נצח הוד של אבא. ושיעור התפשטות חלק זה העליון של יסוד אבא הוא נמשך עד סיום שליש עליון דתפארת דז"א, שהוא עד החזה, והוא ממש כשיעור התפשטות סיום היסוד ועטרה של אמא כנזכר לעיל. וחלק תחתון של יסוד אבא הוא בחינת התפרדו מן הירכיים, שהם נצח הוד,

דישסו"ת, שבהם מתלבשים בחינת המוחין בסוד צ' דצל"ם[310], כאשר נצח דישסו"ת מתפשטים בחח"ן דז"א, והוד דישסו"ת מתפשטים בבג"ה דז"א, והיסוד דישסו"ת מתפשטים בדת"י דז"א, ובגלל שהיסוד[311] דאימא שהיא בעצם התבונה קצר, והוא מתלבש רק בדעת דז"א, והעטרה שלו בשליש העליון דתפארת דז"א, שהוא מקום החזה, והיסוד דאבא שהוא בעצם ישראל סבא, מתפשט עד סיום היסוד דז"א, וכן היסוד של זה הא"ק הוא מתלבש בדעת של הנקודים, כי[312] לעולם כל הפרצוף התחתון מלביש ויונק אך ורק מהנה"י של

ונבדל בפני עצמו, ושיעור התפשטותו מן החזה דז"א עד סיום התפארת, שהוא הגוף דז"א. ובזה תבין כי כמו שמן החזה ולמטה נבדל ונפרד היסוד מן נצח הוד דאבא בתוך הז"א, כן הז"א עצמו עד החזה היו ב' זרועותיו מתדבקין עם גופו, ומהחזה ולמטה נפרדו קוי הזרועות ימין ושמאל מן הגוף, שהוא קו האמצעי והבן זה. **והנה העטרה של יסוד אבא היא מתלבשת תוך יסוד ז"א**, ושיעור עטרה זו בסיום (נ"א כשיעור) כל היסוד כולו דז"א, והרי נמצא כי בבחינת ב' הקוין נצח הוד דאו"א אין שינוי בין אבא לאמא, כי כולם מסתיימין בסיום נצח הוד דז"א עצמו ממש בשוה, וגם כי אורותיהן מכוסין בכלים של או"א, אבל השינוי הוא בקו אמצעי כי היסוד דאבא מתפשט בכל אורך קו אמצעי דז"א, עד סיום (היסוד) דז"א, אבל היסוד דאמא מסתיים בחזה דז"א, לכן גם באורות הפנימים שהוא הדעת יש בהם שינוי, כי אורות הדעת אמא מתגלים מן החזה דז"א ולמטה, ואורות דעת דמצד אבא מכוסים תמיד, ואינן מתגלים לעולם.
310

פרי עץ חיים. דרושי חזרת העמידה, דרוש ו' – והנה דע, כי ב' מקיפים הם - אחד **ל'** של צלם. ואחד הוא **מ'** של צלם. והענין, כי **הצ' של צלם הם המוחין הפנימים הנכנסין תוך ז"א**. והל"ם מקיפים, והל' מקיף אל המוחין, ונקרא **ל'**, כי הם ג' מוחין, שגם שם הם מלובשים בנה"י דאימא, ולכן נקרא **ל'**, כי הם ג' לבד. ועוד מקיף אחר למעלה ממנו הנקרא **מ'**. ושם אינם מלובשים, רק הארבעה מוחין עצמן בלתי לבוש, לכן נקרא **מ'**, כי שם ניכר שהם ד' מוחין, כי הלבוש של חכמה וגבורה, הוא יסוד אמא המלביש שניהן יחד, ולכן בהיותן מלובשים נקרא אחד, אך בהיותן בלי לבוש, אז הם ב' מוחין נפרדין. ואמנם, היות הענין כך הוא, כי הלא בתחלה נזדווג או"א להוציא המוחין אלו, והיו תוך בטן הבינה, וכאשר רצו לינתן תוך ז"א להיותן מוחין בו, אז הוצרכו להוליד ולצאת ממעי אמא עלאה, ובצאתן לחוץ לאויר העולם בלתי שום לבוש, ושם נרשמו להיותן ארבעה מוחין, כי כל דבר של קדושה עושה רושם בכל מקום שהוא, והוא נעשה שם רושם אחד, הנקרא **מ'**. אחר כך, כשרצה המאציל לתתם תוך ז"א, ראה שלא יכול לקבל האורות ההם הגדולים, כי המוחין כבר ידעת שהם טיפה נמשכת מלמעלה, כי או"א מושכים אותם מלמעלה מהם, שהם א"א, וא"א מעתיק, וכן עד למעלה. **ולכן, אין כח בז"א לקבלם מגולים**, לכן מה עשו, נתעלו האורות של נה"י דתבונה, לעילא, כמו שמבואר בסוד - אדם כי ימות באהל, ונשארו ריקנים. ואז, נתלבשו המוחין בתוכם, והרי שם נעשין בסוד **ל'** של צל"ם, ונעשה שם רושם אחד קודם שיכנסו. **ואחר כך נכנסו בז"א, ושם הם סוד צ' של צל"ם**, כבר בארנו במקום אחר, למה נקרא **צ'**. הרי לב' טעמים הוצרכו להיות אלו הב' מקיפים, חוץ מן הפנימי. והטעם הראשון, לפי שכל דבר שבקדושה הוא עושה רושם במקומו בהכרח. וטעם שני, **כי הלואי אחרי כל אלו המיעוטים השלושה, יהיה יכולת בז"א לקבלם**, ולא קיבל, אלא בהארה הנמשכת מהם אחר המיעוט השלישי. כי ודאי, שאין מעלת השלישי כמעלת השני, וגם אין מעלת השני כמעלת הראשון. הרי בארנו, סוד כללות ענין צל"ם מה עניינו בקיצור. נמצא, כל מה שיש ב**צ'**, יש למעלה ב**ל'**, וכנגדו ב**מ'**.
311

ע"ח ח"ב שכ"ט פ"ח מ"ב דכ"ד ע"ד – והנה נתבאר לעיל כי **היסוד דאמא נתלבש בדעת דז"א**, ועטרה בתפארת עד החזה לבדה.

ע"ח ח"ב של"א פ"ג מ"ת דל"ג ע"ד – והענין כי הנה נתבאר שמוח הדעת דמצד או"א, מלובשים תוך כלים דיסוד אבא ואימא, וכל דעת משניהן כולל חו"ב כנזכר לעיל, והנה היסוד של אימא אינו כמו הנצח הוד שכל אחד יש בו ג' פרקים כנזכר לעיל, אבל הוא פרק אחד לבד, **והוא נכנס ומתלבש תוך כלי הדעת של ז"א, ושם נעשה בחינת מוח דעת דז"א בראשו.**
312

89

הפרצוף שמעליו, כך שפרקין עילאין דנה"י דא"י דא"ק מתלבשים בהב"ד דנקודים. **ואם כן** יש בעיה, **איך יונקים** פרצופי **או"א** מ**הבל היוצא מיסוד** דא"ק **הנזכר לעיל**, הרי היה צריך שהדעת דנקודים יקבל את ההבל היוצא מיסוד דא"ק, ולא או"א, **זאת** [313] **ועוד** הדעת תמיד נמצא למטה מפרצופי או"א, אם כן איך ההבל היוצא מיסוד דא"ק ניתן לאו"א ולא לדעת.

כדי להבין את התירוץ של הרב ז"ל, צריך לדעת כי כל ספירה וספירה מתחלקת לשלשה פרקין, חוץ מהיסוד כלל מתחלק לב' פרקין, היסוד עצמו והעטרה דיליה. **עם כל זאת** יש גם ליסוד יש ג' פרקין כמו כל ספירה וספירה, והפרק השלישי והעליון דיסוד טמון [314] ומושרש בשליש האחרון דתפארת, בסוד [315] האוצרות שהטמין יוסף במצרים. **והתשובה הוא** [316] **כי** [317] [318] [319] **בזוינת** השליש העליון של **היסוד לעולם** בין היסוד דזכר ובין

ע"ח ש"ח פ"ח פ"ב מ"ת דל"ו ע"א – והמשכיל יבין וידמה מלתא למלתא, איך בכל אצילות בחינת חצי תפארת ונה"י, תמיד המאירין בעולם שלמטה, כי נה"י דז"א מאיר אל הנוקבא, ונה"י דאו"א מאיר אל הז"א, ונה"י דא"א לאו"א, ונה"י דעתיק לא"א, ונה"י דא"ק לעתיק, ולכל בחינת האצילות, כמו שנבאר בע"ה.
313

שער ההקדמות, דרוש ה' בעולם הנקודים די"ט ע"ד – ויש בזה מקום שאלה, והוא כי בכל מקום נעשה הדעת מן התחתון מן היסוד של העליון, כמו שמצינו שהיסוד דאו"א נעשה דעת דז"א, ואם כן גם פה הוא כן, כי היסוד של א"ק הוא דעת של עולם הנקודים. **והנה הדעת הוא למטה מאו"א, ואם כן איך הבל היוצא מן היסוד דא"ק ניתן לאו"א.**
314

תרשים ג – כ"ג.
315

גמרא פסחים דק"י ע"א – אמר רבי חמא בר חנינא, שלש מטמוניות הטמין יוסף במצרים, אחת נתגלה לקרח, ואחת נתגלה לאנטונינוס בן אסוירוס, **ואחת גנוזה** לצדיקים לעתיד לבא.
316

בית לחם יהודה ש"ח פ"ג דכ"ד ע"ד – והתשובה הוא כי בחינת היסוד לעולם הוא גבוה למעלה מתרין פרקין עילאין דנצח והוד כנראה בחוש, ומבשרי אחזה אלו"ה. אומרו "לעולם" כלומר בכל יסוד שיהיה, בין בבחינת יסוד דדכורא, ובין בבחינת יסוד דנוקבא, לעולם הוא גבוה מתרין פריקין עלאין דנצח והוד. והכוונה על שליש העליון דיסוד, ששליש העליון לבדו הוא גבוה משני פרקין עילאין דנצח והוד, ולא על כל כללות היסוד. וכמו שכתב בהדיא בסוף דרוש שכתב - ואז פרקא קדמאה דיסוד הקבוע בתוך התפארת, שהוא הגוף, ודאי שהוא גבוה מנצח והוד וכו'. ואף על פי דלפי תירוצו נמי עדיין תרין פרקין תתאין דיסוד הם למטה מחו"ב דנקודים, והחו"ב דנקודים אינם יונקים כי אם מפי היסוד, שהוא למטה, כמו שכתב בשער ההקדמות הנזכר לעיל. צריך להבין שאין זה מקרי זה למטה מחו"ב, מאחר שפרק הראשון הוא למעלה מחו"ב, זה מקרי יונקים ממקום גבוה. וטעם זה יסוב גם כן בשבעה תחתונות דנקודים, היונקים מאצבעין דרגלין, דהתם נמי תרין פרקין עילאין דנצח והוד הם גבוהים משבעה תחתונות דנקודים.
317

כרם שלמה ש"ח פ"ג אות י' – מה שכתב כי בחינת היסוד לעולם הוא גבוה למעלה מב' פרקין עילאין דנה"י. ר"ל כי מה שהקשינו לעיל איך או"א יונקים מן היסוד, שהוא הדעת, שהוא למטה מהם. בא לתרץ כי לעולם **בכל מקום היסוד שבתוכו יש שורש הדעת הוא למעלה וגבוה מן הנצח הוד**. פירוש, אפילו מב' פירקין עילאין דנצח הוד, פירוש ששם בב' פרקין עילאין דנצח הוד, שם מתלבשים החו"ב, שהם או"א, ופרקא קדמאה דיסוד הוא למעלה מהם.
318

בית לחם יהודה ש"ח פ"ג דכ"ה ע"א – ובמה שכתבנו דשליש העליון דיסוד הוא לבדו גבוה משני פרקין עלאין דנצח והוד, יתיישב נמי מה שיש לומר דהכא קתני שבחינת היסוד לעולם הוא גבוה למעלה משני פרקין עילאין דנצח והוד, וכן כתב גם כן בפרק ג' דשער כ"ה וז"ל - וכבר ידעת כי היסוד עצמו דתבונה הוא למעלה

היסוד דנקבה **הוא** מושרש ושקוע תוך השליש התחתון דתפארת, מהטבור עד סוף הגוף, כמו[320] שמבואר בפרקין, ולא כל היסוד כולו, לכן הוא **גבוה למעלה מב' פרקין עלאין דנה"י** צ"ל[321] דנצח והוד **כנראה**[322] [דל"ח ע"א 75] **בזווש** הראות[323], כמו שכתוב[324] **ומבשרי אזזה אלו"ה,** כי מי

בין רישי פרקין עליונים דנה"י שלה, ויותר למעלה מעט, יעו"ש. דקשה דאי כל כללות היסוד הוא למעלה משני פרקין עילאין דנצח והוד כפשטיות לשונו. אם כן אמאי מקדימינן הנצח והוד ליסוד, דהא בכל דוכתא אמרינן נה"י, ולא אמרינן יסוד נצח הוד. ותו קשה, דהא בפרק ג' דשער מ"ו כתב היפך מזה, שכתב שם וז"ל - ואף על גב דכתיב ותחת רגליו כמעשה לבנת הספיר, כי הנה הרגלים הם נצח והוד, ולהיות בחינת היסוד מקום צנוע ומכוסה, לא פרסמו הכתוב, רק כדרך רמז ביאר מקומו שהוא תחת רגליו, כי היסוד הוא למטה מנצח והוד, יעו"ש. וכן כתב בשער רוח הקודש דף ב' סוף ע"א וז"ל - ודע כי תרין פרקין קדמאין דנצח והוד הם גבוהים מהיסוד, על דרך שהחו"ב גבוהים מן הדעת, יעו"ש. אבל במה שכתב רז"ל שהיסוד הוא למעלה מנצח והוד, הכוונה היא על שליש העליון דיסוד בלבד, ומה שכתב במקום אחר שהיסוד הוא למטה מנצח והוד, הכוונה היא על ב' שלישים התחתונים דיסוד, או על זמן שהאם רובצת, כפי ענין הדרוש ההוא. ולפי ששני שלישי היסוד הם למטה מן הירכים, לכן מקדימין הנצח והוד ליסוד במספר העשר ספירות, ואמרינן נה"י, ולא אמרינן יסוד נצח הוד. ועוד נראה לעניות דעתי והוא כי אף על פי שכתבנו דשליש העליון דיסוד הוא למעלה משני פרקין עילאין דנצח והוד, מכל מקום ראשי הירכי שהיא הבוכנא התקועה בבוקא דאטמא, הם גבוהים אפילו משליש העליון של היסוד, כמו שכתוב במבוא שערים דף כ"ה ע"א וז"ל - תיקון הרביעי אינו ענין עמר נקי תליין בשקולא, דע כי נצח והוד ובכל מקום יש להם ב' בחינות, **א'** הוא רישי ירכין דנצח והוד, שהם למעלה מן היסוד, **ב'** התפשטותם למטה מן היסוד, יעו"ש. נמצא שסדרם כך הוא תחלה, רישי ירכין, ואחר כך שליש העליון דיסוד, ואחר כך תרין ירכין, ואחר כך ב' שלישי היסוד. וכל זה בעמידה ולא ברביצה, כי ברביצה אפילו שליש העליון דיסוד יהיה למטה מתרין ירכין. ולפי שהחו"ב הדנקודים הם מלבישין על תרין ירכין, וא"ק הוא עומד ולא רוכן, לכן היה שליש העליון דיסוד, ששם הדעת דנקודים למעלה מהחו"ב. גם דע דרז"ל אינו מדקדק בענין רישי ירכין, כי לפעמים אומר רישי ירכין וכוונתו על הירכין עצמם, וכמו שכתוב בפרק ג' דשער כ"ה הנזכר לעיל, וכן לקמן בסמוך כתב שתגביה רישי ירכין לעילא וכו', ולפעמים אומר ירכין, וכוונתו על רישי ירכין. **ועל המעיין להבין זה מעניין הדרוש ההוא**, ודי בזה.
319

איפה שלימה, שער הנקודים פ"ג ד"ז ע"ד (י) – בחינת היסוד הוא גבוה וכו'. עיין להרב יפה שעה ז"ל באות ג', שהקשה כי לפי זה הדעת דנקודים הוא למעלה מהחו"ב, וקשה, והלא הדעת הוא מן הנשברים, והוא אחד מבני חו"ב שהולידו את הכלי שלו, ואיך יעלה על גביהם וכו', יעיון שם בתרוצו מה שתירץ. ואפשר לתרץ שהכא מדבר בדעת עליון, שהוא א"א ולא בלע, שהוא מכלל השבעה מלכים שהוא למטה מחו"ב, כמבואר בדרוש הדעת וז"ל - דעת עליון דכללות האצילות הוא אריך, יעו"ש. ומה שכתב בשער הכוונות בדרוש שינוי התפלות דף מ"ט ע"ג וז"ל - הבחינה השנית היא בתפלת החזרה דשליח ציבור בקול רם, כי אז אימא עילאה נזקפת למעלה, ואינה רובצת, ואז היסוד שלה היא כדרכו בין אמצע תרין רישי פרקין עלאין דנצח הוד שלה וכו'. וכמו כן יעו"ש עוד בדרוש א' דחזרת העמידה דף ל"ח ע"ג, הוא על בחינת עטרת היסוד, אבל היסוד בעצמו הוא למעלה מתרין פרקין עילאין דנצח והוד, שהוא סוד בחינת חיצוניות הנצח והוד. אבל בחינת פנימיות הנצח והוד שהם תרין כוליין ותרין ביעין, הם למעלה מהיסוד, כמבואר בשער י"ג פרק י' יעו"ש, ובמבוא שערים ש"ג ח"ב פ"ז דף כ"ה ע"א, יעו"ש.
320

ע"ח ש"ח פ"ג מ"ת דל"ח ע"א – אמנם א"ק הוא עומד ולא רוכן, **ואז פרקא קדמאה דיסוד הקבוע בתוך התפארת,** הוא הגוף, ודאי שהוא גבוה מנצח הוד.
321

כך הגירסא באוצרות חיים.
322

שמפעיל לחץ ולוחץ על הטבור ירגיש כאבים ביסוד עצמו, כמו[325] שמבואר בזוהר שהגוף והברית נחשבים לאחד. **ואם**[326] **כן מוכרח הוא** כאן[327] בא"ק שהוא עומד ולא רבוץ, לפי **שהדעת** דא"ק **יהיה**

כרם שלמה ש"ח פ"ג אות י' – ומה שכתב כנראה בחוש הראות, ומבשרי אחזה אלו"ה. ר"ל כמו שכתב לקמן בסמוך שפרקא קדמאה דיסוד הוא שקוע בתוך השליש האחרון דתפארת שהוא הגוף, ור"ל כי היסוד יש בו ג' פרקין, פרק אחד שקוע בתוך השליש האחרון של התפארת, שהוא הגוף, דהיינו מן הטיבור עד החלק הנגלה מן היסוד. וחלק אחד שהוא הנגלה לעין, שהוא שווה לב' פרקין עילאין דנצח הוד. וחלק שלישי הוא העטרה של היסוד. נמצא שפרקא קדמאה של היסוד הוא בתוך התפארת, ולזה הוא למעלה מן הב' פרקין עילאין דנצח הוד, ששם הם מלבישים החו"ב שהם האו"א. כי כך הוא הסדר שב' פרקין עילאין דנצח הוד והוד הם מלבישים אותם או"א שהם חו"ב, וב' פרקין אמצעיים דנצח הוד שם מלבישים החסד וגבורה, וב' פרקין תתאין דנצח הוד שם מלבישים הנצח הוד.
323

כך הגירסא באוצרות חיים.
324

איוב י"ט כ"ו – ואחר עורי נקפו זאת ומבשרי אחזה אלו"ה.
325

ספר הזוהר, פרשת פינחס, רעיא מהימנא דרכ"ג ע"ג עם ביאור ותרגום – ומה שכתוב על שושן עדות, **מאי עדות** על מי העדות רומזת, **דא צדיק איהו ברית** זהו צדיק שהוא ברית, דהיינו ספירת היסוד, **דאיהו אחיד לשמיא וארעא** שהוא מייחד את השמים ואת הארץ, שהם סוד זו"ן, כי ז"א נקרא שמים והנוקבא נקראת ארץ, **הדא הוא דכתיב** זה שכתוב, **העידותי בכם היום את השמים ואת הארץ** ר"ל שאני מעיד בכם את השמים ואת הארץ, על ידי היסוד, הנקרא עדות. ומה שכתוב על שושן עדות מכתם, **מאי מכתם** על מה רומז מכתם, מכתם הוא אותיות **מ"ך ת"ם, מך איהו צדיק** מך הוא צדיק, שהוא עני מפני שאין לו שפע מעצמו, אלא מקבל כללות החסדים מחג"ת נ"ה, **תם דא עמודא דאמצעיתא** תם הוא העמוד האמצעי, גוף האדם, והוא ספירת התפארת, **דרגא דיעקב איש** הוא מדרגת יעקב אבינו הנקרא איש תם, והסיבה שהיסוד והתפארת נרמזים בתיבה אחת שהיא מכתם, בא להורות כי **גוף וברית חשבינן חד** הגוף שהוא בחינת התפארת, והברית שהוא בחינת היסוד, אנחנו חושבים אותם לאחד, בסוד - אלה תלדות יעקב יוסף.
326

בית לחם יהודה ש"ח פ"ג דכ"ה ע"א – ואם כן מוכרח הוא שהדעת יהיה גבוה מאו"א וכן היה הענין כאן. הקשה הרשב"א ז"ל (רבי שמעון בן אגסי ז"ל) בכתב יד שלו וז"ל - תימה, לעניות דעתי דלפי זי למה הדעת נשבר כולו, ואו"א לא נפלו רק בחינת אחוריים שלהם בלבד, והיה ראוי להיות בהיפך, וצריך עיון, עד כאן לשונו. והתרוץ לזה הוא פשוט, לפי שלא קבל משבולת הזקן רק כשירד למטה מטבורא דא"ק, הלביש על שליש העליון דיסוד, והיה למעלה מחו"ב. ועיין להרב יפה שעה שהקשה, דאי הדעת דנקודים הוא למעלה מחו"ב, אם כן קשה, והלא הדעת הוא הראשון מן הנשברים, וגם הוא בן שלהם, והיאך יעלה על גביהן, וגם היאך העלה מ"ן והמשיך חו"ג באו"א, יעו"ש מה שתירץ. ועיין עוד באש"ל שתרץ דהכא מדבר בדעת עליון שהוא א"א, ולא בלע שמכלל השבעה מלכים, שהוא למטה מחו"ב, כמבואר בדרוש הדעת וז"ל - דעת עליון דכללות האצילות הוא א"א יעו"ש, עד כאן לשונו. ותירוצו דחוק, דאם כן למה לו לרז"ל לחלק בין עמידה לרביצה, והלא חצי התחתון דכתר שנעשה ממנו א"א, ודאי הוא למעלה מחו"ב. ועוד יש לומר והוא דאי א"ק הוא עומד ולא רובץ, אם כן לא הדעת בלבד יהיה למעלה מחו"ב, אלא שגם התפארת יהיה גבוה מחו"ג, וכן היסוד דשבעה מלכים יהיה גבוה מנצח והוד, שהרי התפארת והיסוד גם הם מלבישין על יסוד א"ק. ואף על פי דרז"ל לא הקשה גם מתפארת ויסוד, היינו טעמא לפי שכל הו"ק הם פרצוף אחד, ואינם יונקים מבן שלהם כמו או"א. אבל על כל פנים קשה, היאך קדמו שבירת החו"ג לשבירת כלי התפארת, והיאך קדמו שבירת הנצח והוד ליסוד. ומה שנראה לענ"ד בישוב כל קושיות הנזכרות, והוא כי הנה כתב רז"ל בפרק ד' שבסמוך שהכלים מקודם יצאו תחלה והונחו במקומם, ואחר כך יצא האור, ונכנס בכלים יעו"ש.
327

מבוא שערים ש"ב ח"א פ"ה ד"ד ע"ב – וכן כאן בא"ק היה כן. כי הדעת דנקודות יונק מיסוד א"ק, ולא חו"ב הגדולים ועליונים ממנו. והתשובה, כי האימא דאצילות, הנה היא ארכינת עצמה, ויתבא רביעא על בריה,

גָּבוֹהַּ לְמַעְלָה מֵאַבָּא וְאִמָּא, וְכֵן הָיָה הָעִנְיָן כַּאן[328] בא"ק, והבל והארה יוצא מסיום היסוד,

ומאירים באו"א.

וְצָרִיךְ עִיּוּן גדול ומעמיק בסוגיה זאת, על איזה דעת מדובר כאן, לא יתכן שזה הדעת דנקודים, שהוא[329] בלע בן בעור, המלך הראשון שמלך ומת, ונפלו הפנים והאחור של הכלים שלו לבי"ע, איך יתכן שהוא יהיה גבוה יותר מאו"א שרק האחורים שלהם נתבטלו, ועם כל זה עדיין נשארו באצילות. **זֹאת וְעוֹד** הרי הדעת עם שאר המלכים נפקו[330] מאו"א. קושיא[331] זאת היא להמקובל רבי שמעון אגסי זלה"ה שמשאיר אותה בצריך עיון. הרב[332] שפת אמת והרב האש"ל מפרשים שמדובר **בְּדַעַת הָעֶלְיוֹן**, כי כמה וכמה מיני דעת יש, כי[333] א"ל דעות הוי"ה, יש את הדעת הנעלם, הדעת המושרש, הדעת העליון, הדעת התחתון, הדעת המתפשט, הג"ר והו"ק דדעת דכל אחד, ועוד ועוד ועוד. כך לפי זה **הַדַּעַת בְּסוּגִיָה זֹאת** הוא לא הדעת דנקודים עצמם, שהוא הדעת המתפשט תוך הו"ק, אלא מדובר בדעת העליון, הוא בחינת א"א ונוקבא דא"א שהם בחינת הדעת דכתר עליון, והוא נמצא במקום שליש היסוד המושרש תוך התפארת דא"ק, מן הטבור עד סיום הגוף, והוא פשוט לפי[334] דרוש הדעת, והוא[335] כי שורשי המוחין שבכתר הם עתיק ונוקבא דעתיק, והם נקראים

הוא הז"א, לעשות לו מוחין, וכשהיא רובצת, מוכרח שנשפל היסוד שלה למטה מרישותיה ירכותיה שהם נצח הוד, ולכן דעת דז"א לתתא מחו"ב שלו. **אמנם כאן בא"ק, הוא עומד ולא רביץ, ואז פרקא קדמאה דיסוד הקבוע בסוף התפארת, הוא הגוף, ודאי שהוא גבוה מנצח הוד. ונמצא כי בנקודות הדעת שלהם גבוה למעלה מחו"ב שלהם**, ונמצא כי מסיום היסוד דא"ק הנתון בדעת הנקודים, משם מסופו יוצא הבל והארה אל חו"ב דנקודים, שהם תתאין מיניה.
328

הגהות וביאורים (א) – נ"ב צריך עיון, מה משיב באומרו שהיסוד למעלה מב' פרקין, ועדיין קשה, איך או"א שהם למטה מחו"ב איך יונקים מן היסוד שהוא וכו'. ונראה לעניות דעתי שכוונת הרב הוא, שכיון שהוא למעלה, אפילו שהוא רומז לדעת, יוכל לינק ממנו. (ולא ידעתי מאי מקשה, שהרי בהדיא כתב הרב לקמן וז"ל - מסיום היסוד דא"ק הנתון בדעת וכו'. פירוש, הנתון קאי ליסוד הנתון בדעת דנקודות, אבל סיומו הוא למטה מסיום הגוף, ומשם יונקים או"א, וזה מוכח שהרי לעיל בסמוך נראה כתב דדעת הנקודות הוא בפרק קדמאה דיסוד, הקבוע בתוך התפארת וכו', ודו"ק. שמן ששון).
329

ע"ח שער הכללים פ"א ד"ה ע"ב – והנה כשיצא אחר כך אור מבינה לו"ק, **תחלה יצא הדעת**, ואחר כך נתבטל, וזהו המלך הראשון, שהוא בלע בן בעור.
בראשית ל"ו ל"ב, ל"ג – וימלך באדום **בלע בן בעור** ושם עירו דנהבה. **וימת בלע** וימלך תחתיו יובב בן זרח מבצרה.
330

ע"ח ש"ט פ"א מ"ת ד"מ ע"א – ונחזור אל הכוונה, ונאמר כי הלא או"א היו מתחלה פנים בפנים, לפי שנעשה להם מוחין מהכתר כנזכר לעיל, אמנם מ"ן שלהם הגורם להם העמדה וקיום הבחינה דפנים בפנים היו מציאת שבעה מלכים אלו אשר היו במעי בינה, ואלו היו מ"ן דיליה, כי כן הוא תמיד, שהבנים הם מ"ן דאמא, ובעוד שאלו השבעה מלכים היו תוך הבינה היו מעלין מ"ן, וגורמין זווג לאו"א, ונמשכו להם מוחין, והוחזרו או"א פנים בפנים, ונזדווגו יחד, **כדי להוציא שבעה מלכים אלו.**
331

שם משמעון ש"ח פ"ג די"ז ע"ב – ונמצא כי הנקודים הדעת שלהם גבוה למעלה מחו"ב. **ותימה** לעניות דעתי דלפי זה למה הדעת נשבר כולו, ואו"א לא נפלו רק האחוריים שלהם לבד, והיה נראה להפך, וצריך עיון.
332

שפת אמת ש"ח פ"ג ד"י ע"א – ואפשר לומר שזה מדבר בדעת עליון, שהוא אור חוזר, ולא בלע שהוא מכלל שבעה מלכים, שהוא למטה מחו"ב, ועין בדרוש הדעת.
333

שמואל א ב' ג' – אל תרבו תדברו גבהה גבהה יצא עתק מפיכם **כי א"ל דעות הוי"ה** ולו נתכנו עללות.
334

חו"ב, וא"א ונוקבא דא"א הם חו"ג דדעת, הרי שרשי המוחין שבכתר הם חב"ד דנשמה. ולמטה מהם הם או"א וישסו"ת, והם חב"ד דרוח, והם חג"ת בערך החב"ד דנשמה. ולמטה מהם זו"ן הגדולים ויעקב ורחל, והם חב"ד דנפש, והם נה"י בערך חג"ת דרוח. יוצא לפי זה ששורשי המוחין שבכתר, שהם עתיק ונוקבא דעתיק, א"א ונוקבא דא"א מלבישין מהטבור דא"ק עד סוף התפארת דא"ק, כאשר בחלק העליון מול הטבור נמצאים עתיק ונוקבא דעתיק דנקודים, וההבל היוצא משם שם הוא הוא. וא"א ונוקבא דא"א שהם הדעת של השרשים שבכתר, מלבישים על החלק התחתון של התפארת דא"ק, שבו מושרש השליש העליון שלהיסוד דא"ק. הרי לפי זה הדעת האמור בדברי הרב ז"ל שהוא למעלה מחו"ב, הוא הדעת שבשרשים, הנקרא דעת דחב"ד בערך למה שלמטה ממנו, והנקרא דעת דנשמה, שהוא א"א ונוקבא דא"א, שהם חו"ג דדעת דחב"ד, ודעת זה הוא כנגד השליש המושרש דיסוד דא"ק תוך השליש התחתון דתפארת דא"ק, והוא למעלה מהחו"ב דנקודים, הם חו"ב דרוח בערך למה שלמעלה מהם, ונקראים חו"ב דחג"ת, כך שהדעת דנקודים, הנקרא בלע בן בעור הוא למטה מהחו"ב כידוע. עוד אפשר לתרץ בפשטות כי היסוד דא"ק הוא כן כנגד או"א,

ובפרטות[336] מדובר בדעת הפרטי דאבא, ובדעת הפרטי דאימא, ובהם מאיר היסוד דא"ק◆

הרב[337] ז"ל בא ללמד על ההבדל שיש בין הדעת העליון דנקודים, לבין הדעת דז"א, והוא כי ז"א הוא בכללותו בין ו"ק, וצריך[338] לו מוחין הבאים מהפרצוף שמעליו, והוא פרצוף אימא, והם פרצופי ישסו"ת. והדרך שז"א מקבל את הג"ר

נהר שלום, דרוש הדעת דמ"א ע"ג - ונתחיל מן הראשון, הנה ספירת הכתר היא נשמת האצילות, ונחלק לג' מוחין, חב"ד נר"ן, ג' חלקי הנשמה. כיצד, עתיק ונוקבא חו"ב, והם נשמה ורוח, **ואריך ונוקבא הם זו"ן שבכתר, ונקרא דעת**, ונפש, ושלשתם ג' חלקי הנשמה. אחר כך ספירת חו"ב, הם הרוח דאצילות, ונחלקים לג' מוחין חב"ד, שהם נר"ן, ג' חלקי הרוח. כיצד או"א חו"ב, והם נשמה ורוח, והדעת שהוא זו"ן שבהם, שהם ישסו"ת, נקרא נפש, ושלשתם שלשה חלקי הרוח. ואחר כך ספירת הדעת, היא נפש דאצילות, ונחלק לשלשה מוחין חב"ד, שהם נר"ן, ג' חלקי הנפש. כיצד זו"ן חו"ב, והם נשמה ורוח, והדעת של הדעת שהוא זו"ן שבהם הם יעקב ולאה, ונקראים נפש, ושלשתם הם ג' חלקי הנפש. וכל הבחינות הנזכרים כלולים מעשר, ומתלבשים זה בתוך זה. ונמצא כפי זה כי הדעת בכל מקום הוא זעיר שבבחינה ההיא, **ואם כן כמו שזעיר היה בו בתחילה קטנות, שהם ו"ק, ואחר כך נתוספו בו ג"ר, כן ב' הבחינות יש שם בדעת, דעת עליון כח"ב שבו, דבוק תחת או"א, ודעת תחתון שהם ו"ק, והם למטה בז"א בקטנותו.**
335

תרשים ג – כ"ד.
336

תרשים ג – כ"ה.
337

כרם שלמה ש"ח ש"ח פ"ג אות י' – ואם כן כפי זה תחזור ותקשה על ז"א, למה הדעת שלו הוא למטה מחו"ב כנודע בדרושים דלקמן. לזה בא לתרץ על הז"א, כי הז"א גם כן היה ראוי להיות כן, אבל מפני שיש סיבה גורמת שיהיה דעת למטה מן חו"ב, והוא כי המוחין שלו תחילה הם מתלבשים בתוך הנה"י דאימא, דהיינו החכמה בתוך הנצח, והבינה בתוך ההוד, והדעת בתוך היסוד. ואחר כך נכנסים אלו הנה"י דאימא, ומתלבשים בתוך תלת חללי דגולגלתא דז"א, שהם כלי החכמה, וכלי הבינה, וכלי הדעת. וכשנכנסת להתלבש בו, יושבת בתוכו ומרכנת עצמה מפני שהיא גדולה ממנו, ולכן יושבת בתוכו. וכשמרכנת עצמה בתוכו, אז ממילא ב' פרקין קדמאין דנצח והוד שלה, ששם החו"ב דז"א הם נגבהים למעלה, כנראה בחוש הראות בעת הישיבה, והיסוד יושפל ויהיה למטה מהם. ולכן היסוד דאימא שהוא מושב הדעת דז"א מוכרח שיהיה שם בז"א למטה מן החו"ב שלו, ולכן הדעת שם בז"א אמרנו שהוא למטה מן החו"ב.
338

ע"ח ח"ב שכ"ה פ"ד מ"ק די"ג ע"ב – והנה המוחין של העיבור נתלבשו בלבוש החיצון של נה"י דתבונה, והנה כל אחד מבחינת ג' אלו המוחין, שהיו מתלבשין בנצח הוד יסוד תבונה, מסתלק אור פנימי של תבונה, ואינו נשאר שם רק הלבוש לבדו, ואלו המוחין המתלבשין נעשין בו בחינת אור פנימי. וזה שכתוב - אין התורה מתקיימת אלא במי שממית עצמו עליה, כי התבונה נקרא מי, והיא ממיתה עצמה, שנסתלק רוחה ונפשה, ואין נשאר בה שום חיות בלבושיה, אלא אותן המוחין המתלבשים אחר כך, וזה לצורך ז"א, הנקרא תורה. וכל בחינה מג' מוחין הם בחינת טיפת אבא באימא, ומצטיירין במעי אימא, ואחר כך נתלבשה בנה"י,

שלו, שהם החב"ד דיליה, הוא שהמוחין דז"א מתלבשים תוך הנה"י של פרצוף אימא, ואז[339] אימא משפלת עצמה, והנה"י שלה נכנסים תוך כל פרצוף ז"א, לעשות לו מוחין, ובזמן שרובצת אימא ויושבת על ז"א, הבחינות של ב' הפרקין הראשונים של נצח הוד דאימא, שבהם נמצאים החו"ב דז"א, מוכרח שהם יתרוממו למעלה ביחס ליסוד שלה, שבה נמצא הדעת דז"א, דוגמת[340] אדם היושב על אגן הירכיים שלו, כמו תנוחת צפרדע, אז מוכרח שהיסוד שלו נוגע בקרקע, והירכיים שלו עומדים למעלה מהיסוד. **יוצא** שבסוגיה זאת החו"ב דז"א המלובשים הירכיים דאימא, שהם ב' פרקין עליונים דנצח הוד דאימא, הם למעלה מהדעת שלו המלובש ביסוד דאימא.

[341]**אב**ל [342]**שם** בפרצוף ז"א אינ**ו** [343]**כן** כמו בא"ק, שהיסוד דא"ק הוא למעלה מחו"ב דנקודים, ולכן גם הדעת העליון דנקודים נמצא מעל חו"ב, **לפי**[344] שהמוחין דז"א מתלבשים בנה"י דאימא, זאת כדי להמעיט אורם,

---

ונכנסים בז"א. אמנם היות מוחין אלו כלולין מטיפת או"א, וכל אחד מהם יש בו מוחין חב"ד, לכן בכל בחינות מאלו יש ג' מוחין והם כפולים, כי הם ב' מוחין, אחד מאבא, ואחד מאימא. ואמנם כשרוצין לכנוס בז"א, הם מתלבשין תחלה בסוד נה"י, כיצד, מוחין דאבא מתלבשין בנה"י דאבא, ומוחין דאמא בנה"י דאימא, ואחר כך מתחברין ביחד, כי נמשכין נה"י דאבא בנה"י דאימא, ואחר כך נכנסים נה"י דאימא תוך ז"א..... וכשילדה בינה את ז"א, היה בהיותה יחד פרצוף שלם עם תבונה, ויצא ז"א סוד המוחין דגדלות שלו, יצאו מפי יסוד אימא, ונשארו תלוין בין ברכיה שלה, **שהם נה"י דילה, בראשי פרקין עילאין שלה**, אחר העיבור צריכה להיות רובצת אימא על אפרוחים, והיא צריכה להלביש את המוחין של ז"א בנה"י שלה, כי להכנס בראש ז"א, כי ז"א לא יוכל לקבלם בלתי התלבשות, כדי להמעיט אורה שלכך הוצרכה להלביש אימא עילאה המוחין אלו תוך נה"י שלה, ולהכניסן אחר כך בראש ז"א.
339

מבוא שערים ש"ב ח"א פ"ה ד"ה ד ע"ב – כי האימא דאצילות, **הנה היא ארכינת עצמה, ויתבא רביעא על בריה, הוא הז"א, לעשות לו מוחין**, וכשהיא רובצת, מוכרח שנשפל היסוד שלה למטה מרישיה ירכותיה, שהם נצח הוד, ולכן דעת דז"א לתתא מחו"ב שלו.
340

תרשים ג – כ"ו.
341

יפה שעה (א) – אבל שם בז"א אינו כן, לפי שהבינה נכנסת בו לתת לו מוחין, היא משפלת עצמה, ואתריכנת, בסוד והאם רובצת על האפרוחים, ואז מוכרח הוא שמגביהין ראשי פרקין עילאין דנו"ה שלה, והיסוד שלה נשפל למטה מהם, ואז נמצא שהדעת הוא למטה מן חו"ב והבן זה, עד כאן. מתבאר מדברי רז"ל, שדרכו של הדעת הוא להיות למעלה יותר מחו"ב, אבל הדעת דז"א הוא מוכרח לירד למטה מחו"ב שלו, יען מלובש תוך יסוד דאו"א, משפלת ואיתרכנת עצמה, לתת מוחין לז"א, ומסיבה שיורד היסוד שלה, צריך גם הדעת שבתוכו לירד גם הוא. וקשה לזה מה שכתב רז"ל בשער דרושי הצלם דרוש ו' ז"ל- אם ב' טיפות הדעת שהם חו"ג, נמשכו מן החו"ג המתפשטים בו"ק דגופא דאו"א, ולא מן הדעת עצמו דאו"א, ומהראוי היה שכאשר יכנס הדעת הזה בז"א, שיהיה באופן הנזכר, שהחו"ב ישארו בראשו בסוד מוחין, והדעת יתפשט בגופו בו"ק דז"א למטה, ולא יהיה בראשו דעת מקובץ מחו"ג, אמנם לא כך היה, אמנם תחלה נעשה מהם דעת מקובץ בראשו ממש מחו"ג, ואחר כך מתפשטים בו"ק כו', וטעם הדבר היה כי הנה נתבאר שהכתר, שליש תחתון דתפארת דתבונה, הכלי והאור דתבונה עצמו, והוא גדול מאד כנ"ל כו', לכן היה כח באורות הם להעלות אל הדעת דרך קו האמצעי, דוגמת הכתר, ולעשותו ממש מוח בראשו יעויין שם. הנה מתבאר, שאדרבא בחינת הדעת מקום הראוי לו הוא בו"ק למטה, וכתר דאימא הוא הגורם להעלותו בראש. גם בשער יעקב ולאה כתב רז"ל בשלהי פרק ד' - כי לעולם כל חו"ב, הם גבוהים מן הדעת יע"ש. והתבאר לזה פשוט, לפי מה שכתב רז"ל שם, ובכמה מקומות, כי ז"א יש בו שני דעות, ומקרא מלא דיבר, כי א"ל דעות הוי"ה לו נתכנו עלילות, כתיב **לא** באלף, וקרי **בוא"ו**. באלף, כנגד דעת עליון. וקרי בוא"ו, כנגד דעת תחתון. ושם בדרוש החו"ג באות י"ז כתב, שדעת עליון שורשו ומקורו ועיקרו למשוך מאור דמלוי ס"ג דשני תפוחין קדישין דא"א, ומשם יורד לאימא, בסוד ז' פעמים הבל, ויורד על פי מדותיו ומדרגותיו, עד שמתלבש ביסוד דתבונה, ונעשה דעת עליון דזעיר אנפין, יע"ש. ולפי זה הקושיא מעיקרא ליתא, שמא שכתב שמן הראוי שדעת ז"א יהיה בו"ק שלו

שֶׁכְּשֶׁהַבִּינָה שהיא אימא **נִכְנֶסֶה בּוֹ לָתֵת אֵלָיו מוֹזָין,** כאשר בתלת פרקין דנצח דשלה מתלבש בחח"ן דז"א, ובתלת פרקין דהוד דהוד דשלה מתלבש בבג"ה דז"א, ובשתי פרקין דהיסוד דשלה מתלבשים בדעת ושליש עליון דתפארת דז"א, וכאשר היא מתלבשת בז"א **הִיא מִשְׁפֶּלֶת עַצְמָהּ וּמְרַכֶּנֶת עַצְמָהּ בְּסוֹד** הפסוק[345] **וְהָאֵם רוֹבֶצֶת עַל הָאֶפְרוֹזִים, וְאָז**[346] **מוּכְרָז הוּא שֶׁתַּגְבִּיהַּ רֵישֵׁי** לאו דוקא רישי, אלא את כל **הַיַּרְכִין לְעֵילָא** כי חו"ב לא מלבישים רק את רישי הירכין כי אם את כל הירכין, ורק גם אם נחלק את הירך לג' פרקין, אז הפרק העליון של הירכים יהיה מקום חב"ד דחו"ב דז"א, האמצעי חג"ת דחו"ב דז"א, והתחתון נה"י דחו"ב דז"א, ואז **בְּזִינֶת הַיְסוֹד שֶׁלָּהּ** ר"ל של אימא **נִשְׁפָּל לְמַטָּה מֵהֶם** ר"ל מהירכין דאימא. **וְאָז נִמְצָא שֶׁהַדַּעַת** דז"א המלובש תוך היסוד דאימא **לְמַטָּה מַזֶּזוּ"ב** דז"א המלובשים בירכין דאימא, **וְהָבֵן** כלל **זֶה**[347] היטב. אם[348] כן כמו שהנה"י דאימא שבהם מלובשים המוחין דז"א,

---

למטה, אלא שכתר דאימא העלהו בראשו, הוא מדבר בדעת תחתון. ומה שכתב בפרקין, כי לעולם הדעת היה ראוי להיות למעלה מחו"ב שלו, אלא שיסוד דאימא משפלתו תחת החו"ב, מדבר בדעת עליון, שכן מוחין דזעיר אנפין, נמשכין ממוחין דאו"א, שבהם מלובשין פרקי הידים דא"א, כמו שכתב רז"ל בשער הולדת או"א וז"א פרק ו' יע"ש, ודעת עליון נמשך מפנים עלאין קדישין דא"א, ונמצא דעת עליון גבוה מחו"ב, והיה ראוי להיות למעלה, אם לא שיסוד דאימא מפלתו תחת החו"ב. ודעת דנקודים, הוא בחינת דעת עליון, כמו שכתב רז"ל בשער השבירה, על פסוק ויודע דעת עליון, יע"ש.
342

כרם שלמה ש"ח פ"ג אות י' — אבל שם בז"א אינו כן, ר"ל אינו כמו הא"ק, שהיסוד שלו יהיה למעלה מן או"א, לפי שכשהבינה נכנסה בו לתת אליו מוחין. פירוש אחר שנתלבשו המוחין דז"א בתוך הנה"י שלה, ואחר כך נכנסו לתת אליו אלו המוחין ליכנס בתוכו, ולתת אותם המוחין אליו, היא משפלת עצמה ומרכנת עצמה בסוד האם רובצת על האפרוחים, ר"ל **רובצת** דייקא, **שהיא יושבת. ואז מוכרח הוא** ר"ל הואיל וישבת ולא עומדת, לכן מוכרח הוא שתגביה רישי יריכין לעילא, ובחינת היסוד שלה נשפל למטה מהם, ואז נמצא שהדעת למטה מחו"ב, והבן זה.
343

הגהות וביאורים (ב) — א"ה עיין בשער הכוונות בדרוש א' דחזרת העמידה, והיא בנדפס מחדש דל"ח ע"ג.
344

ע"ח שכ"ה דרוש ח' מ"ק די"ג ע"ג — אחר העיבור צריכה להיות רובצת אימא על אפרוחים, **והיא צריכה להלביש את המוחין של ז"א בנה"י שלה**, כדי להכנס בראש ז"א, כי ז"א לא יוכל לקבלם בלתי התלבשות, כדי להמעיט אורה שלכך הוצרכה להלביש אימא עילאה המוחין אלו תוך נה"י שלה, ולהכניסן אחר כך בראש ז"א.
345

דברים כ"ב ו' — כי יקרא קן צפור לפניך בדרך בכל עץ או על הארץ אפרחים או ביצים **והאם רבצת על האפרחים** או על הביצים לא תקח האם על הבנים
346

בית לחם יהודה ש"ח פ"ח דכ"ה ע"ב — ואז מוכרח הוא שתגביה רישי ירכין דילה. בלי דקדוק כתב "רישי", כי בלא רביצה נמי רישי הירכין גבוהים מהיסוד, כמו שכתב לעיל בד"ה והתשובה וכו', דהא החו"ב אינם מלבישין על רישי ירכין, אלא על הירכין. אלא ר"ל שתגביה ירכין דילה. ועיין עוד בדברינו בריש פרק ב' דשער כ"ה ד"ה נמצא כי ראשי.
347

הגהות וביאורים (ג) — צריך לגרוס ולכן דעת זה דז"א למטה מחו"ב.
348

כרם שלמה ש"ח פ"ג אות י' — ואם כן כפי זה כשנכנסת הנה"י בתוך הפרצוף התחתון, כמו הז"א, אז נגבהין רישי הירכין למעלה, ונמצא היסוד למטה. אם כן תקשה כאן על הנה"י דא"ק, למה הדעת שלו הוא למעלה מן

הירכיים שלה שבהם מלובשים החו"ב דז"א נגבהים, והיסוד דיליה עם הדעת דז"א יורדים למטה, אם כן קשה, למה זה לא קורה גם בא"ק. **אמנם**[349] **א"ק הוא עומד ולא רובץ** בשעה שנותן מוחין לנקודים, ולא כמו אימא שצריכה להרכין גופה כדי לתת מוחין לז"א, **ואז**[350] **פרקא קדמאה דיסוד** דא"ק **הקבוע** והמושרש **בתוך** שליש התחתון של **התפארת** דא"ק, והתפארת **הוא הגוף** דא"ק, **ודאי ש**פרקא קדמאה דיסוד המושרש בתוך התפארת דא"ק **הוא גבוה** יותר **מנצח הוד** דא"ק, **ונמצא כי בנקודים הדעת** העליון **שלהם גבוהים למעלה זו"ב** דנקודים. **ונמצא**[351] **כי מסיום היסוד דא"ק** ר"ל הפרקין המגולים דיסוד דא"ק, **הנתון בדעת דנקודים, משם**[352] **מסופו** של היסוד דא"ק **יוצא הבל והארה לזו"ב** ל"ג **דנקודה** אלא **צ"ל דנקודים**, כי אין לאור הנמצא בפרקא קדמאה דיסוד מקום לצאת, **אלא**[353] מפי היסוד הנמצא בסוף היסוד, שיש לו שם פתח פתוח, ויוצא הבל והארה לחו"ב דנקודים **שהם**[354] **תתאין מניה**, ר"ל מן הדעת העליון. **וכבר**[355]

החו"ב, ולזה אמר **אמנם א"ק הוא עומד ולא רובץ, ואז פרקא קדמאה דיסוד הקבוע בתוך התפארת, הוא הגוף**. פירוש, כמו שכתבנו לעיל כי פרקא קדמאה דיסוד הוא **שקוע** בתוך שליש האחרון של התפארת, שהוא מן הטיבור עד סופו של התפארת, **ודאי שהוא גבוה מהנה"י**, ר"ל מהנה"י שהם המגולים. ואם נגרוס מנה"י, דהיינו מפרק השני של היסוד המגולה, אבל אין ענין לזה עכשיו. והואיל וכן הוא, שהוא עומד ולא רובץ, לכן נשאר היסוד והדעת של עולם הנקודים כמו שהוא, ולא נשפל למטה. לכן ממנו יוצא הארה לצורך החו"ב דנקודים, שהם למטה ממנו.

349

בית לחם יהודה ש"ח פ"ג דכ"ה ע"ב – אמנם א"ק הוא עומד ולא רובץ. מכאן עד וכבר ידעת וכו', כל זה אינו בע"ח כתב יד, ולא באוצרות חיים, והוא תוספת מלשון מבוא שערים דף ד' ע"ב.

350

בית לחם יהודה ש"ח פ"ג דכ"ה ע"ב – ואז פרקא קדמאה דיסוד הקבוע בתוך התפארת שהוא הגוף ודאי שהוא גבוה מנצח והוד. ואם תאמר, והא גם א"א הוא עומד ולא רוכן, ואפילו הכי דעת דז"א המלביש על א"א הוא למטה מחו"ב דז"א. לא קשה מדי, כי הדעת דז"א הוא מלובש ביסוד אימא, ולפי שאימא היא רובצת ואינה עומדת, מכריחתו לירד למטה מחו"ב דיליה, ועל ידי זה יהיה מכוון כנגד פרק העליון של יסוד א"א, אבל עולם הנקודים שהם מלבישין על נה"י דא"ק ממש בלי הפסק פרצוף אחר ביניהם, לכן היה הדעת דנקודים למעלה מחו"ב.

351

בית לחם יהודה ש"ח פ"ג דכ"ה ע"ב – נמצא כי מסיום היסוד דא"ק הנתון בדעת דנקודים. מה שכתב הנתון בדעת דנקודים, הוא קאי על היסוד דסמיך ליה, ולא קאי על תיבת מסיום.

352

כרם שלמה ש"ח פ"ג אות י' – מה שכתב **מסופו**, ר"ל אף על פי שפרק קדמאה שלו הוא נתון בתוך הגוף, וכל עסקינו הוא על פרק קדמאה דיליה, כי זה הוא הגבוה מן חו"ב, ולא מסוף היסוד, אלא מפני שאין לו לאור של פרק קדמאה דיסוד מקום לצאת, אלא מסוף היסוד, שהוא פי היסוד, ולעולם שזה הוא בא מפרק קדמאה דיסוד, אלא יוצא דרך סוף היסוד, שהוא פי היסוד, כי אין לו מקום מוצא אחר.

353

מבוא שערים ש"ב ח"א פ"ה ד"ד ע"ב – אמנם כאן בא"ק, הוא עומד ולא רבוץ, ואז פרקא קדמאה דיסוד הקבוע בסוף התפארת, הוא הגוף, ודאי שהוא גבוה מנצח הוד, ונמצא כי בנקודות הדעת שלהם גבוה למעלה מחו"ב שלהם, ונמצא כי מסיום היסוד דא"ק הנתון בדעת דנקודים, **משם מסופו יוצא הבל והארה אל חו"ב דנקודים**, שהם תתאין מיניה

354

בית לחם יהודה ש"ח פ"ג דכ"ה ע"ב – שהם תתאין מניה. קאי על הדעת.

יִדְעַת כִּי נְקֻדַת שׁוּרֶק הוּא בִּיסוֹד[356] שבכל פרצוף ופרצוף, שהוא[357] הרוחניות של הספירת היסוד, **כַּנִּזְכָּר**[358] **בַּתִּיקוּנִים תִּיקוֹן ע'** שנקודת השור"ק הוא המקשר ומחבר בין ב' בחינות, וכנזכר[359] בסדור הטהור למרן הרש"ש, **וְלָכֵן**[360] **אָמַרְנוּ כִּי נְקֻדַת שׁוּרֶק שֶׁהוּא בָּאֶמְצָע אוֹתִיוֹת**

355

ע"ח ח"ב שמ"ד פ"א מ"ת דצ"ז ע"א — והנה ענין נשמה לנשמה ונר"ן של אלו לבושים הנזכרים לעיל, שהם גופא דז"א, הנה הם אותן התשעה הוי"ת אחרות הנזכר לעיל, שהזכירו בתקונים. הוי"ה ראשונה בכתר ז"א, בניקוד קמץ, הוי"ה שניה בחכמה ז"א בפתח כו'. וזה ענינם, כתר של ז"א שלו, הוי"ה בנקוד קמץ, כולו י' שבה בניקוד קמץ, הוא נשמה לנשמה, תוך הכל ה' ראשונה בקמץ, הוא נשמה תוך לבושי הפנימי של כתר, ו' נקוד בקמץ, הוא רוח תוך הלבוש אמצעי של כתר, ה' אחרונה נקוד בקמץ, הוא נפש תוך לבוש חיצון של כתר. ועל דרך זה הוי"ה שניה כולו בפתח, בחכמה דז"א. והוי"ה כולו צירי, בבינה דז"א. ודעת ז"א בחולם צירי קמץ צירי, והוא שם המפורש הנזכר בכל מקום, ומתחלק גם כן על דרך הנזכר לעיל. והוי"ה בסגול בחסד. הוי"ה בשבא בגבורה. הוי"ה בחולם בתפארת. הוי"ה בחירק בנצח. הוי"ה בקבוץ בהוד. **והוי"ה בשורק בוא"ו ביסוד.** כי כבר ביארנו כי המלכות משלמת לעשר ספירות.

356

כרם שלמה ש"ח פ"ג אות י' — ומה שכתב וכבר ידעת כי השורק הוא ביסוד כנזכר בתיקונים תיקון ע'. ר"ל כי נזכר תשעה הוי"ת מנוקדות, ואמר שם כי הוי"ה בניקוד קמץ הוא בכתר, עד הוי"ה בניקוד שורוק וא"ו הוא ביסוד, **ושם לא חילק בין פרצוף לפרצוף,** דהיינו בן פרצוף א"ק לפרצוף ז"א, כי שם אמרו על כל פרצוף ופרצוף.

357

שער ההקדמות, דרוש י"א קטן, יודיע כי יש פנימיות וחיצוניות בכל ארבע עולמות אבי"ע דע"ה ע"ד — עוד דע כי כל אחד מן העשר ספירות דאצילות, **יש בה בחינת פנימיות,** והיא הוי"ה אחת בנקודות ידועות, הוזכרו בספר התיקונין תיקון ע'. והם הוי"ה בקמ"ץ בכתר. הוי"ה בפת"ח בחכמה. הוי"ה בציר"י בבינה. הוי"ה בסגו"ל בחסד. הוי"ה בשב"א בגבורה. הוי"ה בחול"ם בתפארת. הוי"ה בחיר"ק בנצח. הוי"ה בקיבוץ בהו"ד. **הוי"ה בשורו"ק ביסוד.** הוי"ה בלתי ניקוד במלכות. **ואלו העשרה הוי"ת נקראים פנימיות העשר ספירות.**

358

תקוני הזוהר, תיקון ע' דקכ"ט ע"ב עם תרגום והסבר — **שור"ק יוֹהּוּוּוֹהּוּ** הניקוד שורו"ק שבהוי"ה, **דא צדיק** הוא בספירת היסוד הנקראת צדיק, **דאיהו קושר המרכבה, דאיהי שכינתא עם קודשא בריך הוא** שהוא קושר את המרכבה, שהיא השכינה, והיא המלכות, עם הקדוש ברוך הוא, שהוא ז"א, ושניהם מתקשרים ומתחברים על ידי היסוד, **הדא הוא דכתיב** וזה שכתוב, **כי כל בשמים ובארץ** ר"ל כל הוא היסוד הנקרא כל, המיחד את ז"א הנקרא שמים, עם המלכות הנקראת ארץ, **ודא דמתרגמינן** וזה שתרגם רבי יוסף, **דאחיד בשמיא ובארעא** היסוד מאחד שמים וארץ, ז"א עם הנוקבא, **ועליה אתמר** ועל היסוד נאמר, **ואנכי נטעתיך שורק** כלה זרע אמת היסוד שניקודו שור"ק, **זרע אמת הוא ודאי** מעביר את טיפת הזרע מן ז"א הנקרא תפארת ונקרא אמת לנוקבא, **דאתמר ביה** שנאמר על התפארת **תתן אמת ליעקב,** ויעקב בתפארת הנקרא אמת, והיסוד **איהו זרע** הוא נקרא זר"ע, המעביר את טיפת הזרע מז"א הנקרא תפארת לנוקבא, **ושכינתא עזר** והשכינה שהיא המלכות נקראת עז"ר, שהם היפוך אותיות זר"ע, **הדא הוא דכתיב** וזה מה שכתוב, **אעשה לו עזר כנגדו.**

359

תרשים ג — כ"ז.

360

כרם שלמה ש"ח פ"ג אות י' — ולכן אמרנו כאן כי הניקוד האמצעי הוא בהיסוד, שגם הוא בחינת אמצעי. פירוש, בקו האמצעי, ונתון בן נצח והוד, ולכן הושם ניקוד השורק באמצע הו'. כן היסוד הוא וא"ו זעירא, והוא בחינה אמצעי, דהיינו בין נצח והוד, לכן הושם השורק נקוד אחד באמצע האות.

דהיינו נקודה האמצע האות ו' כזה **ּו**, **שהוא בבחינת היסוד, שהוא באמצע** בין ספירת **הנצח**

להוד, כך שגם ביסוד הוא בקו האמצעי, בין הנצח לבין ההוד, וגם הניקוד דיסוד, שהוא השורק, הוא באמצע האותיות, כך[361] שנקודת השורק הוא בין נצח להוד שהם צד ימין וצד שמאל בסוגיא זאת, או ובין נצח והוד למעלה ולמטה, כנזכר[362] בכוונות נענועי הלולב, **והבל היוצא ממנו נקרא שורק** ר"ל מן היסוד המאיר לאו"א דנקודים.

הרב ז"ל מסכם סכום כללי של ג' הפרקים הראשונים דשער הנקודים. **והרי באר‌נו**[363] בפרקים א' ב' ג' דשער זה,

את מציאות, עשיית **והויות ד'עולם הנקודות,** שנתהוו מן האורות דס"ג דס"ג וחיצוניות עסמ"ב דב"ן, שיצאו דרך העינים דא"ק, ומן האור דפנימיות שם ב"ן שבוקע את דופני הגוף התנה"י דא"ק, וזאת כדי לתקן את הכלים דנקודים. וכן אורות הנקודים שיצאו דרך העינים דא"ק, ושאבו מאורות האח"פ לצורך הכלים, וגם נתבאר ענין ההבלים שקבלו הנקודים מהטבור והיסוד דא"ק, ודרך עשר צפורני רגלי א"ק.

361

תרשים ג – כ"ח.

362

שער הכוונות, דרושי חג הסוכות, הקדמה – והטעם יובן במה שכתוב בדרושים של הלולב, שכוונת הנענועים היא להמשיך הארת הדעת למטה, והו"ק כולם הם בדעת. ונמצא כי אפילו בנענוע של מטה של הדעת הנה הוא למעלה מראש הלולב, שהוא למטה בגופא דז"א, כמו שנבאר במקומו. גם סדר הנענועים הם בו"ק, על דרך ששה צירופי יה"ו הנזכרים בספר יצירה, וגם נזכר בספר הזוהר בפרשת ויקרא ברעיא מהמנא בדף י"ז ע"א. והנה הם כסדר הו"ק ממש דז"א, שהם חג"ת נה"י. ולכן נענוע הראשון הוא לצד דרום, כנגד החסד. ואחר כך נענוע השני הוא לצד צפון, שהוא בגבורה. והשלישי במזרח, שהיא בתפארת. **והרביעי והחמישי מעלה ומטה, שהם שחקים, נצח והוד, זה על גב זה.** והששי הוא במערב, שהוא היסוד, שעליו אמרו שכינה במערב.

שער הכוונות, דרושי חג הסוכות דרוש ה' – והנה סדר הנענועים הם כסדר ו"ק עליונים שבדעת, והם תחילה דרום בחסד, אחר כך צפון בגבורה, אחר כך מזרח בתפארת, **אחר כך מעלה בנצח, אחר כך מטה בהוד.** וכן נזכר בספר הזוהר, **והטעם כי נצח והוד נקראים שחקים, והם רחיים העליונים, הטוחנים מן לצדיקים, שהוא יסוד,** ונודע כי הרחיים הם ב' אבנים זו על גבי זו, זו מעלה, וזו מטה.

363

בית לחם יהודה ש"ח פ"ג דכ"ה ע"ב – והרי ביארנו הויות דנקודות. צריך לגרוס והרי ביארנו הווית הנקודות. וכן הגירסא בע"ח כתב יד, ובאוצרות חיים, ור"ל עשיית הנקודות.

שֶׁקִּיבֵּל מִמָרָן הָאֲרִ"י זלה"ה

שַׁעַר ז'

שַׁעַר דְרוּשֵׁי הַנְּקוּדוֹת

פֶּרֶק ג'

חֵלֶק הַתַּרְשִׁימִים טַבְלָאוֹת וְצִיּוּרִים

שֶׁמֶחֵזַת חַיִּים

הקדמה קצרה

דע כי כל התרשימים הציורים והטבלאות, הם אך ורק לשכך את האוזן, ולשבר את העין. וכל הציורים הם לא שלמים.

כתב הרי"ח הטוב ברב פעלים ח"ב בסוד ישרים ה' - אך דע לך כי סדר התלבשות המחצבים שכתב מהרח"ו בשערי קדושה עד עולם הזה שאנחנו עומדים בו. וכן סדר התלבשות הפרצופים אשר בכל מחצב ומחצב, וסדר התלבשות העולמות זה בזה, והיושר והעיגולים, לא אית אינש דכיל למנלע למנלע רזא דנא, איך היא עשוי, איך הוא עומד, ולא אפשר לשכל אנושי לצייר כל הנזכר על אמתיתם, ועל בוריין מפני כי שכל האנושי בהיותו עצור ומונח בגוף גשמיי, אי אפשר לי להשיג דבר רוחני, והוא זה דומה לאדם סומא מן הבטן שלא ראה מאורות מימיו, דודאי אי אפשר לו לצייר מראות השמש והירח הנראין לעיני הבריות, וכל שכן מה שיש למעלה למעלה.

וכן כתב ברב פעלים ח"א בסוד ישרים א' - סוף דבר הכל נשמע, ה' אחד ושמו אחד, ואין לו גוף ולא דמות הגוף, ואין לו שום ציור, ותמונה ודמיון כלל ועיקר, וגם כל העולמות וספירות הקדושים למעלה אין להם ציור ודמיון של גופים האלה כלל, ואין מי שיוכל לידע איך הוא עמידתם וסדרם, איך עומדים עולמות היושר ועולמות העיגולים, ואיך מתחברים זה עם זה, ואיך נמשך השפע מזה לזה, ואיך הוא תוארם ומראיהם, ואיך הוא מהות השפע המחיה אותם, ומקיים אותם, וכמה הוא שיעור אורכם וגובהן ורחבם, ואיך הם נכללים זה בזה, ומלבישים זה לזה, כי בכל זאת אין שום שכל אנושי יוכל לדעת, ולהבין, ולהשיג, כלל ועיקר.

הרב ז"ל כתב בשער אח"פ תחילת פ"א וז"ל - כבר ידעת כי אין בנו כח לעסוק קודם אצילות עשר ספירות, ולא לדמות שום דמיון וצורה כלל ח"ו, אך לשכך האזן, אנו צריכים לדבר דרך משל ודמיון, לכן אף אם נדבר במציאות ציור שם למעלה, אין הדבר רק לשכך האזן. אמנם דע כי עשר ספירות דאצילות הם שתי ענינים. האחד הוא התפשטות הרוחניות, והשני הוא כלים ואברים אשר העצמות מתפשט בהם. והנה צריך שיהיה לכל זה שורש למעלה לשתי בחינות אלו, ולכן צריכין אנו לדבר בסדר המדרגות מראש עד סוף, והנה נתחיל ונאמר כי הלא הא"ס ב"ה אין בו שום ציור כלל ח"ו כמבואר.

הרב ז"ל כתב בשער טנת"א פ"א - והנה אף על פי שאנו מכנים וקוראים כאן כנויים אלו כגון אדם ראש אזנים וכיוצא אינו רק לשכך האזן לשיובנו הדברים לכן אנו מכנים כנויים אלו במקום אלו במקום גבוה, עד כאן לשונו.

וכן הרמ"ק בפרדס רימונים ש"ו פ"א - וציירו להם המקובלים צורות בירעיות גדולות וקראום אילן. הרב ז"ל כתב בסוף ש"ה פ"ד וז"ל - ואמנם דבר גלוי הוא כי אין למעלה גוף ולא כח גוף חלילה. וכל הדמיונות והציורים אלו לא מפני שהם כך חס ושלום. אמנם לשכך את האוזן לכשיוכל האדם להבין הדברים העליונים הרוחניים בלתי נתפסים ונרשמים בשכל האנושי, לכן ניתן רשות לדבר בבחינת ציורים ודמיונים, כאשר הוא פשוט בכל ספרי הזוהר. וגם בפסוקי התורה עצמה כולם כאחד עונים ואומרים בדבר הזה כמו שאמר הכתוב עיני ה' המה משוטטים בכל הארץ. עיני ה' אל צדיקים. וישמע ה'. וירח ה'. וידבר ה'. וכאלה רבות וגדולה מכולם מה שאמר הכתוב ויברא אלהים את האדם בצלמו בצלם אלהים ברא אותו זכר ונקבה וגו'. ואם התורה עצמה דברה כך גם אנחנו נוכל לדבר כלשון הזה, עם היות שפשוטו הוא שאין שם למעלה אלא אורות דקים, בתכלית הרוחניות, בלתי נתפשים שם כלל, וכמו שאמר הכתוב כי לא ראיתם כל תמונה, וכאלה רבות.

ואמנם יש עוד דרך אחרת כדי להמשיך ולצייר בה הדברים העליונים, והם בחינת כתיבת צורת אותיות, כי כל אות ואות מורה על אור פרטי עליון, וגם תמונת זו דבר פשוט הוא כי אין למעלה לא אות, ולא נקודה, וגם זה דרך משל וציור לשכך את האוזן כנזכר. ולכן נבאר עתה הקדמה הנזכר על דרך ציור האותיות גם כן ובבחינת ציורים אלו, הן ציור האדם, והן ציור אותיות, שתיהן מוכרחים להבין ענין האורות העליונים, כאשר תראה ספרי הזוהר בנויים על שתי בחינות הציורים האלה, עד כאן לא.

ולכן גם אנחנו הרשינו לעצמינו לצייר ציורים, תרשימים וטבלאות, אך ורק כדי לשכך את האוזן, ולשבר את העין, כדי להבין את הסוגייה.

אח"י

תרשימים שער ז' פרק ג'

סדר שמות ההיכלות והשערים בעץ חיים

שם היכל	שער	שם השער	א	ב	ג	ד	ה	ו	ז	ח	ט	י	יא	יב	יג	יד	טו
אדם קדמון	א	עיגולים ויושר	א	ב	ג	ד	ה										
	ב	השתלשלות י"ס דרך עגו'	א	ב	ג												
	ג	סדר אצילות למהרח"ו	א	ב	ג												
	ד	אח"פ	א	ב	ג	ד	ה										
	ה	טנת"א	א	ב	ג	ד	ה	ו	ז								
	ו	עקודים	א	ב	ג	ד	ה	ו	ז	ח							
	ז	מטי ולא מטי	א	ב	ג	ד	ה										
נקודים	ח	דרושי נקודות	א	ב	ג	ד	ה	ו									
	ט	שבירת הכלים	א	ב	ג	ד	ה	ו	ז	ח							
	י	תיקון	א	ב	ג	ד	ה										
	יא	מלכים	א	ב	ג	ד	ה	ו	ז	ח	ט	י					
הכתרים	יב	עתיק	א	ב	ג	ד	ה										
	יג	א"א	א	ב	ג	ד	ה	ו	ז	ח	ט	י	יא	יב	יג	יד	
או"א	יד	או"א	א	ב	ג	ד	ה	ו	ז	ח	ט	י					
	טו	זווגים	א	ב	ג	ד	ה	ו									
	טז	הולדת או"א וזו"ן	א	ב	ג	ד	ה	ו	ז								
ז"א	יז	ז"א	א	ב	ג	ד											
	יח	רפ"ח נצוצין	א	ב	ג	ד	ה	ו									
	יט	אנ"ך	א	ב	ג	ד	ה	ו	ז	ח	ט	י					
	כ	המוחין	א	ב	ג	ד	ה	ו	ז	ח	ט	י	יא	יב			
	כא	לידת המוחין	א	ב	ג												
	כב	מוחין דקטנות	א	ב	ג												
	כג	מוחין דצלם	א	ב	ג	ד	ה	ו	ז	ח							
	כד	פרקי הצלם	א	ב	ג	ד	ה	ו	ז								
	כה	דרושי הצלם	א	ב	ג	ד	ה	ו	ז	ח							
	כו	צלם	א	ב	ג	ד											
	כז	פרטי עי"מ	א	ב	ג	ד											
	כח	עיבורים	א	ב	ג	ד	ה										
	כט	נסירה	א	ב	ג	ד	ה	ו	ז	ח	ט						
	ל	פרצופים	א	ב	ג	ד	ה	ו	ז								
	לא	פרצופי זו"ן	א	ב	ג	ד	ה										
	לב	הארת המוחין	א	ב	ג	ד	ה	ו	ז	ח	ט						
	לג	אונאה	א	ב	ג	ד	ה										
נוק' דז"א	לד	תיקון הנוקבא	א	ב	ג	ד	ה	ו	ז								
	לה	הירח	א	ב	ג	ד	ה										
	לו	מעוט הירח	א	ב	ג	ד											
	לז	יעקב ולאה	א	ב	ג	ד	ה										
	לח	לאה ורחל	א	ב	ג	ד	ה	ו	ז	ח	ט						
	לט	מ"ן ומ"ד	א	ב	ג	ד	ה	ו	ז	ח	ט	י	יא	יב	יג	יד	טו
	מ	פנימיות וחצוניות	א	ב	ג	ד	ה	ו	ז	ח	ט	י	יא	יב	יג	יד	טו
	מא	חשמל	א	ב	ג												
אבי"ע	מב-א	דרושי אבי"ע	א	ב	ג	ד	ה	ו	ז	ח	ט	י	יא	יב			
	מב-ב	כללות אבי"ע	א	ב	ג	ד											
	מג	ציור עולמות אבי"ע	א	ב	ג	ד											
	מד	שמות	א	ב	ג	ד	ה	ו	ז								
	מה	מקיפין	א	ב	ג	ד											
	מו	כסא הכבוד	א	ב	ג	ד	ה	ו									
	מז	סדר אבי"ע	א	ב	ג	ד	ה	ו									
	מח	קליפות	א	ב	ג	ד											
	מט	קליפת נוגה	א	ב	ג	ד	ה	ו	ז	ח	ט						
	נ	קיצור אבי"ע	א	ב	ג	ד	ה	ו	ז	ח	ט	י					

תרשימים שער ז' פרק ג'

<u>טבלת ערכים</u>

עולמות	אדם קדמון	אצילות	בריאה	יצירה	עשיה
פרצופים	ע"י וא"א	אבא	אמא	ז"א	נוקבא
ספירות	כתר	חכמה	בינה	חג"ת נה"י	מלכות
הוי"ה	קוץ של י'	י	ה	ו	ה
אורות	יחידה	חיה	נשמה	רוח	נפש
מילוי	שורש הוי"ה	ע"ב - יוד הי ויו הי	ס"ג - יוד הי ואו הי	מ"ה - יוד הא ואו הא	ב"ן - יוד הה וו הה
טנת"א	שורשים	טעמים	נקודות	תגין	אותיות
נקודות	קמץ	פתח	צרי	סגול, שוה, חולם חיריק, קבוץ, שורוק	אין ניקוד
אדם	גולגולתא	מוח ימין	מוח שמאל	גוף וברית	עטרת היסוד
מל"צ	מ' - מקיף, יחידה	ל' - מקיף, חיה	מוח	לב	כבד
שנגל"ה	שורש	נשמה	גוף	לבוש	היכל
י"ב פרצופים	ער"ן ואר"ן	או"א עלאין	ישסו"ת	זו"ן	יעו"ר
כל צמא	אורות	מוחין	צלמים	לבושים	כלים
אברים	מוח	עצמות	גידין	בשר	עור
חושים	מוח	ראיה	שמיעה	ריח	דיבור
מחצבים	א"ס	ספירות	נשמות	מלאכים	חושך
צלם	מ' מקיף ב'	ל' מקיף א'	צ' מוח	צ' לב	צ' כבד
דחצ"מ	אלוקות	מדבר	חי	צומח	דומם
יסודות	יולי	מים	אש	רוח	עפר
רקיעים	ערבות	ערבות	ערבות	מכון, מעון, זבול שחקים, רקיע	וילון
גלגלים	גלגל השכל	גלגל היומי	מזלות	ככבים	לבנה
היכלות	קודש קודשים	קודש קודשים	קודש קודשים	אהבה, זכות, רצון, נוגה, עצם השמים, לבנת הספיר	לבנת הספיר
מילוי הוי"ה		מו - וד י יו י	לז - וד י או י	יט - וד א או א	כו - וד ה ו ה
אהי"ה	קס"א - אלף הי יוד הי	קס"א - אלף הי יוד הי	קמ"ג - אלף הא יוד הא	קנ"א - אלף הה יוד הה

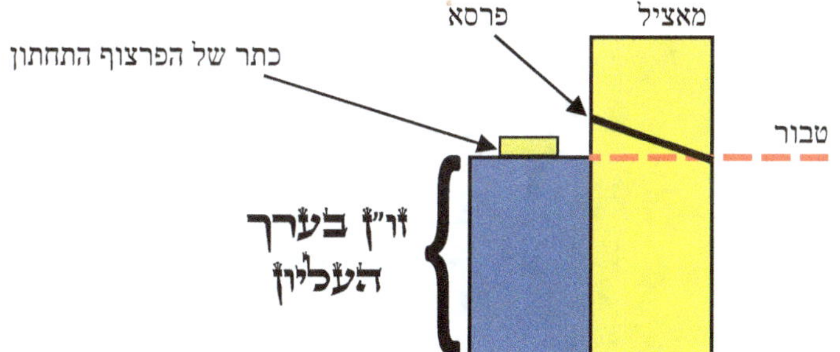

עולם	הוי"ה	עסמ"ב	נרנח"י	רשר"ד	פרצופים
אדם קדמון	קוץ י'		יחידה		אריך
אצילות	י	ע"ב	חיה	ראיה	אבא
בריאה	ה	ס"ג	נשמה	שמיעה	אימא
יצירה	ו	מ"ה	רוח	ריח	ז"א
עשיה	ה	ב"ן	נפש	דיבור	נוק'

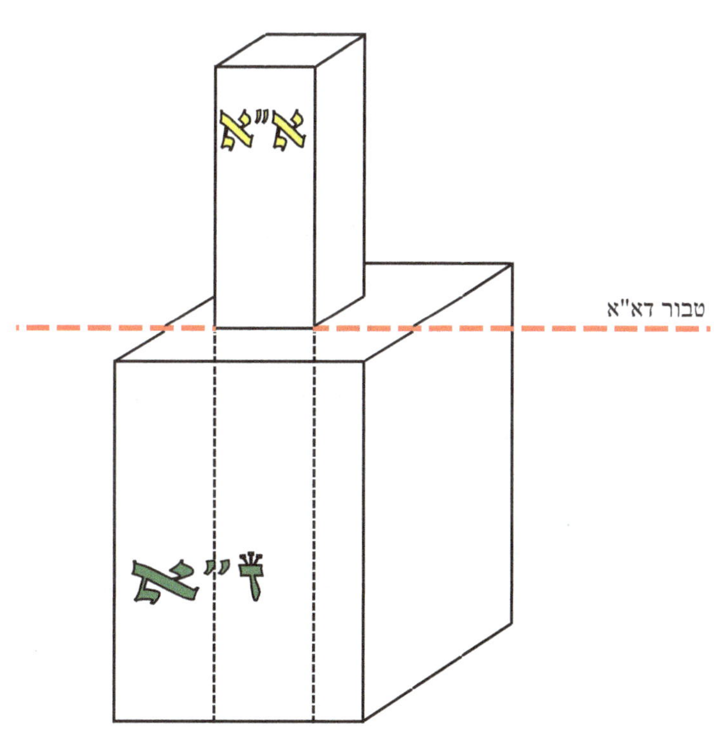

תרשים ג - ד

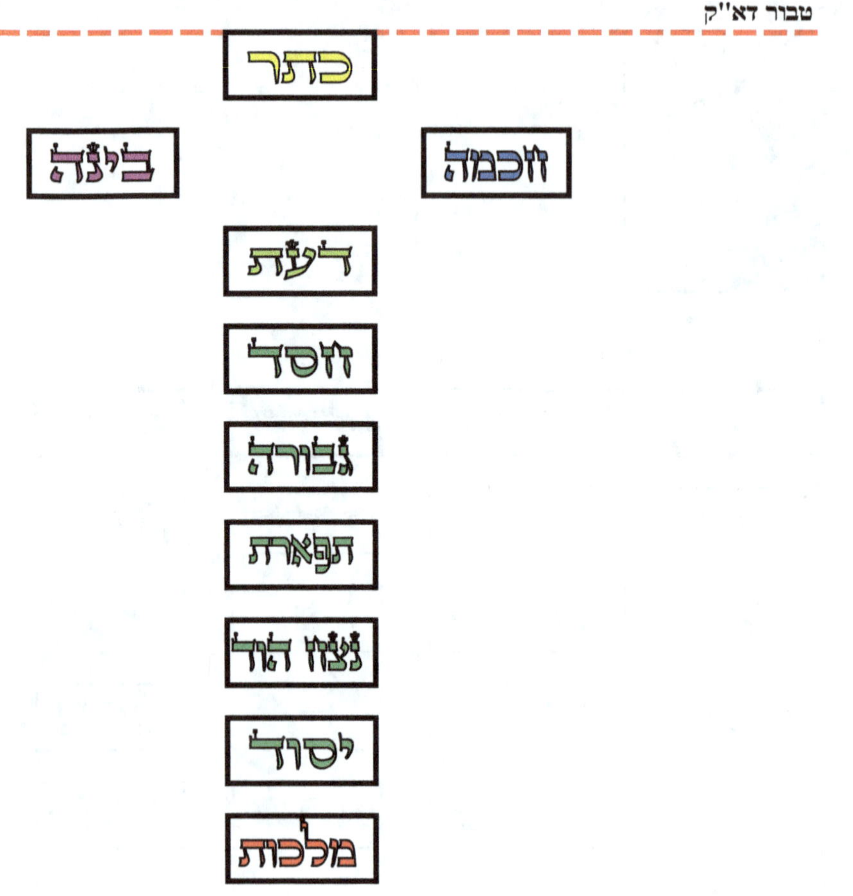

תרשים ג - ה

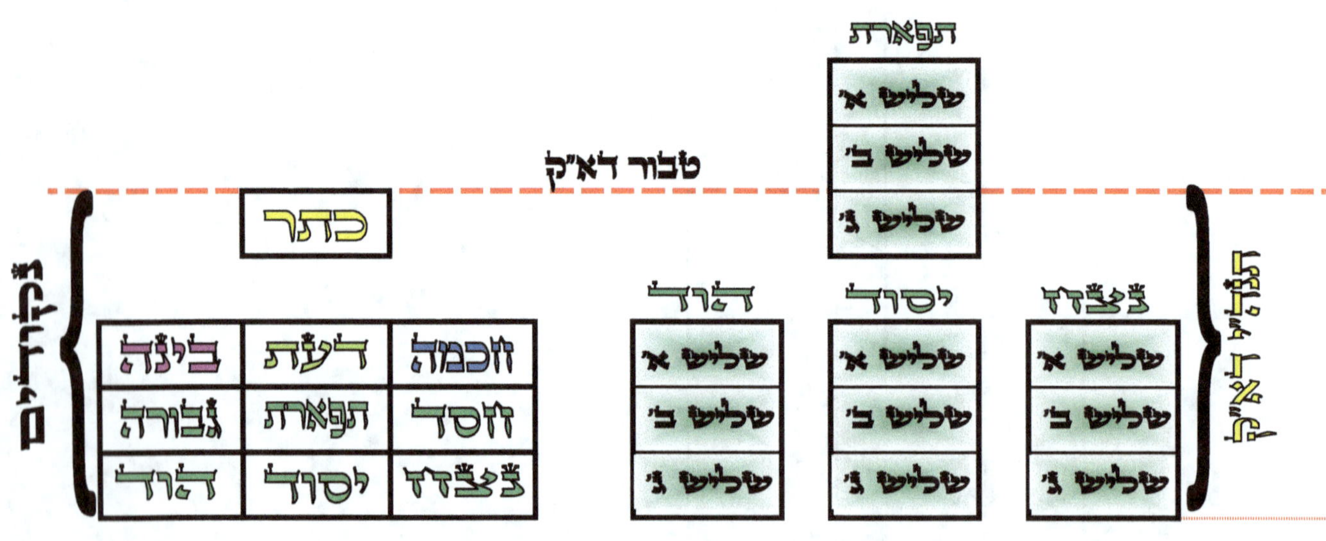

תרשימים שער ז' פרק ג'

תרשים ג - ו

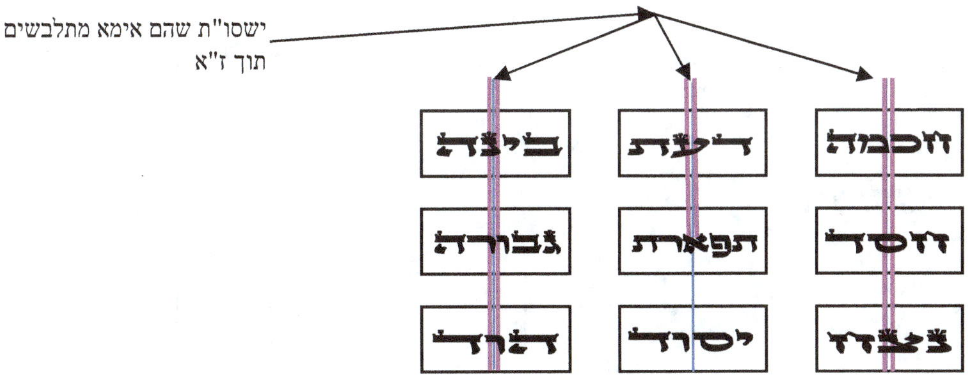

ישסו"ת שהם אימא מתלבשים תוך ז"א
חכמה
דעת
בינה
חסד
תפארת
גבורה
נצח
יסוד
הוד

תרשים ג - ז

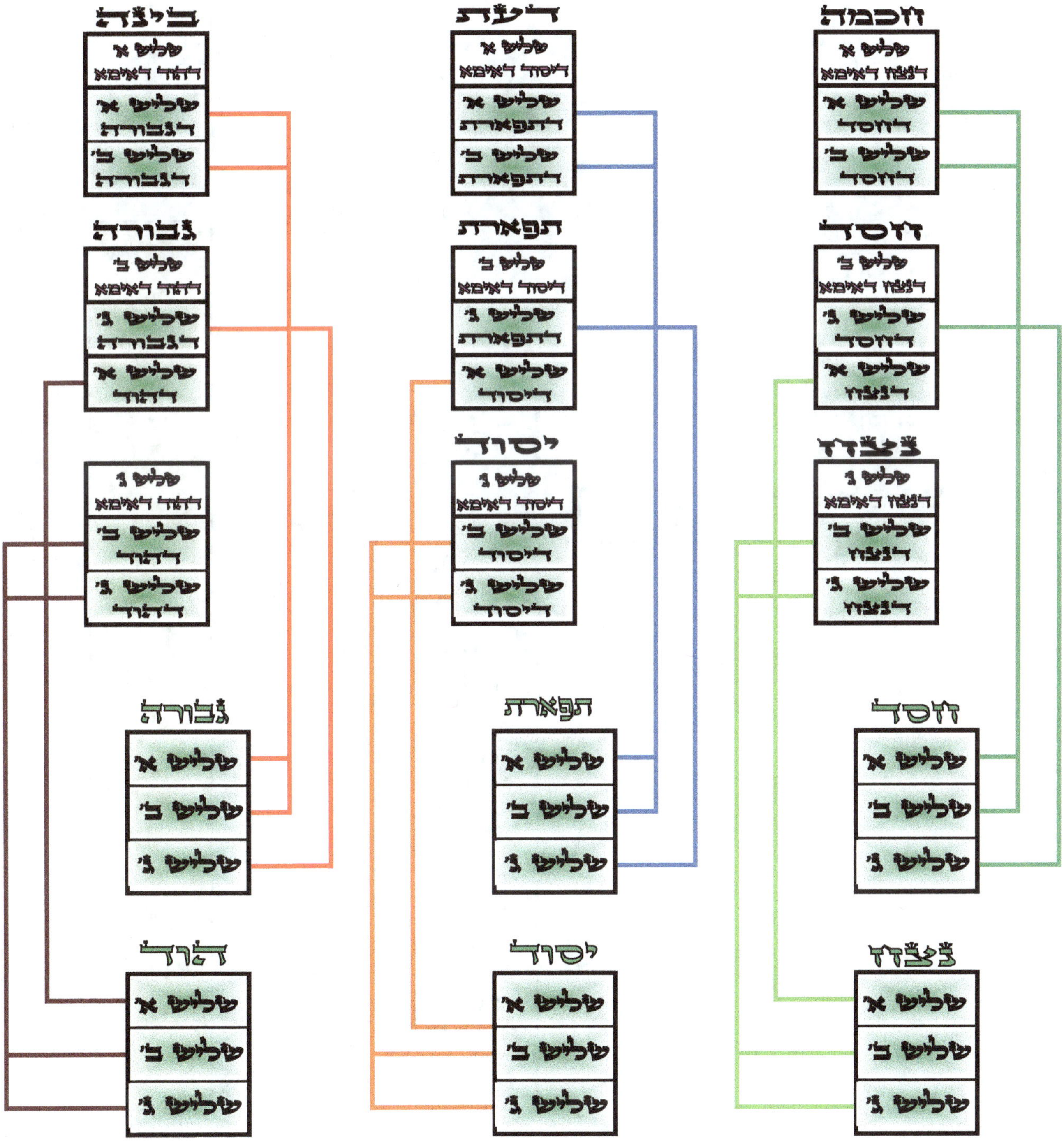

חכמה
דעת
בינה
חסד
תפארת
גבורה
נצח
יסוד
חסד
תפארת
גבורה
נצח
יסוד
הוד

תרשים ג - ח

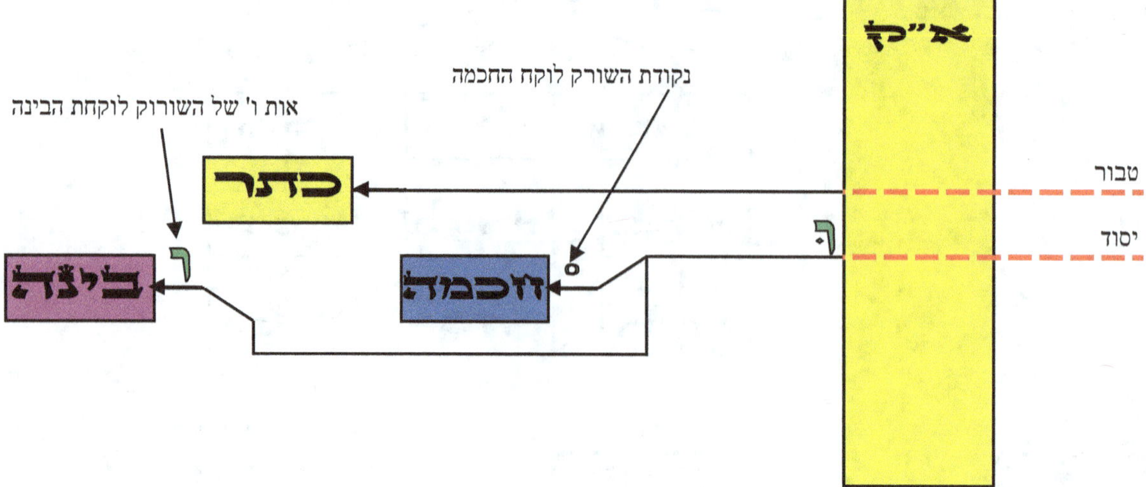

תרשים ג - ט

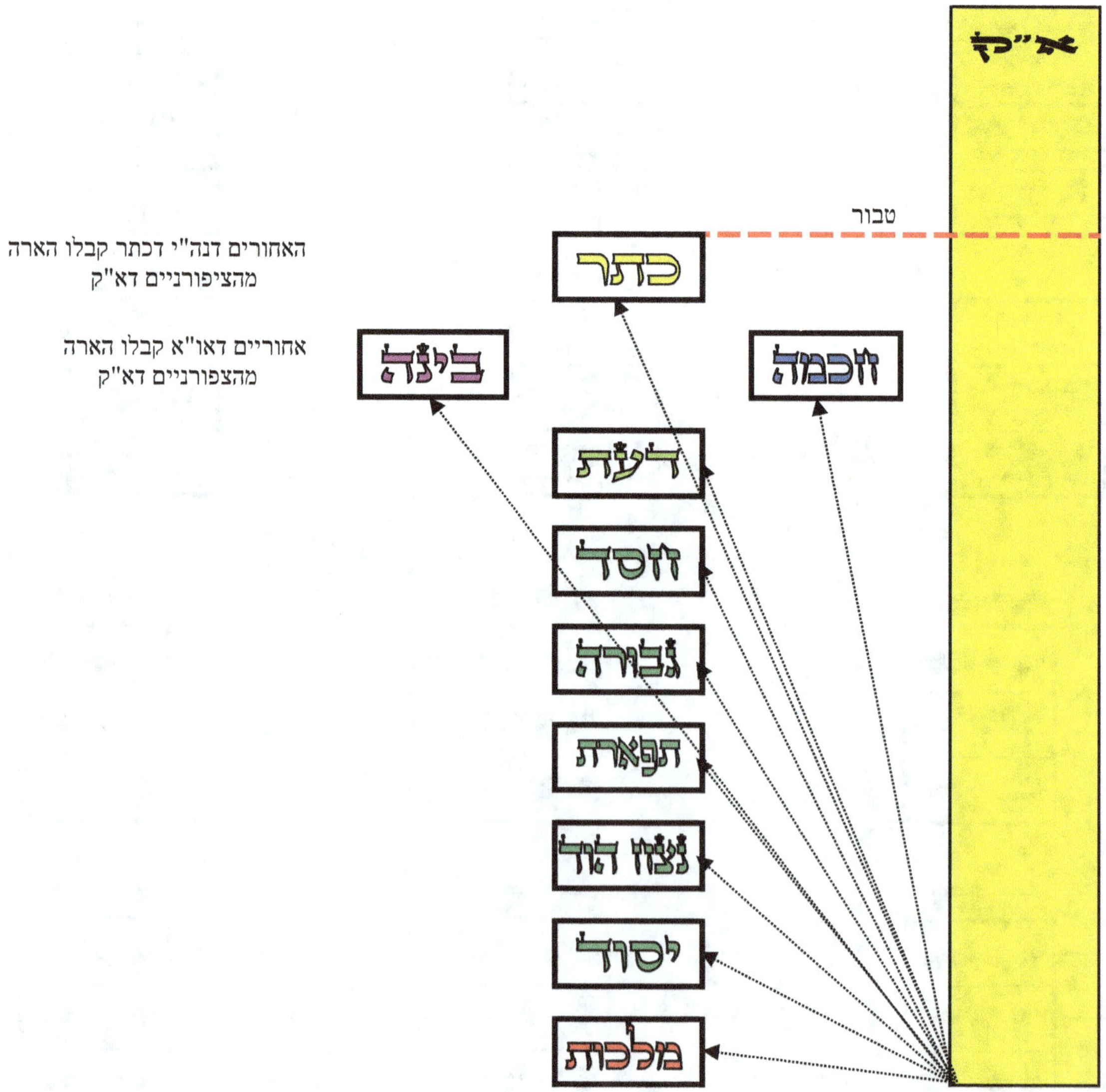

תרשים ג - י

אֵל נְקָמוֹת יְהֹוָה יאהדונהי. יכוין לשאול מה' נקמת עשרה הרוגי מלכות

וע"י הזכרה זאת מתעוררין גופין קדישין דלהון לברר וללקט נשמות

ניצוצי הקדושה שנשארו בתוקף הקלי' דעשיה. אֵל נְקָמוֹת הוֹפִיעַ:

תרשים ג - י"א

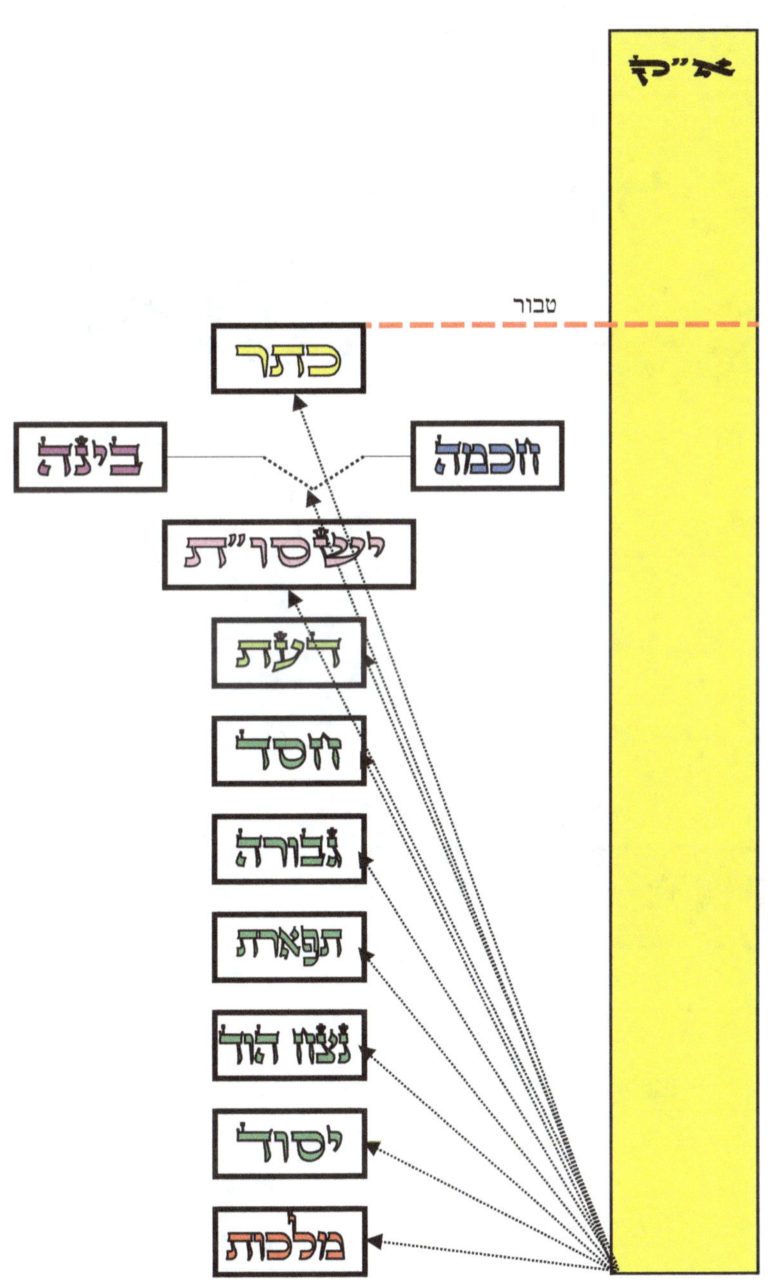

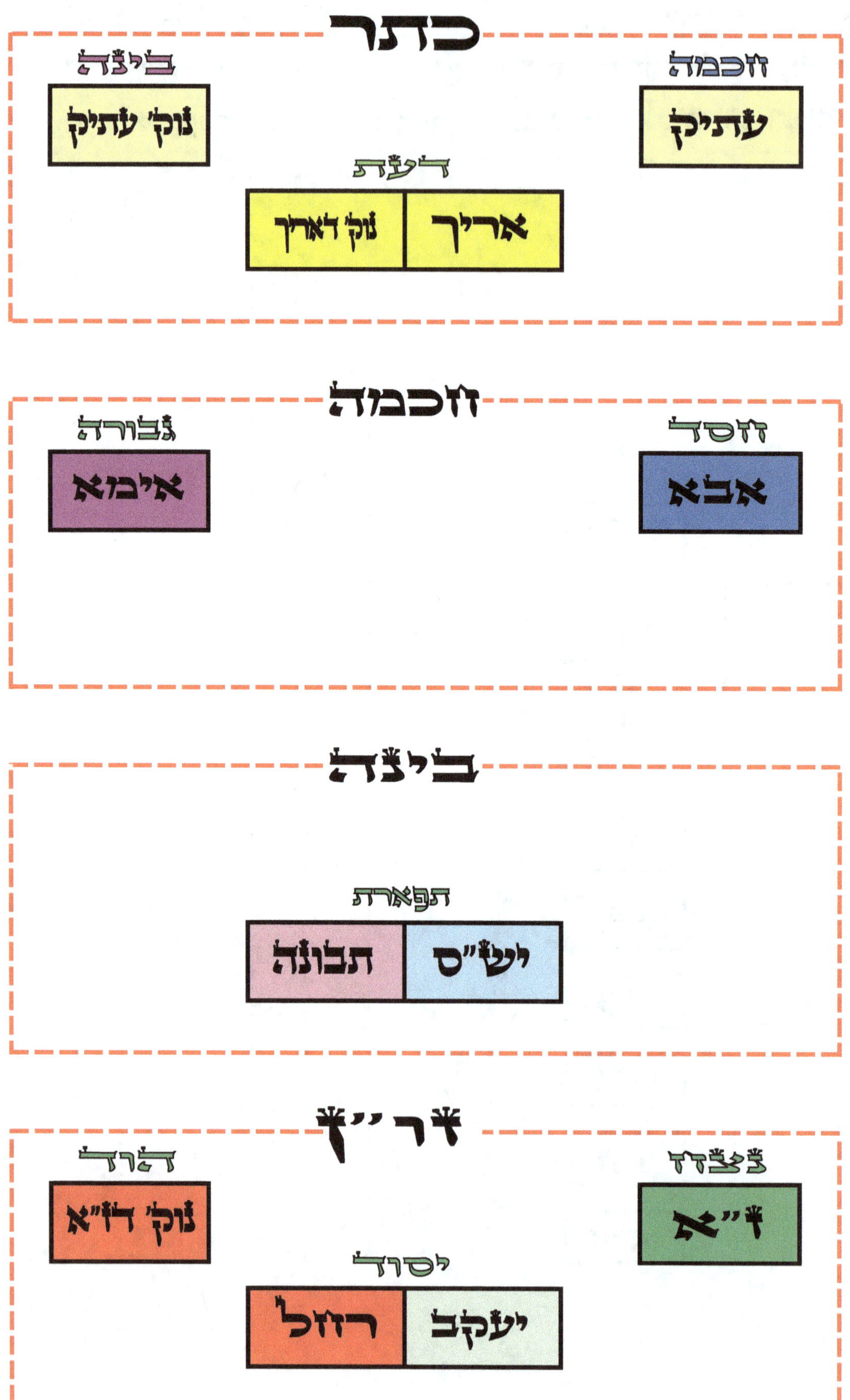
כתר
בינה
נוק' עתיק
חכמה
עתיק
דעת
אריך
נוק' דאריך
חכמה
גבורה
אימא
חסד
אבא
בינה
תפארת
תבונה
ישס"ס
ז"ת
הוד
נוק' דז"א
נצח
ז"א
יסוד
רזל'
יעקב

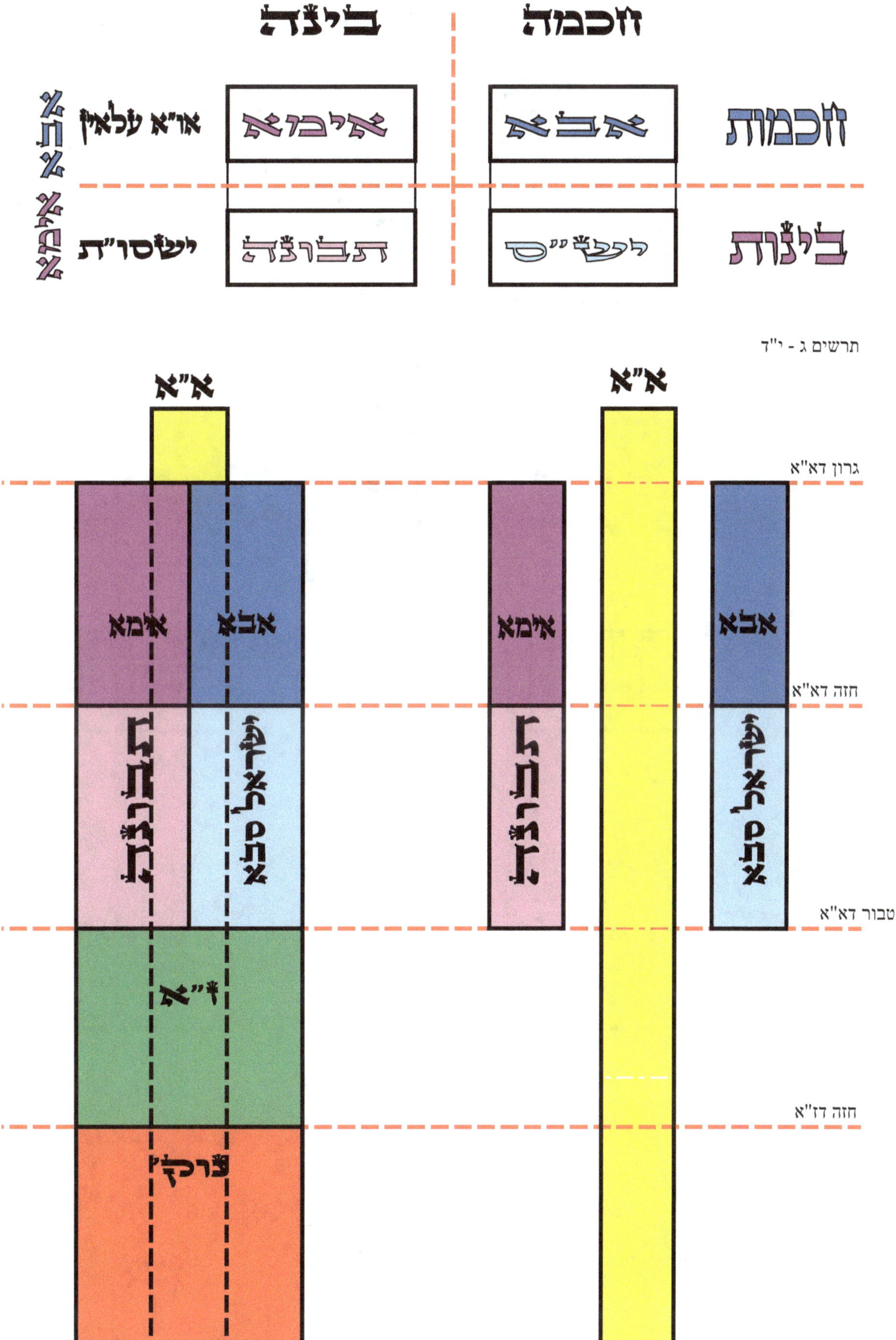
תרשים ג - י"ג
בינה
חכמה
חכמות
בינות
אבא
אימא
או"א עלאין
אבא אימא
ישסו"ת
תבונה
ישס"ת
תרשים ג - י"ד
א"א
א"א
גרון דא"א
אימא
אבא
אימא
אבא
חזה דא"א
נה"י דאמא
נה"י דאבא
נה"י דאמא
נה"י דאבא
טבור דא"א
ז"א
חזה דז"א
עוקץ

אריך אנפין
כתר דעתיק
בינה דעתיק
חכמה דעתיק
סדר התלבשות עתיק יומין
בא"א דאצילות
כתר דא"א
חסד דעתיק
חכמה דא"א
גבורה דעתיק
בינה דא"א
תפארת דעתיק
גבורה דא"א
פרק תחת דעתיק
חסד דא"א
פרק גבוה דעתיק
תפארת דא"א
יסוד דעתיק
הוד דא"א
פ"א תחת דעתיק
נצח דא"א
פ"א גבוה דעתיק
יסוד דא"א
פרק יסוד דעתיק
הפרקים התחתונים דנצח הוד
דעתיק, ירדו לעולם הבריאה
בסוד דדי בהמה
מלכות דא"א
מלכות דעתיק
פ"ת הוד דעתיק
פ"ת נצח דעתיק

תרשימים שער וז' פרק ג'

הכתר של הפרצוף התחתון הוא הויה בניקוד
קמץ, והוא בשליש התחתון של התפארת
דפרצוף עליון, והתפארת דפרצוף עליון
היא בניקוד חולם

ניקוד חולם, צרי, קמץ, צרי

אין ניקוד

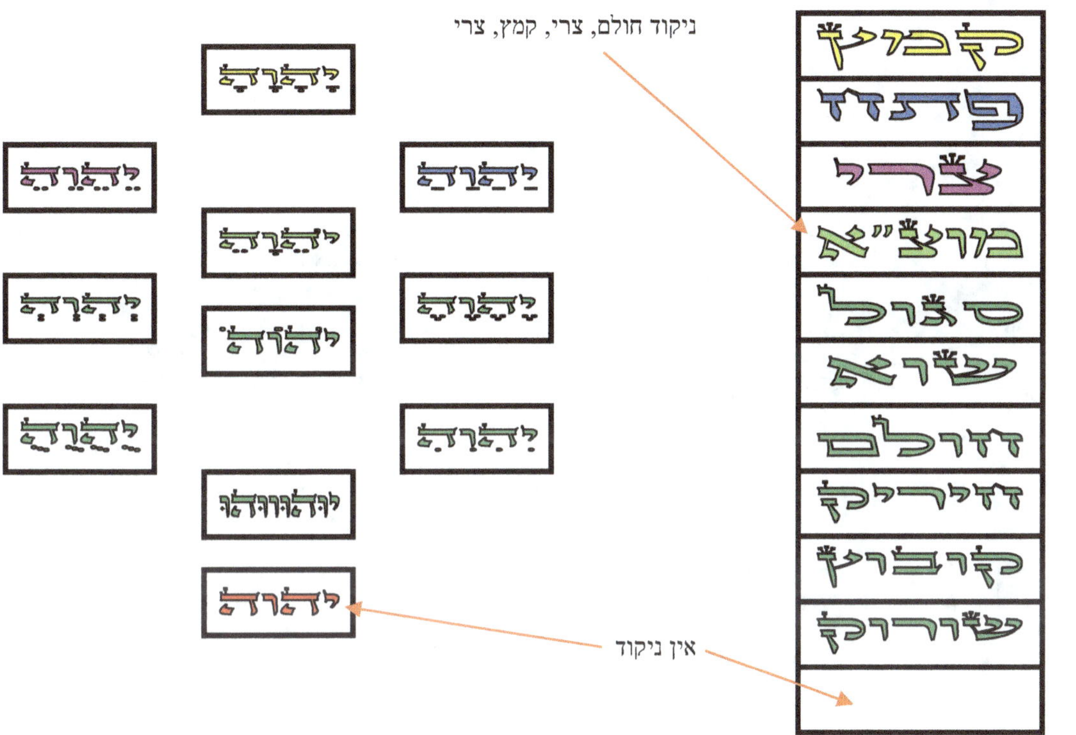

בָּרוּךְ אַתָּה יְהֹוָה אֲדֹנָי יאהדונהי

להמשיך ת"ת ויסוד דאבור ופנים דפנים דחכמה דכתר, לת"ת דז"א דניקוד הנ'.

אהיה אהיה	אהיה אהיה
יהוה יהוה	יהוה יהוה
אוהיויהו אוהיויהו	אוהיויהו אוהיויהו
יהוווהו יהוווהו	יהוווהו יהוווהו

ג' כלי ס"ם דז"א

יוד הא ואו הא

יה יהו יהוה

יהוה

להמשיך אור עם הויה דחולם מז"ת, ואהיה דחולם מג"ר, דת"ת או"ם
דפנים דחכמה דכתר דז"א, וליתנו בנשיקה לפיה דניקוד הנ', או"ם
ואו"מ לת"ת דנוק'.

אהיה אהיה	אהיה אהיה
יהוה יהוה	יהוה יהוה

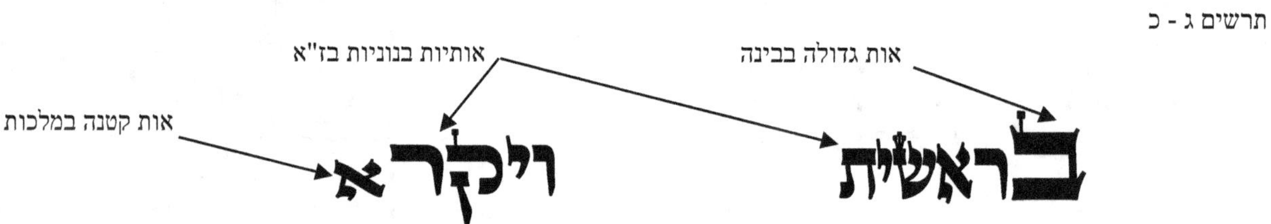

107

תרשים ג - כ

תרשים ג - כׁ"א

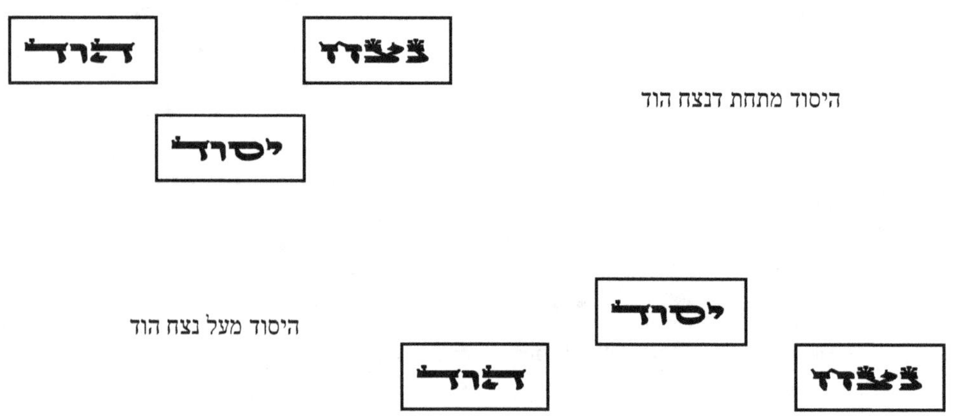

תרשים ג - כ"ב

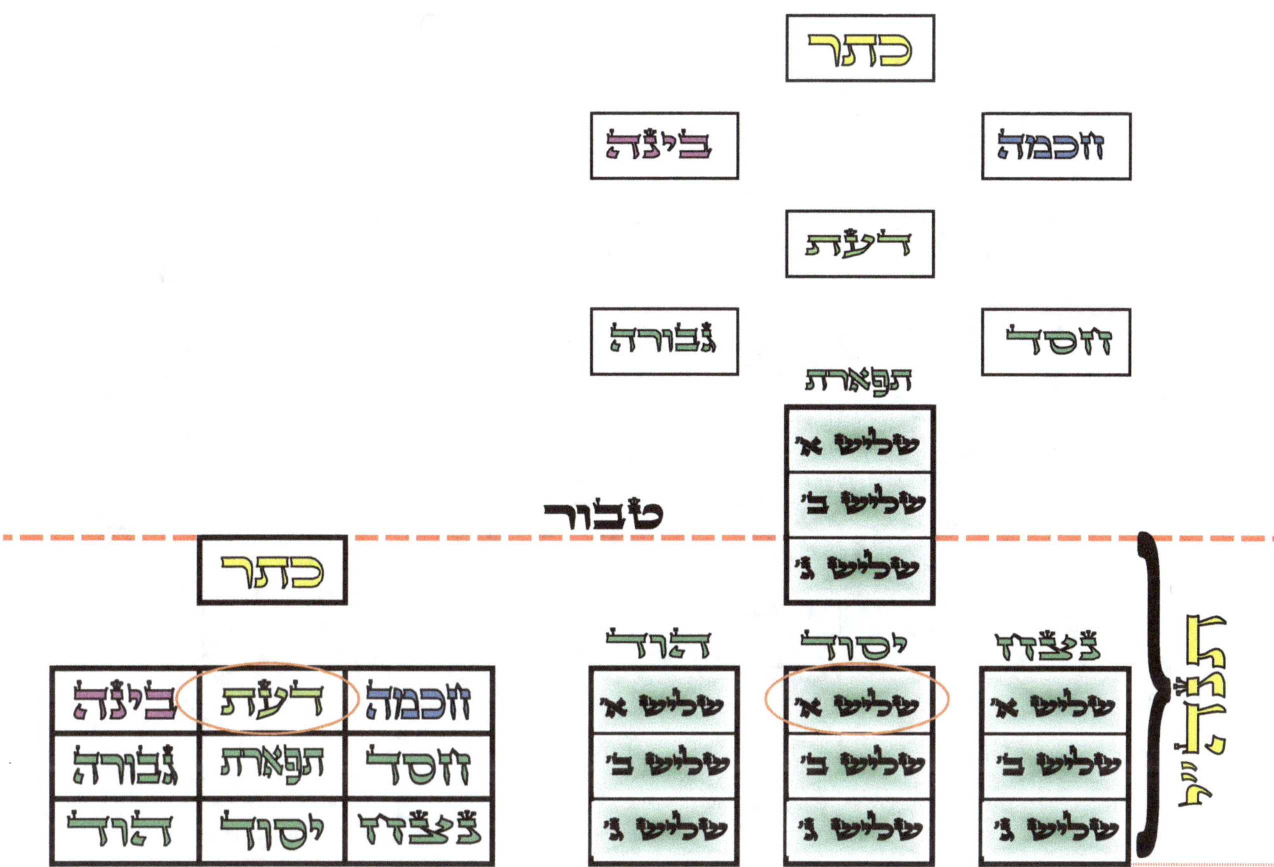

תרשים ג - כ"ג

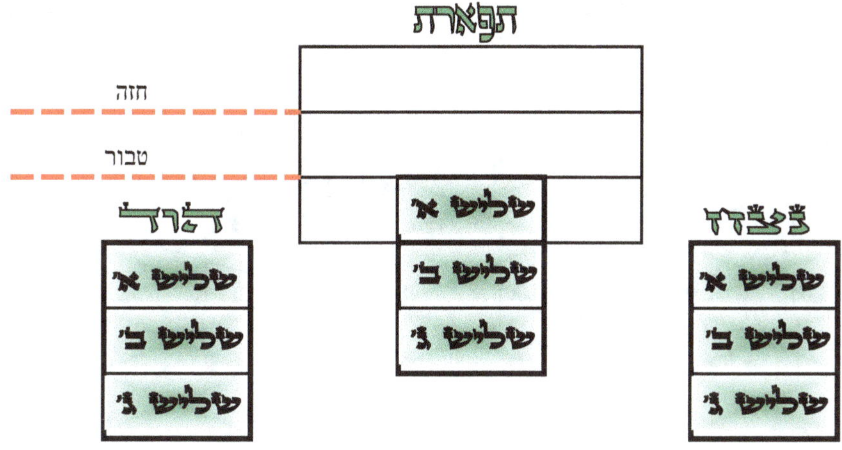

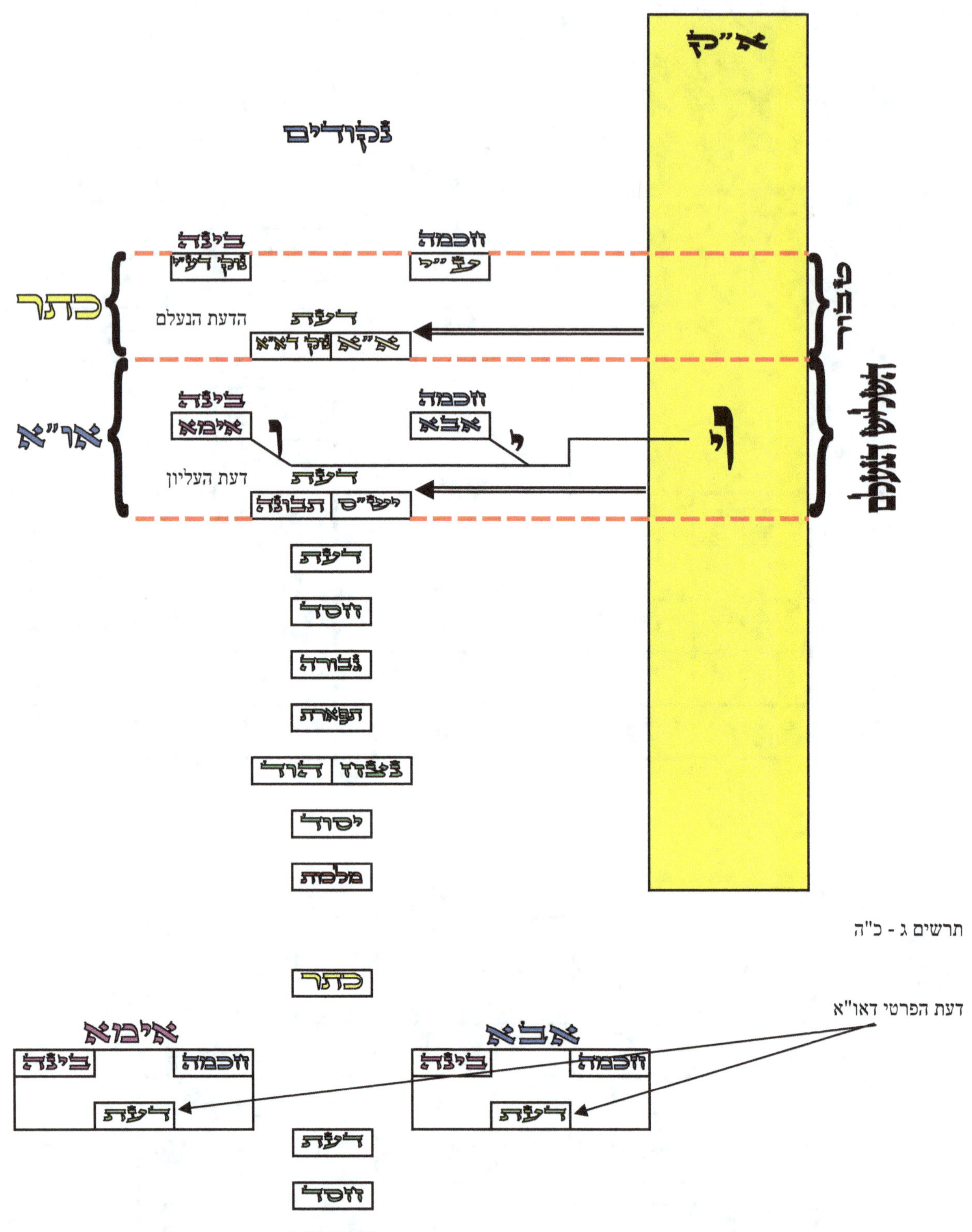
תרשים ג - כ"ד
א"ק
נקודים
כתר
או"א
בינה
נק' דעת
חכמה
ע"י
דעת
א"א נק' דא"א
הדעת הנעלם
בינה
אימא
חכמה
אבא
דעת
עקו"ס תבונה
דעת העליון
ו
כתר
חכמה ובינה הנעלם
דעת
חסד
גבורה
תפארת
נצח הוד
יסוד
מלכות
תרשים ג - כ"ה
כתר
אימא
בינה חכמה
דעת
אבא
בינה חכמה
דעת
דעת הפרטי דאו"א
דעת
חסד
גבורה
תפארת
נצח הוד
יסוד
מלכות

תרשים ג - כ"ו

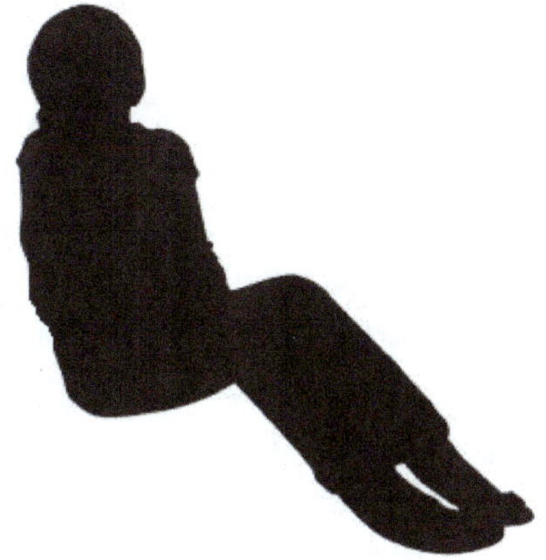

תרשים ג - כ"ז

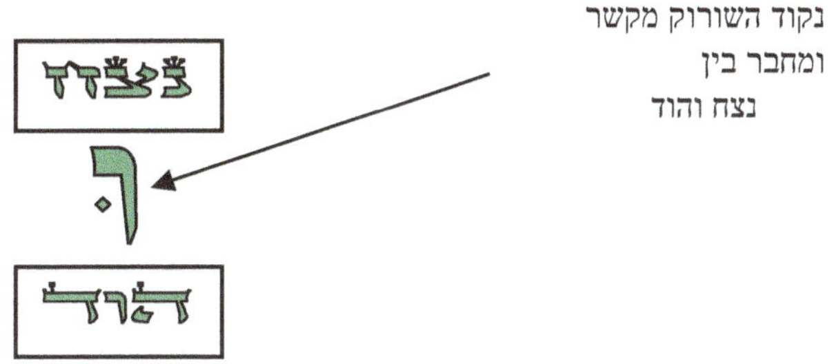

תרשים ג - כ"ח

נקוד השורוק מקשר
ומחבר בין
נצח והוד